改訂新版

まるごと授業 算数 3年(上)

喜楽研の
QRコードつき授業シリーズ

板書と授業展開がよくわかる

企画・編集：原田 善造・新川 雄也

わかる喜び学ぶ楽しさを創造する教育研究所　略称 喜楽研

はじめに

「子どもたちが楽しく学習ができた」「子どもたちのわかったという表情が嬉しかった」という声をこれまでにたくさんいただいております。喜楽研の「まるごと授業算数」を日々の授業に役立てていただき誠にありがとうございます。今回は，それを一層使いやすくなるように考え，2024年度新教科書にあわせて「喜楽研のQRコードつき授業シリーズ 改訂新版　板書と授業展開がよくわかる まるごと授業算数 1年～6年」(上下巻計12冊)を発行することにいたしました。

今回の本書の特徴は，まず，ICTの活用で学習内容を豊かにできるということです。ＱＲコードから各授業で利用できる豊富な資料を簡単にアクセスすることができます。学習意欲を高めたり，理解を深めたりすることに役立つ動画や画像，子どもたちの学習を支援するワークシートや，学習の定着に役立つふりかえりシートも整えております。また，授業準備に役立つ板書用のイラストや図も含まれています。

次に，本書では，どの子もわかる楽しい授業になることを考えて各単元を構成しています。まず，全学年を通して実体験や手を使った操作活動を取り入れた学習過程を重視しています。子ども一人ひとりが理解できるまで操作活動に取り組み，相互に関わり合うことで，協働的な学びも成り立つと考えます。具体物を使った操作活動は，それを抽象化した図や表に発展します。図や表に表すことで学習内容が目で見えるようになりイメージしやすくなります。また，ゲームやクイズを取り入れた学習活動も満載です。紙芝居を使った授業プランもあります。それらは，子どもたちが楽しく学習に入っていけるように，そして，協働的な学びの中で学習内容が習熟できるような内容になっています。全国の地道に算数の授業づくりをしておられる先生方の情報を参考にしながらまとめ上げた内容になっています。

学校現場は，長時間勤務と多忙化に加えて，画一的な管理も一層厳しくなっていると聞きます。新型コロナ感染症の流行もありました。デジタル端末を使用することで学び方も大きく影響されてきています。そんな状況にあっても，未来を担う子どもたちのために，楽しくてわかる授業がしたいと，日々奮闘されている先生方がおられます。また，新たに教員になり，子どもたちと楽しい算数の授業をしてともに成長していきたいと願っている先生方もおられます。本書を刊行するにあたり，そのような先生方に敬意の念とエールを送るとともに，楽しくわかる授業を作り出していく参考としてお役に立ち，「楽しくわかる授業」を作り出していく輪が広がっていくことを心から願っています。

2024年3月

本書の特色

すべての単元・すべての授業の指導の流れがわかる

学習する全単元・全授業の進め方を掲載しています。学級での日々の授業や参観日の授業，研究授業や指導計画作成等の参考にしていただけます。

各単元の練習問題やテストの時間も必要なため，本書の各単元の授業時数は，教科書より少ない配当時数にしています。

1時間の展開例や板書例を見開き2ページでわかりやすく説明

実際の板書をイメージできるように，板書例を２色刷りで大きく掲載しています。また，細かい指導の流れについては，３～４の展開に分けて詳しく説明しています。どのように発問や指示をすればよいかが具体的にわかります。先生方の発問や指示の参考にしてください。

QR コンテンツの利用で，わかりやすく楽しい授業，きれいな板書づくりができる

各授業展開ページの QR コードに，それぞれの授業で活用できる画像やイラスト，ワークシートなどの QR コンテンツを収録しています。印刷して配布するか，タブレットなどのデジタル端末に配信することで，より楽しくわかりやすい授業づくりをサポートします。画像やイラストは大きく掲示すれば，きれいな板書づくりにも役立ちます。

ベテラン教師によるポイント解説や教具の紹介，紙芝居を使った授業なども収録していますので参考にしてください。

ICT 活用のアイデアも掲載

それぞれの授業展開に応じて，電子黒板やデジタル端末などの ITC 機器の活用例を掲載しています。子ども自身や学校やクラスの実態にあわせてICT 活用実践の参考にしてください。

3年（上）目 次

QR コンテンツについて

授業内容を充実させるコンテンツを多数ご用意しました。右の QR コードを読み取るか下記 URL よりご利用ください。

URL：https://d-kiraku.com/4552/4552index.html
ユーザー名：kirakuken
パスワード：uR4VHL

※ 各授業ページの QR コードからも，それぞれの時間で活用できる QR コンテンツを読み取ることができます。
※ 上記 URL は，学習指導要領の次回改訂が実施されるまで有効です。

長　さ

ぼうグラフと表

あまりのあるわり算

大きい数のしくみ

かけ算の筆算（1）

本書の使い方

◆ **板書例**
時間ごとに表題（見出し）を記載し，1～4の展開に合わせて，およそ黒板を4つに分けて記載しています。（展開に合わせて1～4の番号を振っています）大切な箇所や「まとめ」は赤字や赤の枠を使用しています。ブロック操作など，実際は操作や作業などの活動もわかりやすいように記載しています。

◆ **目標**
1時間の学習を通して，児童に身につけてほしい具体的目標を記載しています。

◆ **POINT**
時間ごとの授業のポイントやコツ，教師が身につけておきたいスキル等を記載しています。

◆ **授業の展開**
① 1時間の授業の中身を3～4コマの場面に切り分け，およその授業内容を記載しています。
② Tは教師の発問等，Cは児童の発言や反応を記載しています。
③ 枠の中に，教師や児童の顔イラスト，吹き出し，説明図等を使って，授業の進め方をイメージしやすいように記載しています。

第1時
1人分を求めるわり算（等分除）

本時の目標 等分除の意味を理解し，式に表すことができる。

板書例

1人分の数をもとめよう

1

2
12このキャラメルがあります。
3人に同じ数ずつ分けます。
1人分は何こになりますか。

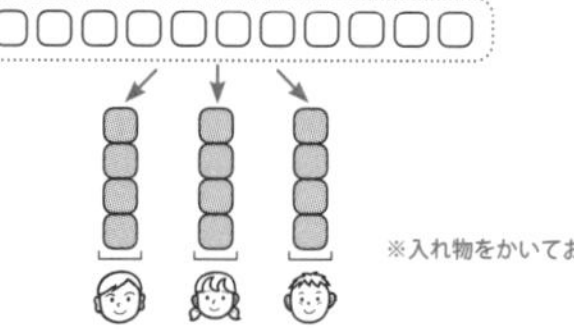
※入れ物をかいておく

・同じ数ずつ分ける
・1人に1こずつじゅんばんに分ける

1人分は4こ

3
式 12 ÷ 3 = 4
全部の数 人数 1人分の数

POINT まずは，算数ブロックを実際に操作して「等分して1つ分の数を求めること」がわり算であることを理解できるようにしま

1 お話の絵を見て「分ける」について考えよう

お話を読む。②を読んだ後，分け方について話し合う。

この分け方について
どう思いますか
同じ数ずつ
ではないから
不公平だよ
喧嘩になって
しまいます

T お母さんは何と言えばよかったのでしょう。
C みんなで「同じ数ずつ」分けてと言えばよかったのかな。

お話の続き③を読む。

T みんな同じ数になりましたね。これから勉強する「わり算」では，このように同じ数ずつ公平に分けていきます。

2 12個のブロックを3人（3つのコップ）に分ける操作をしてみよう

T 12個のキャラメルがあります。3人に同じ数ずつ分けます。1人分は何個になりますか。

どんなふうに分けたのか，黒板で
操作しながら説明してください
4回目
3回目
2回目
1回目
1個ずつ分けて入れました

C 私は，2個ずつ分けていきました。

どのように操作しても，1人が4個ずつになることを確認する。

40

◆ 準備物

1時間の授業で使用する準備物を記載しています。準備物の数量は，児童の人数やグループ数などでも異なってきますので，確認して準備してください。

QR は，QR コードから使用できます。

◆ ICT

各授業案の ICT 活用例を記載しています。

◆ QR コード

1時間の授業で使用する QR コンテンツを読み取ることができます。

印刷して配布するか，児童のタブレットなどに配信してご利用ください。

（QR コンテンツの内容については，本書 p8, 9 で詳しく紹介しています）

※ＱＲコンテンツがない時間には，QR コードは記載されていません。

※ QR コンテンツを読み取る際には，パスワードが必要です。パスワードは本書 p4 に記載されています。

準備物
・算数ブロック（板書用・児童用）
・紙コップ（児童数×５個）
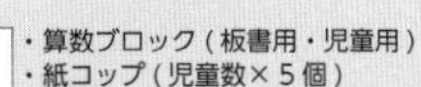
QR お話の絵
QR ふりかえりシート

ICT
わり算は，状況をイメージできることで理解が深まる。イラストを児童のタブレットに共有して説明しても良いし，実際の様子を撮影して説明しても興味が増す。

4

15 このりんごを５人で同じ数ずつ分けます。
１人分は何こになりますか。

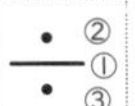

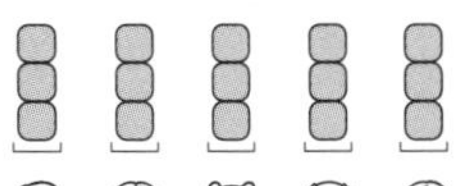

式　15 ÷ 5 = 3

答え　3 こ

わり算は，全部(ぜんぶ)の数を同じ数ずつ分けて１人分の数をもとめる計算である。

しょう。

3 場面を式に表してみよう

T　12 個のキャラメルを３人に同じ数ずつ分けると，１人分は４個になります。

これを式に表すと「12 ÷ 3 = 4」になります。

T　キャラメル全部の数 12 を，分ける人数の３でわると，１人分の数が求められます。

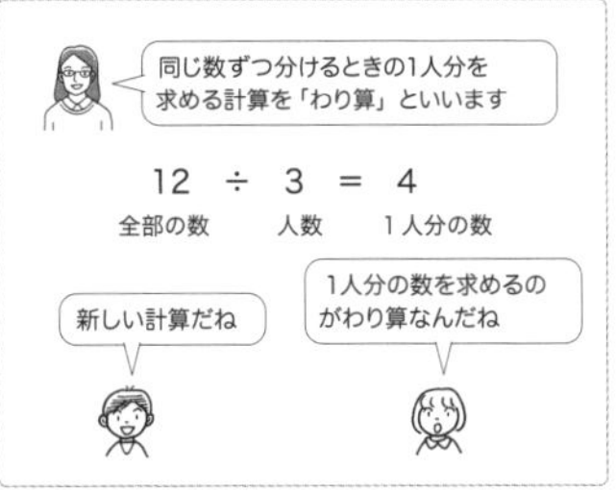

同じ数ずつ分けるときの1人分を求める計算を「わり算」といいます
12 ÷ 3 = 4
全部の数
人数
１人分の数
新しい計算だね
1人分の数を求めるのがわり算なんだね

4 ブロックで操作してから，式と答えを書こう

T　15 個のリンゴを５人で同じ数ずつ分けます。１人分は何個になりますか。

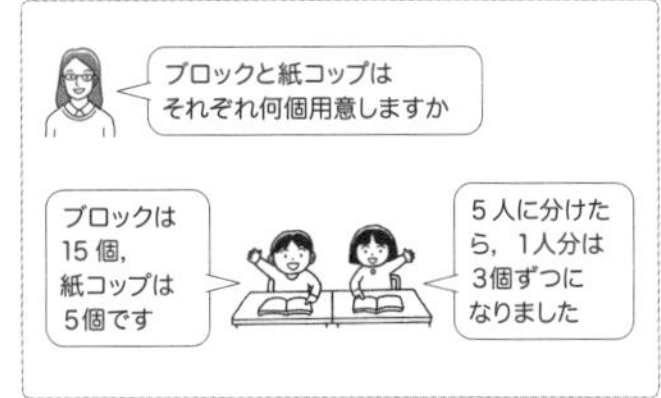

ブロックと紙コップはそれぞれ何個用意しますか
ブロックは15 個，紙コップは5個です
5人に分けたら，1人分は3個ずつになりました

C　式は，15 ÷ 5 = 3 で，答えは３個です。

学習のまとめをする。
ふりかえりシートも活用する。

わり算　41

QR コンテンツの利用で
楽しい授業・わかる授業ができる

授業動画や授業のポイント解説，簡単で便利な教具などを紹介

子どもが喜ぶ楽しい「紙芝居」を使った授業や，簡単に作れる教具を使った授業，各学年でポイントとなる単元の解説やカードを使った計算ゲームなど，算数のベテラン教師による動画が視聴できます。楽しいだけでなく，どの子も「わかる」授業ができるような工夫が詰め込まれています。

授業で使える「ふりかえりシート」「ワークシート」

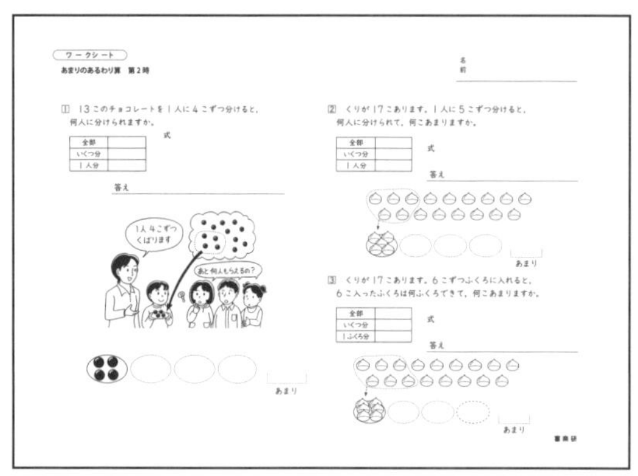

ワークシート

あまりのあるわり算　第２時

名前

① 13このチョコレートを１人に４こずつ分けると，何人に分けられますか。

全部	
いくつ分	
１人分	

式

答え

あまり

② くりが17こあります。１人に５こずつ分けると，何人に分けられて，何こあまりますか。

全部	
いくつ分	
１人分	

式

答え

あまり

③ くりが17こあります。６こずつふくろに入れると，６こ入ったふくろは何ふくろできて，何こあまりますか。

全部	
いくつ分	
１ふくろ分	

式

答え

あまり

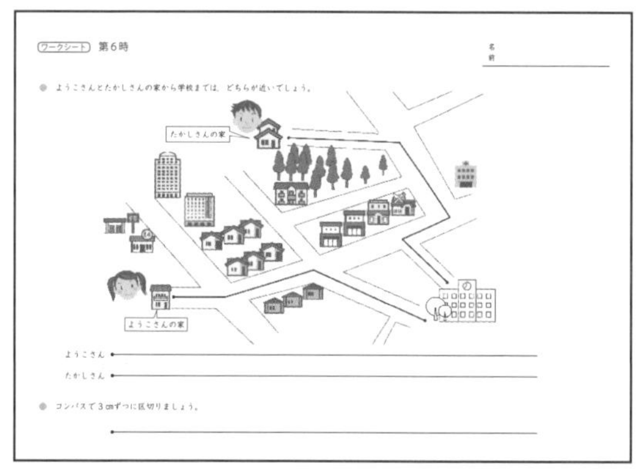

ワークシート　第６時

名前

● ようこさんとたかしさんの家から学校までは，どちらが近いでしょう。

ようこさん

たかしさん

● コンパスで３cmずつに区切りましょう。

授業の展開で使える「ワークシート」や，授業のまとめや宿題として使える「ふりかえりシート」などを収録しています。クラスの実態や授業内容に応じて，印刷して配布するか，児童のタブレットなどに配信してご利用ください。

指導のポイント・教具紹介

板書用絵カード

見てわかる・理解が深まる動画

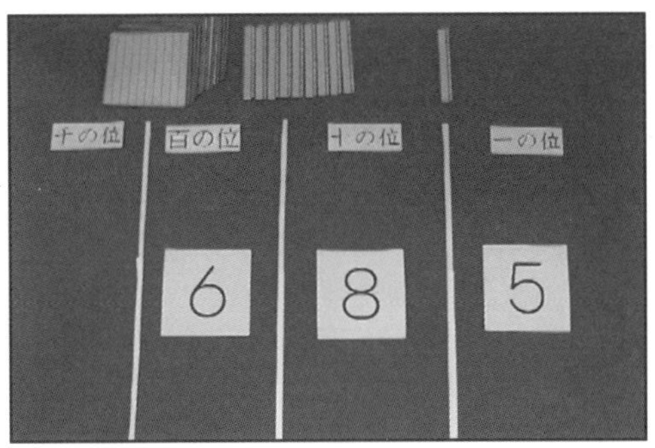

文章や口頭では説明の難しい内容は，映像を見せることでわかりやすく説明できます。視覚に訴えかけることで，児童の理解を深めると同時に，児童が興味を持って授業に取り組めます。

※ 動画には音声が含まれていないものもあります。

板書作りにも役立つ「おはなしの絵」や「イラスト・カード」

カードやイラストは，黒板上での操作がしやすく，楽しい授業，きれいな板書に役立ちます。また，イラストや図は，児童に配信することで，タブレット上で大きくはっきりと見ることもできます。

※ QR コンテンツを読み取る際には，パスワードが必要です。パスワードは本書 p4 に記載されています。

九九表とかけ算

全授業時数 9 時間

◎ 学習にあたって ◎

<この単元で大切にしたいこと>

この単元では，2 年生での乗法の学習を基にして，乗数に関して成り立つ性質 (乗法の増減による変化，交換法則，分配法則) について学習し，それを活用して乗数や被乗数が 10 や 10 を超える計算の答えを求める学習をします。また，乗数や被乗数が 0 の場合の理解を深めます。どの学習についても数字だけの学習にならないようにすることが大切です。そして，2 年生で学習したかけ算の基本（1 あたり量×いくつ分＝全体の量）に戻って考えることができるようにします。ブロックを操作したり，それを図に表したりして，具体的な場面を抽象化して数字だけで表されるまでの過程を大切にして指導しましょう。また，当然のこととして児童が 2 年生での乗法の学習を十分に身につけているとは思わないことです。ここでの学習をしながら乗法の学び直しをするという心持ちが必要です。

<数学的見方考え方と操作活動>

九九表を超えるようなかけ算がここでどうしてもできないといけないというわけではありません。3 年生で 2 位数× 1 位数や，× 2 位数の筆算を学習しますから，そこでできるようになればいいのです。それでは，この単元で 13 × 4 のような計算の答えまで求めようとするのはどうしてでしょうか。それは，これまでに学習した内容，特にかけ算の性質やきまりを使えば，そのような計算も解決できる経験をし，かけ算の学習を豊かにしておくためです。

<個別最適な学び・協働的な学びのために>

まず，乗法に関して成り立つ性質 (乗法の増減による変化，交換法則，分配法則) を自分たちの学習を通して発見できたと思える学習展開にすることです。そして，次に，それを知ることでこれまでできなかった九九表を超えるかけ算もできるという達成感を得ることができるようにします。また，1 つの答えを求めるために多様な考え方ができることを学習するにも適した単元です。多様な考え方を共有できる学習にしましょう。

また，かけ算九九の暗唱が十分に身についていない児童もいるため，プレゼンソフトなどでかけ算九九のフラッシュカードを作成し，毎時間のはじめなどに繰り返し練習するとよいでしょう。

◎ 評　価 ◎

知識および技能	交換法則や分配法則などといった乗法の性質やきまりを理解し，乗数や被乗数が 10 や 10 以上の場合の数になっても答えを求めることができる。また，乗数や被乗数が 0 の乗法計算ができる。
思考力，判断力，表現力等	九九表の範囲内にない乗法の計算の仕方を，乗法の性質やきまりを用いて導き出そうと考える。
主体的に学習に取り組む態度	乗法の性質やきまりを進んで見つけ出そうとする。また，見つけ出した性質やきまりを進んで活用して表現しようとする。

◎ 指導計画　9 時間 ◎

時	題	目　　標
1	乗数の増減による積の変化	かける数が 1 ずつ増減するときの，かける数と積の関係について理解を深める。
2・3	かけ算の交換法則	九九表の並び方に気づき，かけ算の交換法則について説明できる。九九表を使ったクイズやパズルで理解を深める。
4	かけ算の分配法則	かけられる数やかける数を分解しても積は変わらないという分配法則を理解する。
5	10 のかけ算	かける数やかけられる数が 10 のときの積を，かけ算のきまりを使って求めることができる。
6・7	10 より大きいかけ算	かける数やかけられる数が 10 を超える場合でも，かけ算のきまりを使って工夫して答えを求めることができる。
8 A 案	0 のかけ算	0 ×□や□× 0，0 × 0 のかけ算があり，いずれの積も 0 になる意味を理解する。
8 B 案	0 のかけ算	かけられる数や，かける数が 0 の場合のかけ算をすることができる。
9	九九を使って	九九や乗法の交換法則を用いて，□で表された乗数や被乗数を求めることができる。

第 1 時
乗数の増減による積の変化

本時の目標 かける数が 1 ずつ増減するときの，かける数と積の関係について理解を深める。

板書例

かけ算のきまりで考えよう

□にあてはまる数を考えよう

1

18	24	30	36	42	48
21	28	35	■	49	56
24	32	40	48	56	64

2

	1	2	3	4	5	6	7	8	9
7	7	14	21	28	35	□	49	56	63

2

A さん　7 のだんは ⑦ ずつふえる　　B さん　7 のだんは ⑦ ずつへる

かけられる数

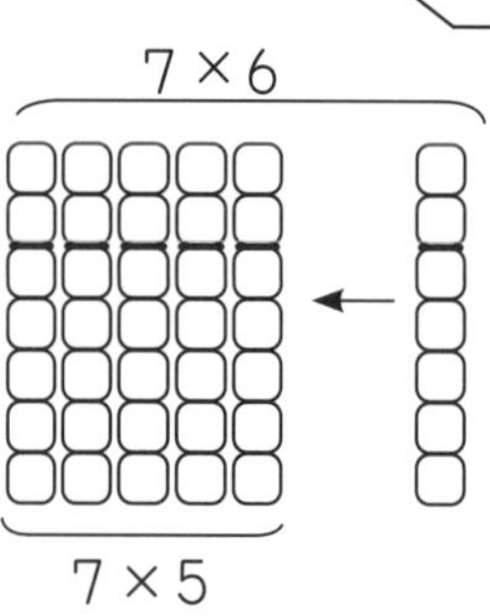

POINT 児童の考え方に表や図を補足し，考え方を皆に「見える」ようにします。

1 九九表の□にあてはまる数を考えよう

九九表の一部を掲示する。

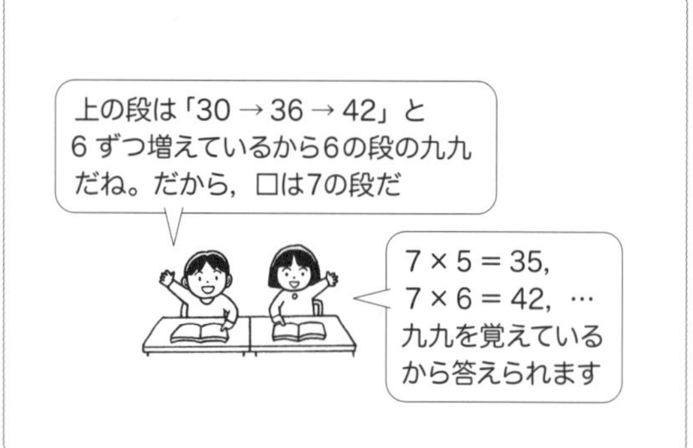

上の段は「30 → 36 → 42」と
6 ずつ増えているから6の段の九九
だね。だから，□は7の段だ
7 × 5 = 35,
7 × 6 = 42，…
九九を覚えている
から答えられます

T　九九が思い出せないときに答えを出す方法はないでしょうか。7 の段の数の並びから□の数を考える方法を考えましょう。

かけ算九九は，2 年生で学習しているが，全ての子どもが暗記しているとは限らない。本時の学習に入る前に，九九を唱えたり，九九表を見たりして復習しておくとよい。

2 かけ算のきまりを使って，7 × 6 の答えを見つけよう

【A さんの考え方】

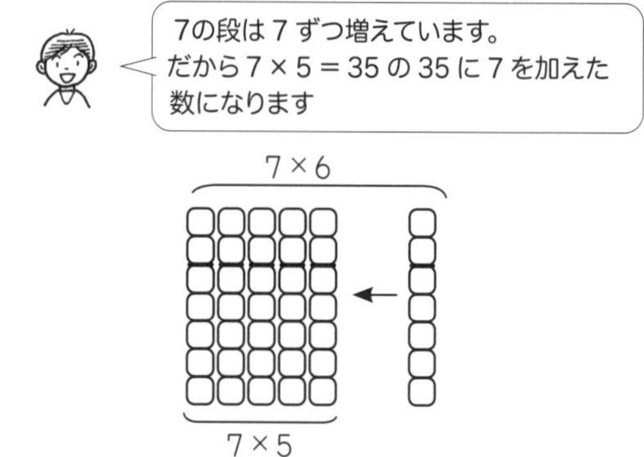

7の段は 7 ずつ増えています。
だから 7 × 5 = 35 の 35 に 7 を加えた
数になります
7 × 6
7 × 5

【B さんの考え方】

A さんの考え方とは反対に 7 の段は 7 ずつ減っています。7 × 7 = 49 の 49 から 7 ひいた数になります

7 の段を図に表し，7 ずつの増減の意味を明らかにする。

準備物	・算数ブロック QR 九九表 QR ふりかえりシート

ICT	9の段までのかけ算の暗唱が正確に素早くできることが大切である。プレゼンソフトなど，かけ算のフラッシュカードを作成し，毎時間最初に繰り返す。

3 ＜式に表してみよう＞

A　7×6＝7×5＋7　7×5よりも7大きい

B　7×6＝7×7－7　7×7よりも7小さい

かける数が1ふえると，答えはかけられる数だけ大きくなる。
かける数が1へると，答えはかけられる数だけ小さくなる。

ICT 児童の考えた表や図は，タブレットで全児童に共有し，考え方を皆に「見える」ようにします。

3 かけ算のきまりで見つけた考え方を式に表してみよう

T　Aさんの考えを式に表してみましょう。

C　7×6は，7×5に7を足した数と同じです。

T　「＝」を使って表してみましょう。

「＝」（等号）は，式の右側と左側が等しいことを表すときにも使うことを説明しておく。

C　7×6＝7×5＋7になります。

T　Bさんの考えも同じように式に表してみましょう。

かける数が1減ると，答えは7小さくなるから…7×6は7×7から7をひいた数になるよ

7×6＝7×7－7になります。かける数が1増えると答えは7大きくなって，かける数が1減ると答えは7小さくなるのだね

4 ほかのかけ算でも同じように式に表してみよう

T　ほかの段でも同じように「＝」を使って式に表す練習をしましょう。

ふりかえりシートなどを活用する。

□にあてはまる数を書きましょう。

① 4 × 7 ＝ 4 × 6 ＋ □
かけられる数だけ大きくなる

② 8 × 4 ＝ 8 × 5 － □
かけられる数だけ小さくなる

③ 9 × 5 ＝ 9 ×□ ＋ 9
かけられる数をたすということは，9 × 5 よりもかける数が 1 小さい

④ 4 ×□＝ 4 × 8 － 4
かけられる数をひくということは，4 × 8 はかける数が 1 大きい

学習のまとめをする。

第 2・3 時

かけ算の交換法則

本時の目標

九九表の並び方に気づき，かけ算の交換法則について説明できる。九九表を使ったクイズやパズルで理解を深める。

板書例

かけ算のきまりをせつめいしよう

1

	かける数								
かけられる数	1	2	3	4	5	6	7	8	9
1	1	2	3	4	5	6	7	8	9
2	2	4	6	8	10	12	14	16	18
3	3	6	9	12	15	18	21	24	27
4	4	8	12	16	20	24	28	32	36
5	5	10	15	20	25	30	35	40	45
6	6	12	18	24	30	36	42	48	54
7	7	14	21	28	35	42	49	56	63
8	8	16	24	32	40	48	56	64	72
9	9	18	27	36	45	54	63	72	81

ななめ線の右上と左下の答えは同じ

2 $7 \times 6 = 6 \times 7$

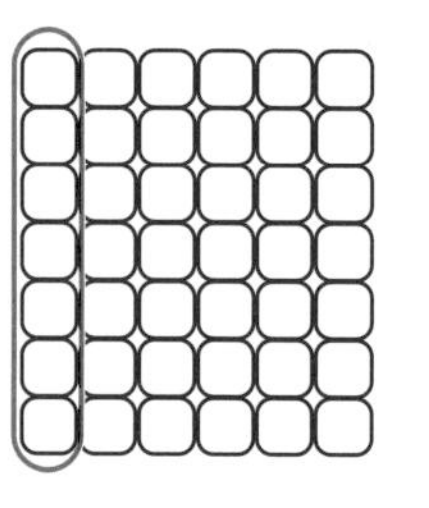

7が6れつ

むきを変える

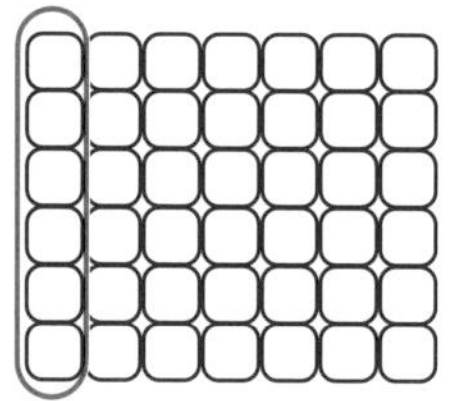

6が7れつ

POINT 「九九表クイズ」や「九九表パズル」で楽しくかけ算のきまりを確かめましょう。

1 九九表で，同じ答えになる九九はどこにあるか見つけよう

T 「7 × 6」の答えの場合で考えましょう。

C 7 × 6 = 42，42 は斜め向かいにあります。

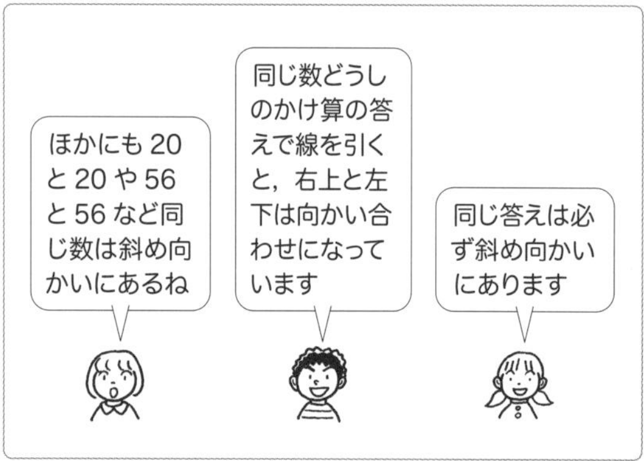

ほかにも 20 と 20 や 56 と 56 など同じ数は斜め向かいにあるね
同じ数どうしのかけ算の答えで線を引くと，右上と左下は向かい合わせになっています
同じ答えは必ず斜め向かいにあります

T 同じ答えが向かい合わせということは，どんなことがいえますか。

C 7 × 6 も 6 × 7 も答えは同じということです。

C かけられる数とかける数を入れかえても答えは同じということです。

2 7 × 6 = 6 × 7 になることをブロック図で説明しよう

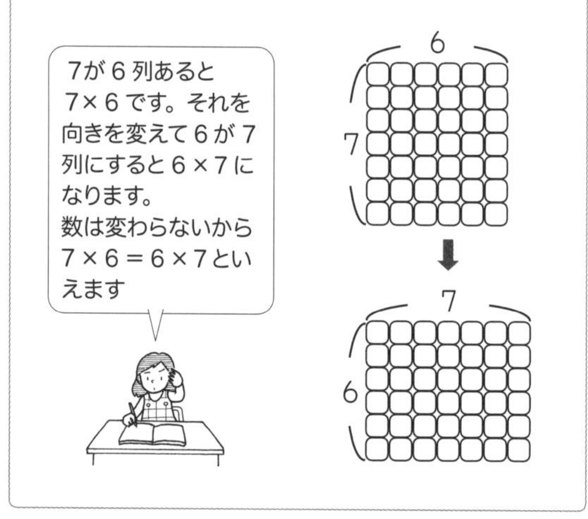

7が 6 列あると 7 × 6 です。それを向きを変えて 6 が 7 列にすると 6 × 7 になります。数は変わらないから 7 × 6 = 6 × 7 といえます

T 同じように，3 × 5 = 5 × 3 をノートに図をかいて説明しましょう。

ペアで互いに説明をする。

準備物
・算数ブロック
・九九表クイズ，パズル用紙
QR 九九表
QR ふりかえりシート

ICT
九九表クイズは，教師がいくらか作成し，児童に送信しておくとよい。児童の力に合わせて，どんどん進めて行くことができ，教え合う雰囲気が生まれる。

3

〈九九表クイズ〉

㋐～㋗の数は何でしょう

9	㋐	15
12	16	20
㋑	20	25

49	56	㋒
56	64	72
63	㋓	81

15	20	25	㋔
18	㋕	30	36
㋖	28	35	㋗

〈九九表パズル〉

もとの九九表にもどしましょう

かけ算では，かけられる数とかける数が入れかわっても 答えは同じになる。

3 九九表クイズと九九表パズルをしよう

【九九表クイズ】

九九表の一部を切り取ったものを準備して，㋐～㋗にあてはまる数を答えるクイズをする。

【九九表パズル】

九九表全体を切り分けたものを班ごとに準備する。切り分け方によって難易度を変えることができる。

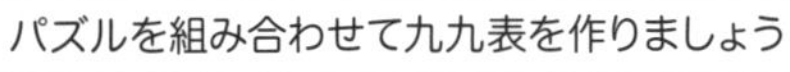

パズルを組み合わせて九九表を作りましょう

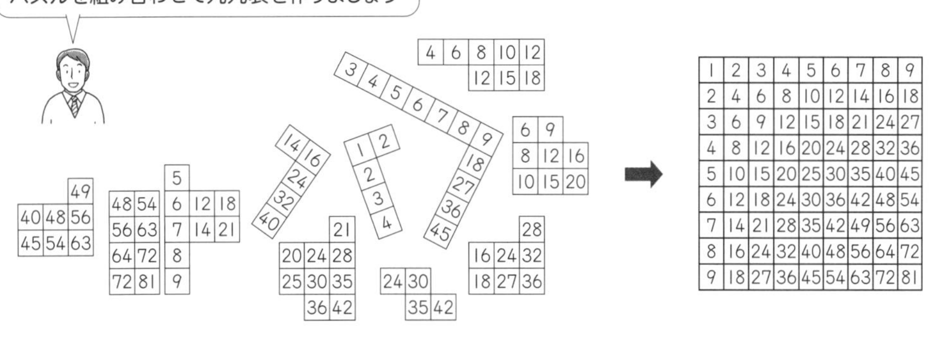

1	2	3	4	5	6	7	8	9
2	4	6	8	10	12	14	16	18
3	6	9	12	15	18	21	24	27
4	8	12	16	20	24	28	32	36
5	10	15	20	25	30	35	40	45
6	12	18	24	30	36	42	48	54
7	14	21	28	35	42	49	56	63
8	16	24	32	40	48	56	64	72
9	18	27	36	45	54	63	72	81

ふりかえりシートも活用できる。

第4時 かけ算の分配法則

本時の目標
かけられる数やかける数を分解しても積は変わらないという分配法則を理解する。

板書例

かけ算のきまりを発表（はっぴょう）しよう

1 ブロックは全部（ぜんぶ）で何こかな

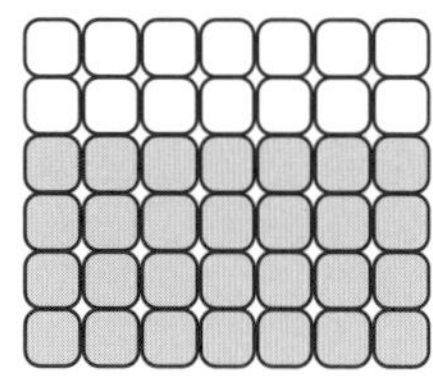

まとめて
6 × 7 = 42
42 こ

分けて
白 2 × 7 = 14
赤 4 × 7 = 28
合わせて 14 + 28 = 42
42 こ

2

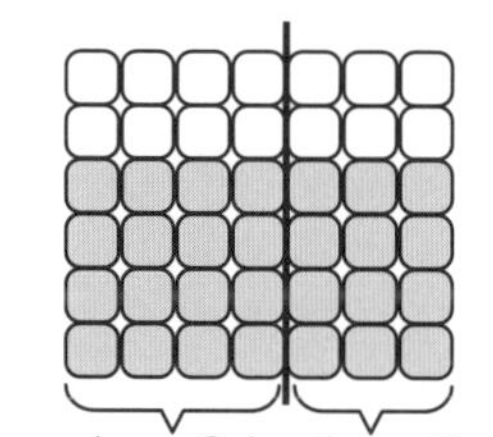

1 × 7 = 7
5 × 7 = 35

6 × 4 = 24　6 × 3 = 18

かけられる数を 1 と 5 に分ける
合わせて 7 + 35 = 42

かける数を 4 と 3 に分ける
合わせて 24 + 18 = 42

POINT 図とことばで自分の考えをノートにまとめ，人に伝える練習をしましょう。

1 赤色と白色のブロックがあります。ブロックは全部で何個ですか

算数ブロックを掲示する。

T かけ算を使って計算してみましょう。

全部まとめて計算します。6 × 7 = 42 で，ブロックは 42 個です

白と赤のブロックを分けて計算してみよう

T 分けて計算しても答えは同じになりますか。
C 白のブロックは 2 × 7 = 14
赤のブロックは 4 × 7 = 28
合わせて 14 + 28 = 42　42 個で同じです。
C どこで分けても全体の数は同じになるのかな。

2 どんな分け方をしても答えが同じになることを図を使って説明しよう

【A さんの分け方】

かけられる数を
1 と 5 に横に分ける。
上の部分　1 × 7 = 7
下の部分　5 × 7 = 35
合わせて　7 + 35 = 42

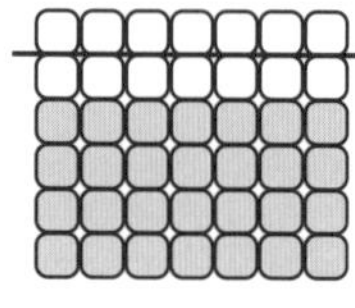

【B さんの分け方】

かける数を
4 と 3 に縦に分ける。
左の部分　6 × 4 = 24
右の部分　6 × 3 = 18
合わせて　24 + 18 = 42

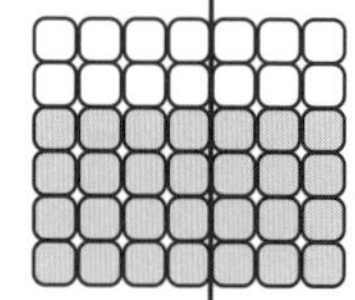

準備物	・算数ブロック（２色） QR ふりかえりシート

ICT	タブレットに考えをまとめることも認めたい。ノートかタブレット，自分のまとめやすい方法を選べるようにする。ノートの場合は，写真をとって送信させる。

3

4 × 8 = 32 を分けて計算しよう

かけられる数を２と２に分ける

上　　2 × 8 = 16

下　　2 × 8 = 16

合わせて　16 + 16 = 32

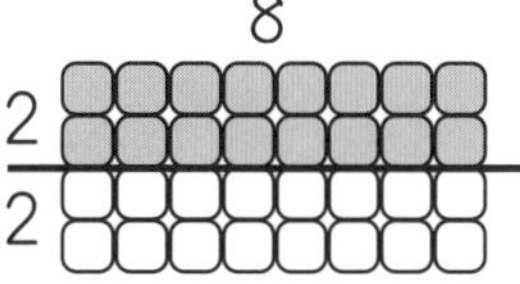

4

かける数を３と５に分ける

左　　4 × 3 = 12

右　　4 × 5 = 20

合わせて　12 + 20 = 32

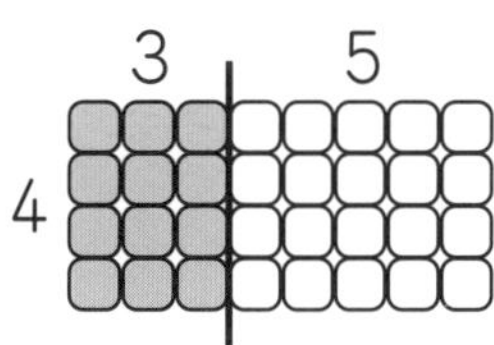

かけ算では，かけられる数や かける数を分けて計算しても，答えは同じになる。

3 4×8を分けて計算しても答えが同じになることをノートにまとめよう

算数ブロックを掲示する。

4×8
4を2と2に分けて計算

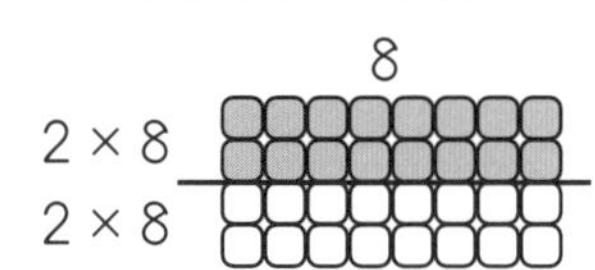

上　2 ×8=16
下　2 ×8=16
合わせて　16 + 16 = 32
4 × 8 = 32 と同じ

ノートに図とことばの説明がかけるように支援する。

4 ノートにまとめたものをグループや全体で発表して交流しよう

4×8
8を3と5に分けて考えました。

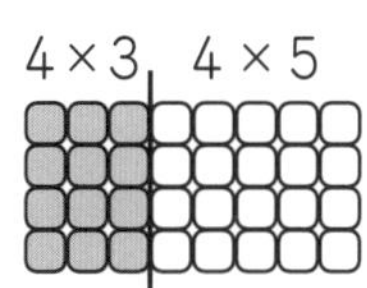

図の左側は 4 × 3 = 12 です。
図の右側は 4 × 5 = 20 です。
合わせると　12 + 20 = 32 で
4 × 8 = 32 と同じになります

図を見せながら発表できるようにする。発表の良かったところを感想として出し合う。

学習のまとめをする。ふりかえりシートも活用する。

第5時

10のかけ算

本時の目標　かける数やかけられる数が10のときの積を，かけ算のきまりを使って求めることができる。

板書例

10のかけ算の答えのもとめ方を考えよう

1 シールは全部(ぜんぶ)で何まいですか

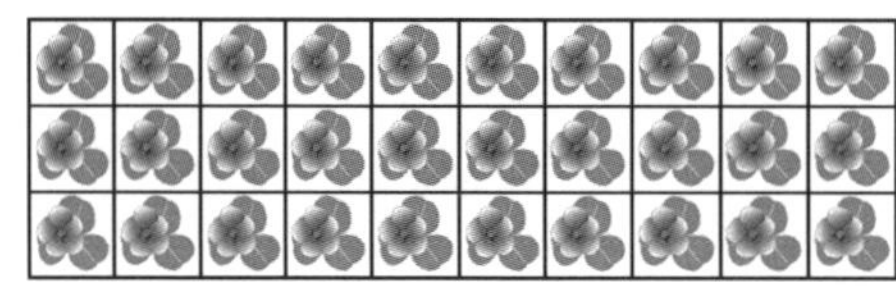

3 × 10
10 × 3

2 かけ算のきまりを使(つか)って考えよう

3のだんは3ずつふえる	かけられる数と かける数を入れかえても答えは同じ	かける数の10を4と6に分けて計算する
3 × 9 = 27 3 × 10 = 3 × 9 + [3] = 27 + 3 = 30	3 × 10 = 10 × 3 10の3こ分で30	3 × 4 = 12 3 × 6 = 18 12 + 18 = 30

POINT　10のかけ算は「0を1つつければいい」と覚えるだけでなく，その理由を考えてから身につけるようにしましょう。

1 シールは全部で何枚ありますか

3× 10のシールを掲示する。

縦に3段で，それが10列あるから，式は3× 10になるね
向きを変えてみたら，10 × 3ともいえるよ

T　3 × 10の答えをこれまで学習したかけ算のきまりを使って考えましょう。どんなきまりがありましたか。
C　かけ算九九は，かけられる数ずつ大きくなる。
C　かけられる数とかける数を入れかえても答えは同じ。
C　かけられる数やかける数を分けて計算しても答えは同じになる。

2 3× 10の答えの求め方を考えてノートに書こう

Aさん
3の段は3ずつ増えます。3×9＝27だから，3 × 10 ＝ 3 × 9 ＋ 3で，27 ＋ 3 ＝ 30です

Bさん
かけられる数とかける数を入れかえて計算します。3 × 10 ＝ 10 × 3として，10の3こ分だから，10，20，30で答えは30です

Cさん
かける数の10を4と6に分けて計算します。
3 × 4 ＝ 12　3 × 6 ＝ 18
12 ＋ 18 ＝ 30です

準備物	・算数ブロック ・10 の段書き込み九九表 QR ふりかえりシート

ICT	A さん，B さん，C さんそれぞれの考えを教師がタブレット操作や動画で説明すると分かりやすい。教室の大画面も良いが，個人のタブレットに配信すると理解が深まる。

3 10 の□こ分

10 × 3 = 30 （10 の 3 こ分）

10 × 5 = 50 （10 の 5 こ分）

10 × 8 = 80 （10 の 8 こ分）

0 を 1 つつける

10 × 10

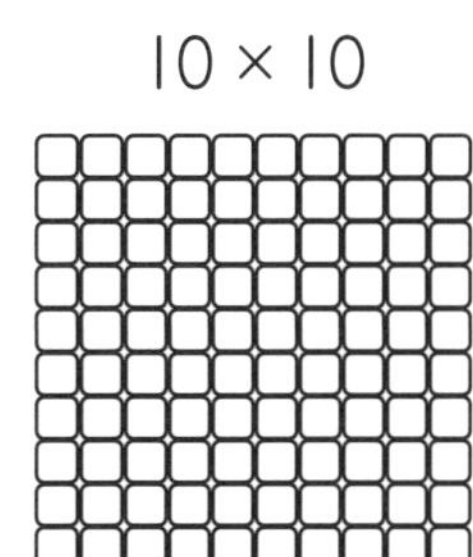

10 をかけると 位（くらい）が 1 つ上がる

10 × 10 = 100 （10 の 10 こ分）

4 10 のかけ算も，かけ算のきまりを使ってもとめることができる。10 のだんは，10 とびの数になる。

3 10 ×□や□× 10 の答えを考えよう

T　B さんの考えの「10 × 3 は 10 の 3 こ分」という考えで，10 × 5 や 10 × 8 を考えてみましょう。
C　10 × 5 は，10 が 5 こ分だから 50 です。
C　10 × 8 は，10 が 8 こ分。10 × 8 ＝ 80 です。
T　10 ×□や□× 10 の答えを見て気づいたことはありますか。

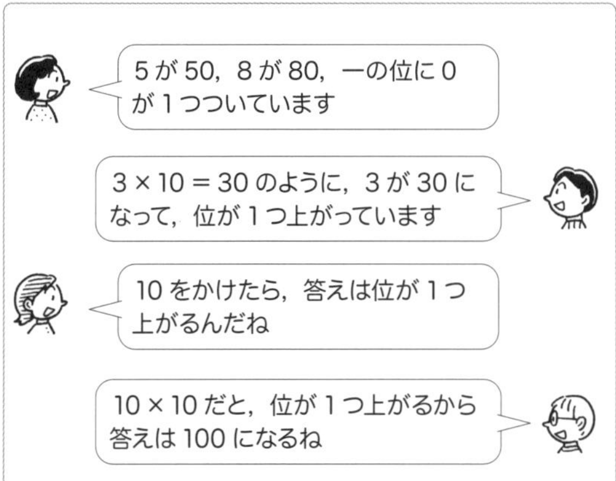

5 が 50，8 が 80，一の位に 0 が 1 つついています
3 × 10 ＝ 30 のように，3 が 30 になって，位が 1 つ上がっています
10 をかけたら，答えは位が 1 つ上がるんだね
10 × 10 だと，位が 1 つ上がるから答えは 100 になるね

4 九九表に 10 の段を書き込もう

10 の段が書き込める九九表を準備しておく。

学習のまとめをする。
ふりかえりシートも活用する。

第 6・7 時

10 より大きいかけ算

本時の目標　かける数やかけられる数が 10 を超える場合でも，かけ算のきまりを使って工夫して答えを求めることができる。

板書例

10 より大きいかけ算にちょうせんしよう

1

花だんに，花のなえを 1 れつに 13 本植（う）えます。
4 れつ植えるとすると，なえは全部（ぜんぶ）で何本用意（ようい）すればいいですか。

式　13 × 4

【A さんの考え】　㋐を使（つか）う

2

13 のだんは　13 ずつふえる

13 × 1 = 13
13 × 2 = 26
13 × 3 = 39
13 × 4 = 52
（13 ずつ増える矢印：13，13，13）

【B さんの考え】　㋑㋐を使う

13 × 4 = 4 × 13

4 × 9 = 36
4 × 10 = 40
4 × 11 = 44
4 × 12 = 48
4 × 13 = 53
（4 ずつ増える矢印：4，4，4，4）

POINT　どの子どもも何らかの方法で自分なりに答えに辿り着くことができるように支援しましょう。

1 文章問題を読んで，式を立てよう

問題文を掲示する。

1 列あたり 13 本が 4 列だから，式は 13 × 4 になるね

これも，かけ算のきまりを使えば求めることができるかな

T　かけ算のきまりにはどんなものがありましたか。

C　かけ算九九はかけられる数ずつ大きくなる。(㋐)

C　かけられる数とかける数を入れかえても答えは同じ。(㋑)

C　かけられる数やかける数を分けて計算しても答えは同じになる。(㋒)

C　10 のだんの答えは 10 とびの数になる。

2 かけ算のきまりを使った 13 × 4 の答えの求め方をノートにまとめよう

A さん

㋐を使います。
13 の段は 13 ずつ数が大きくなるので，
13 × 1=13　13 × 2=26　13 × 3=39　13 × 4=52
（13，13，13 ずつ増える）

B さん

㋑と㋐を使います。
13 × 4=4 × 13
4 ずつ数が大きくなるので，4 × 9=36
4 × 10=40　4 × 11=44　4 × 12=48　4 × 13=52
（4，4，4 ずつ増える）

C さん

㋒を使います。
かけられる数の 13 を 8 と 5 に分けました。
上の部分　8 × 4 = 32
下の部分　5 × 4 = 20
合わせて　32 + 20 = 52

準備物

・算数ブロック
QR ふりかえりシート

ICT

児童それぞれの考えを，ノートやタブレットにまとめさせる。教室内で，自由に立ち歩きながら，それぞれの考えを説明させると，授業がより深いものになる。

1 <かけ算のきまり>

㋐ かけ算の九九は，かけられる数ずつ大きくなる（小さくなる）
㋑ かけられる数とかける数を入れかえても答えは同じ
㋒ かけられる数やかける数を分けて計算しても答えは同じ
㋓ 10 のだんの答えは 10 とび

2 【C さん】 ㋒を使う

かけられる数 13 を 8 と 5 に分ける
8 × 4 = 32
5 × 4 = 20　合わせて　52

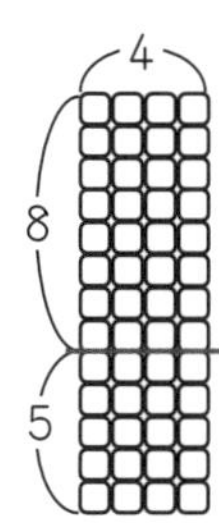

3 【D さん】 ㋒と㋓を使う

かけられる数 13 を 10 と 3 に分ける
10 × 4 = 40
3 × 4 = 12　合わせて　52

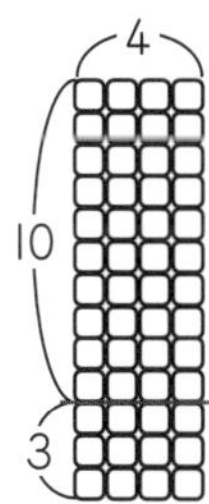

3 13 × 4 の求め方を発表して話し合おう

D さん

㋒と㋓を使いました。
かけられる数の 13 を 10 と 3 に分けました。10 のかけ算を前の時間に学習したからです。
上の部分　10 × 4 = 40
下の部分　3 × 4 = 12
合わせて　40 + 12 = 52

T　それぞれの考え方のよいところを発表しましょう。
C　どの考え方も，学習したかけ算のきまりを使って求めています。
C　答えの求め方は 1 つではないと思いました。
C　D さんは，前の時間に学習した 10 のかけ算を使っていてすごいと思いました。

既習内容をもとに，子ども自らが工夫して考え解決したことを大いに称賛しよう。

4 16 × 5 の答えを求めてみよう

T　自分がいちばんいいなと思った方法で求めましょう。

A～D のどの方法でも間違いではない。ただ，A と B は，かけ算の同数累加の考えで，数が大きくなったり，小数や分数になったりすると大変なことになってしまう。C と D は，かけ算の分配法則の考えで，特に D のように十の位と一の位に分ける考え方は，2 位数× 1 位数の計算方法に直に繋がる考え方になる。C や D を推奨したくなるが，ここでは子どもがどの方法を選ぶのか，子どもたちのかけ算に対する意識を観察しておくとよい。まずは，そこをスタートにする。

学習の感想を書く。
ふりかえりシートも活用する。

第8時　A案
0のかけ算

本時の目標　0×□や□×0，0×0のかけ算があり，いずれの積も0になる意味を理解する。

板書例

くつは何こになるでしょう

1 〈カブトムシ〉

|ぴきあたり　足は　6本

・4ひきでは

6 × 4 = 24
（こ）（ひき）（こ）

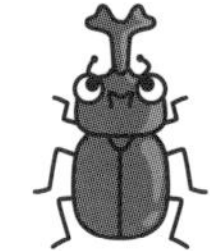

・0ひきでは

6 × 0 = 0
（こ）（ひき）（こ）

0をかけたら　答えは0

〈ヘビ〉

|ぴきあたり　足は　0本

・5ひきでは

0 × 5 = 0
（こ）（ひき）（こ）

0に数をかけても　答えは0

POINT 紙芝居動画「くつやのしゅぎょう」を見ながら進める授業案です。子どもたちが考える時間では映像を一時停止してください。

1 靴を作る修行に出た小人は，誰に何個靴を作るか考えよう

❶ カブトムシのお話(いくつ分が0のかけ算)

(紙芝居場面②の後) カブトムシの足の数だけ靴を作ることを説明し，どんな計算になるか考える。

C　カブトムシの足は6本だから，1匹に6個靴が必要だね。

C　カブトムシは4匹だから，靴の数は，6(個)×4(匹)＝24(個)になります。

(紙芝居場面⑤の後) 留守のカブトムシは「0匹」であることを確認し，かけ算の式に表すとどうなるかを考える。

❷ ヘビのお話(1あたりが0のかけ算)

(紙芝居場面⑧の後) ヘビの足の数が「0本」であることを確認し，かけ算の式に表せるかを考える。

❸ ヘビのお話の続き(1あたりもいくつ分も0のかけ算)

(紙芝居場面⑪の後) 足の数が「0本」のヘビが留守ということをかけ算の式に表すことができるかを考える。

C　ヘビは0匹で，ヘビの足は0本だから…

C　0(個)×0(匹)＝0(個)　になります。

準備物
QR ふりかえりシート
QR 動画「紙芝居 くつやのしゅぎょう」

ICT
紙芝居動画「くつやのしゅぎょう」を児童のタブレットに送信しておく。授業に参加できなかった児童も，後日，動画を見て学習することができる。

〈ヘビ〉

1ぴきあたり　足は　0本

・0ひきでは

0 × 0 = 0
（こ）（ひき）（こ）

2
㋐ 6 × 0 = 0
㋑ 0 × 8 = 0
㋒ 0 × 0 = 0

0に0をかけると　答えは0

㋐ どんな数に0をかけても答えは0です。
㋑ 0にどんな数をかけても答えは0です。
㋒ 0に0をかけても答えは0です。

2 ㋐，㋑，㋒の問題を解いて，学習のまとめをしよう

T　㋐～㋒の問題をかけ算の式に表して答えを求めましょう。

> ㋐ 6個ずつクッキーが入っている袋が0袋だと，クッキーは全部で何個ですか。
>
> ㋑ 中身が入っていないキャラメルの箱が8箱あります。キャラメルは全部で何個ですか。
>
> ㋒ ジュースの入っていない空のコップが1つもありません。ジュースはどれだけありますか。

㋐～㋒の問題を解いて，学習のまとめをする。
式に表すことが難しい子どもには，問題文を絵に表すなどしてフォローする。

3 0のかけ算のお話問題文を作ってみよう

「いくつ分が0のかけ算」「1あたりが0のかけ算」「1あたりもいくつ分も0のかけ算」の問題を自由にノートに書いてみる。なかなか書けない子どもには，実際にお菓子の箱や袋の実物を見せ，「1あたりが0ということは？」「いくつ分が0ということは？」などとフォローするとよい。

問題文に絵を付け足したり，タブレットで0のかけ算となる場面を家などで撮影してきたりしてもよい。

ふりかえりシートも活用する。

第8時 B案
0のかけ算

本時の目標　かけられる数や，かける数が0の場合のかけ算をすることができる。

板書例

おはじきとばしゲームをしよう

1 記(き)ろく用紙(ようし)

	①	②	③	④	⑤	⑥	⑦	⑧	⑨	⑩
あきお	3	3	5	0	0	5	3	0	3	3
るり										

集計(しゅうけい)用紙

点数	回数	とく点
10	0	㋐
5	2	㋑
3	5	㋒
0	3	㋓

とく点の計算

㋐ 10点が0回
$10 \times 0 = 0$　0点

㋑ 5点が2回
$5 \times 2 = 10$　10点

㋒ 3点が5回
$3 \times 5 = 15$　15点

㋓ 0点が3回
$0 \times 3 = 0$　0点

合計　$0 + 10 + 15 + 0 = 25$
25点

POINT　ペアで楽しく「おはじきとばしゲーム」をしながら0のかけ算の理解を深めましょう。第8時A案の動画「紙芝居

1 おはじきとばしゲームをして得点を計算しよう

【ゲームのルール】
- 2人1組で対戦する。
- 1人10回ずつおはじきをとばす。(1回ずつ交代でもよい)1回ずつ記録用紙に記録する。
- 得点は，10点，5点，3点と0点。ゲーム盤の外に出た場合も0点とする。
- ものさしに跳ね返った場合も，止まったところが得点となる。
- 10回ずつおはじきとばしをしたら，それぞれ点数ごとに整理して集計用紙に書く。(全員が終わるまで待つ)

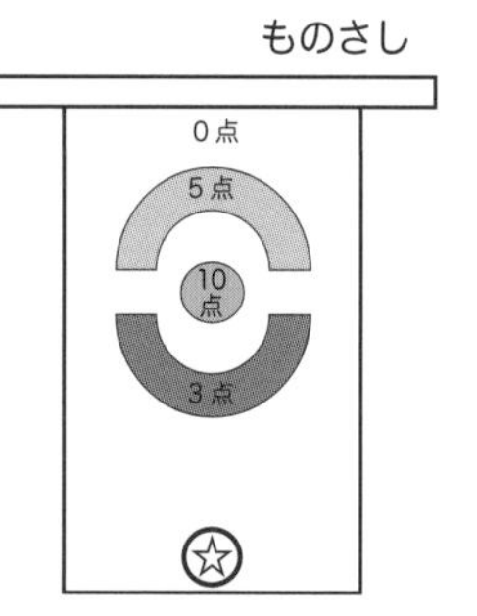

記録用紙から集計用紙に，それぞれの回数が間違いなく書けていることを確かめる。

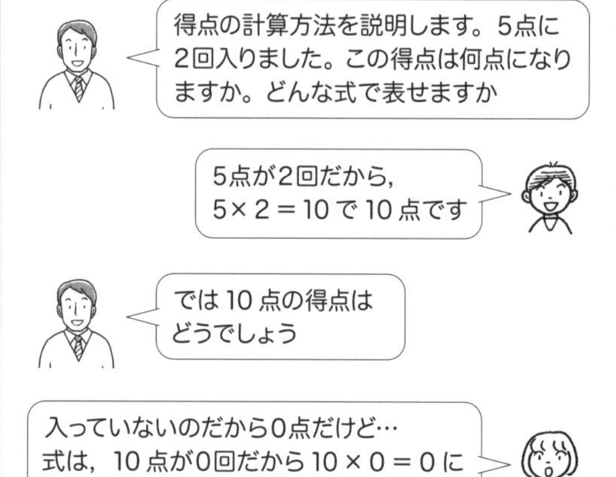

特に，10点が0回の場合は，かける数が0の計算になり，0点が3回の場合は，かけられる数が0の計算になることを丁寧に説明する。

T　では，自分の合計得点を計算して，相手の人と点数を比べましょう。

準備物	・おはじき ・記録，集計用紙  ふりかえりシート QR ゲーム盤	ICT	記録用紙や集計用紙を児童のタブレットに送信しておく。タッチペンなどで，記録するようにしておくと，保存をしながら何度でも使うことができる。

2
〈トンボのはねは何まいかな〉

1ぴきあたり　はねは　4まい

2ひき　4 × 2 = 8
（まい）（ひき）（まい）

1ぴき　4 × 1 = 4
（まい）（ぴき）（まい）

0ひき　4 × 0 = 0
（まい）（ひき）（まい）

3
〈カエルのおへそは何こかな〉

1ぴきあたり　おへそは　0こ

5ひき　0 × 5 = 0
（こ）（ひき）（こ）

0にどんな数をかけても答えは0です。
どんな数に0をかけても答えは0です。

くつやのしゅぎょう」も参考にします。

2 トンボの羽の枚数を求めよう

T　トンボに羽は何枚あるでしょう。そう，4枚です。では，トンボが□匹だと羽は何枚になるか考えましょう。

□の中の数（トンボの数）を2，1，0，と減らしていく。

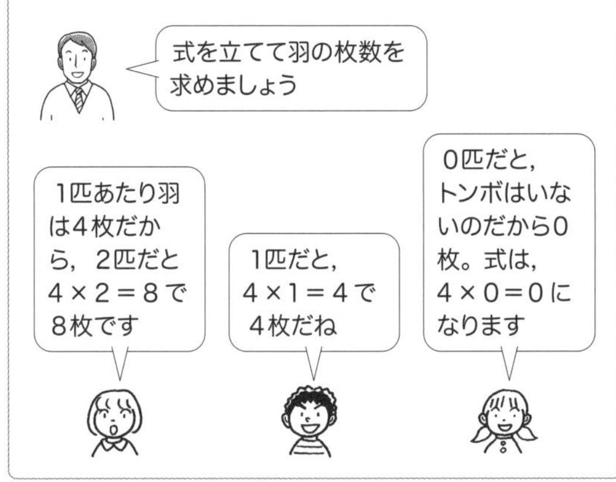

式を立てて羽の枚数を求めましょう
1匹あたり羽は4枚だから，2匹だと4×2＝8で8枚です
1匹だと，4×1＝4で4枚だね
0匹だと，トンボはいないのだから0枚。式は，4×0＝0になります

他の数の場合にも触れて，どんな数でも0をかければ，積は0になることが理解できるようにする。

3 カエルのおへその数を求めよう

T　カエルが5匹います。おへその数は全部で何個でしょう。

C　カエルにおへそってあるの？

他の数の場合にも触れて，0にどんな数をかけても，積は0になることが理解できるようにする。

学習のまとめをする。
ふりかえりシートも活用する。

第9時 九九を使って

本時の目標　九九や乗法の交換法則を用いて，□で表された乗数や被乗数を求めることができる。

板書例

□にあてはまる数を見つけよう

1　$6 \times \square = 42$

【見つけ方①】九九表(ひょう)を使(つか)う

	かける数								
	1	2	3	4	5	6	7	8	9
かけられる数 1	1	2	3	4	5	6	7	8	9
2	2	4	6	8	10	12	14	16	18
3	3	6	9	12	15	18	21	24	27
4	4	8	12	16	20	24	28	32	36
5	5	10	15	20	25	30	35	40	45
6	6	12	18	24	30	36	42	48	54
7	7	14	21	28	35	42	49	56	63
8	8	16	24	32	40	48	56	64	72
9	9	18	27	36	45	54	63	72	81

【見つけ方②】九九をとなえる

6のだん

$6 \times 1 = 6$
$6 \times 2 = 12$
$6 \times 3 = 18$
⋮
$6 \times \boxed{7} = 42$

POINT 「九九表から見つける」から，「九九表を見なくても見つけられる」へと急ぎすぎないように気をつけましょう。

1 6×□＝42の□にあてはまる数を見つけよう

九九表の6の段で，答えが42になるのを見つければいいよ

九九表を見ないでも見つける方法はないかな

T　九九表を見ないで□の数を見つけるにはどうすればいいですか。

C　6×□＝42だから，6の段の九九を順に言って答えが42になるのを見つけました。

C　$6 \times 1 = 6$，$6 \times 2 = 12$，… $6 \times 7 = 42$

C　途中をとばして $6 \times 5 = 30$ くらいから言ってみました。

2 □×7＝28の□にあてはまる数を見つけよう

C　□の段なんてないから，九九表から見つけるしかないよ。

C　九九表から答えが28の九九を探そう。

かけ算のきまりを使って考えることはできないでしょうか

あ！□×7＝7×□だから，7×□で考えたらいいね

かける数とかけられる数を入れかえても答えは同じだったね

C　$7 \times 1 = 7$，$7 \times 2 = 14$，$7 \times 3 = 21$，$7 \times 4 = 28$ だから，□の数は4になります。

練習問題をする。

① 8×□＝40　② 9×□＝63
③ □×6＝24　④ □×5＝20　など

準備物	・問題を出し合う用紙 QR 九九表 QR ふりかえりシート

ICT	九九表を児童のタブレットに送信しておく。それに書き加えながら，個人で考えたり，ペアで考えたり，全体で説明したりと児童の実態に合わせて使い分ける。

2

□ × 7 = 28

□ × 7 = 7 × □　だから
7のだんで考える

7 × [4] = 28

3

<□を使った問題（もんだい）をつくろう>

5 × □ = 25

7 × □ = 56

□ × 4 = 32

□ × 8 = 64

4

<かけ算のきまり>

㋐ かけ算の九九は，かけられる数ずつ大きくなる（小さくなる）

㋑ かけられる数とかける数を入れかえても答えは同じ

㋒ かけられる数やかける数を分けて計算しても答えは同じ

㋓ 10 のだんの答えは 10 とび

3 □を使った式の問題を作ってペアで問題を出し合おう

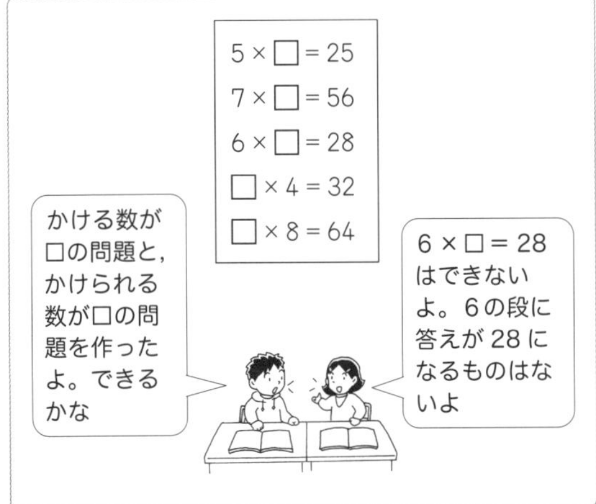

5 × □ = 25
7 × □ = 56
6 × □ = 28
□ × 4 = 32
□ × 8 = 64
かける数が□の問題と，かけられる数が□の問題を作ったよ。できるかな
6 × □ = 28 はできないよ。6 の段に答えが 28 になるものはないよ

児童自身が問題を作ることで，問題の意味を深く理解することができるようになる。時々間違った問題もあるが，それに気づくことができることで学びを深める。

ふりかえりシートも活用する。

4 「九九表とかけ算」で学習したことをまとめよう

T　かけ算にはどんなきまりがありましたか。

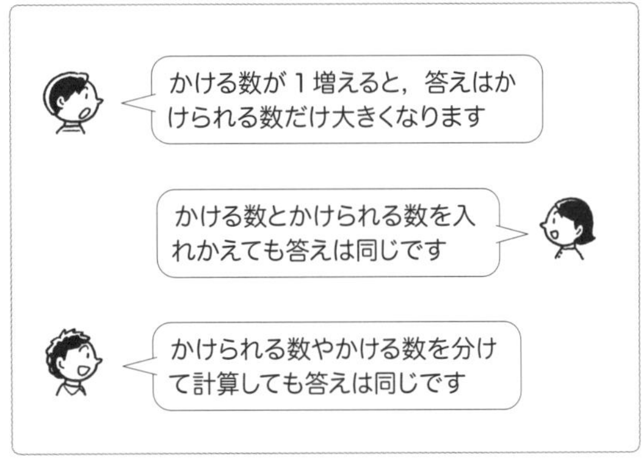

T　ほかにどんな学習をしましたか。

C　10 のかけ算や 0 のかけ算も学習しました。

T　「九九表とかけ算」を学習した感想を書きましょう。

教科書の練習問題などをする。

時こくと時間

全授業時数 4 時間

◎ 学習にあたって ◎

＜この単元で大切にしたいこと＞

1 年，2 年と時刻や時間について学習してきています。しかし，それらは時計の目盛り読みが中心であり，量的に時間を理解してきたわけではありません。

3 年生で初めて時間という量 (短い時間) を学習することになります。時間は他の量と違って「見えない，持てない」という量で，気分の持ちようで感じ方も違ってきますが，そのことも含めて時間という量を取り上げて学習する機会をつくることが大切です。また,「時刻」と「時間」とは全く違う概念であるのに言葉の使い方が曖昧です。この単元の学習を機会に意識して使うようにしていくことが大切です。

時刻と時間の学習は，文字時計盤や時間のものさし (時間の数直線) を手がかりにして進めていくようにします。時刻と時間の違いを明らかにしながら進めます。算数科で時刻と時間について学習する最後の機会になりますが，4 時間という短時間の学習です。時刻や時間を求める方法を大まかにとらえることができれば良いと考えましょう。

＜数学的見方考え方と操作活動＞

時刻や時間を求める学習では，文字時計盤や時間のものさし (時間の数直線) を使って考えることができるようにします。また，考え方の一つとして，区切りとなる時刻を設定して，その時刻までの時間とそれ以降の時間というように分けて考えると有効なことや，時刻と時間の計算でも筆算を使って計算できることを紹介します。

＜個別最適な学び・協働的な学びのために＞

短い時間の学習では，短い時間を比べる方法を考えるところから始め，4 段階を経て，必要性を持って普遍単位の秒にたどり着くようにします。そして，計器 (ストップウォッチ) の便利さを活用し，時間の量感をゲームを通して得ることができるようにします。算数の時間での学習だけでなく，普段の生活の中でも学習したことが生かせるような言葉かけや課題を出していくようにしましょう。

◎評　価◎

知識および技能	短い時間の単位「秒」や時間の単位の関係を理解して単位の換算ができる。 計算による時間や時刻の求め方を理解して，必要な時刻や時間を求めることができる。
思考力，判断力，表現力等	時間を量としてとらえ，その表し方や単位の関係，時刻や時間の求め方を考え，表現することができる。
主体的に学習に取り組む態度	時刻や時間に関心をもち，学習したことを生活の中でも用いようとする。

◎指導計画　4時間◎

時	題	目　標
1	時刻を求める	ある時刻から○分後，○分前の時刻を求めることができる。
2	時間を求める	2つの時刻の間の時間や，時間＋時間の計算の仕方を理解する。
3	短い時間の単位（秒）	短い時間を表す単位「秒」について知り，分と秒との単位の関係について理解する。
4	時間と時刻の計算	午前から午後にかかるような長い時間や時刻を求めることができる。

第1時

時刻を求める

本時の目標 ある時刻から○分後，○分前の時刻を求めることができる。

板書例

何時何分かもとめよう　時計や「時間ものさし」を使ってもとめよう

1 9時から20分後と20分前

2 3時40分から20分後，30分後，50分後

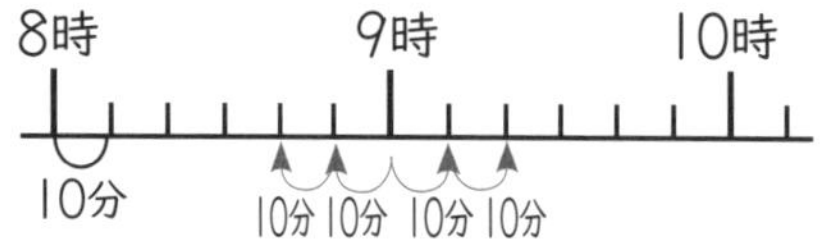

3時　40分　4時　5時

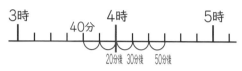

20分後　30分後　50分後

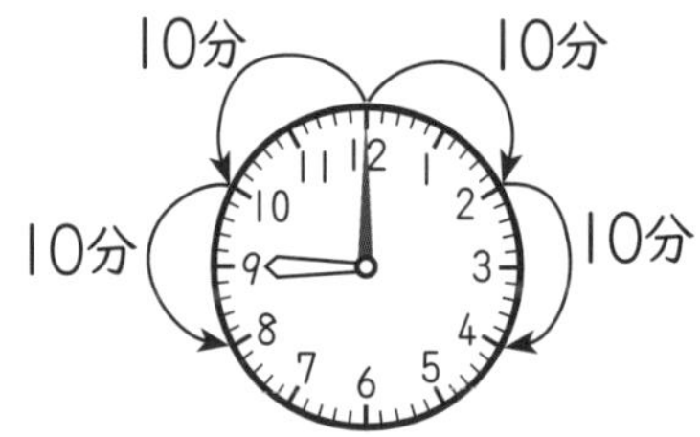

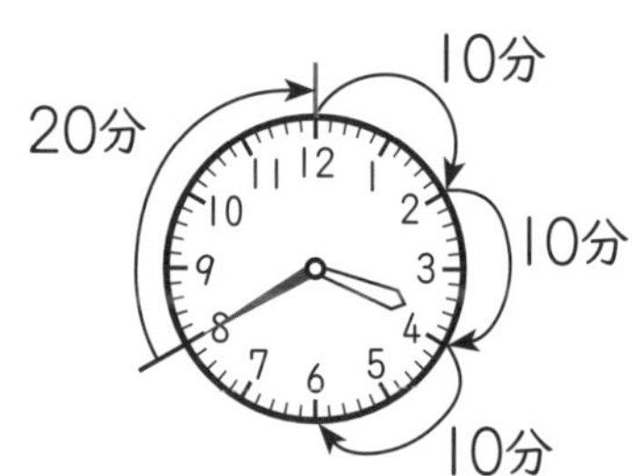

9時から　20分後　9時20分
　　　　　20分前　8時40分

3時40分から　20分後　4時
　　　　　　　30分後　4時10分
　　　　　　　50分後　4時30分

POINT ちょうど○時を境にして時間を分けて考えることで答えが求めやすくなりますが，5(10) とびで目盛りを進めたり戻したり

1 「時計の文字盤」や「時間ものさし」を使って考えよう

T　9時から20分前と20分後の時刻を求めましょう。

8時　9時　10時

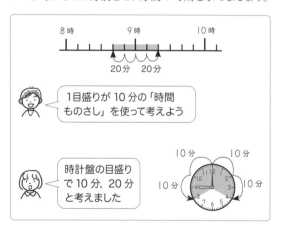

20分　20分

1目盛りが10分の「時間ものさし」を使って考えよう

時計盤の目盛りで10分，20分と考えました

10分　10分　10分　10分

時間や時刻を数直線上に表すのが「時間ものさし」で，時間を線分化したものが使えるようになると，今後の学習に生かすことができる。ただし，時計を使う方がわかりやすいという児童もいるので，ここでは，わかりやすい方を手掛かりにして考えることとする。

2 ○分後の時刻を求めよう

T　3時40分から20分後，30分後，50分後の時刻を求めましょう。

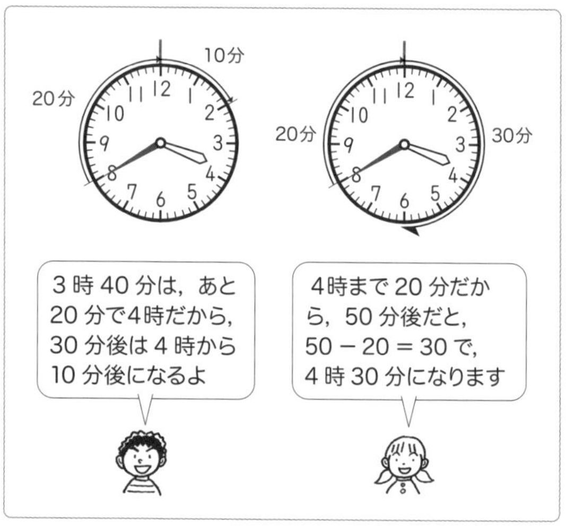

10分
20分
20分
30分
3時40分は，あと20分で4時だから，30分後は4時から10分後になるよ
4時まで20分だから，50分後だと，50－20＝30で，4時30分になります

C　4時ちょうどを境にして分けて考えるとわかりやすいね。

準備物
・板書用時計図，時間ものさし
QR 児童用時計図，時間ものさし
QR ふりかえりシート

ICT
問題と同じ状況の時計を画像に撮影しておき，その画像を全体提示や児童のタブレットに共有しながら説明をすると，理解しやすい。

3

8時20分から
20分前，30分前，50分前

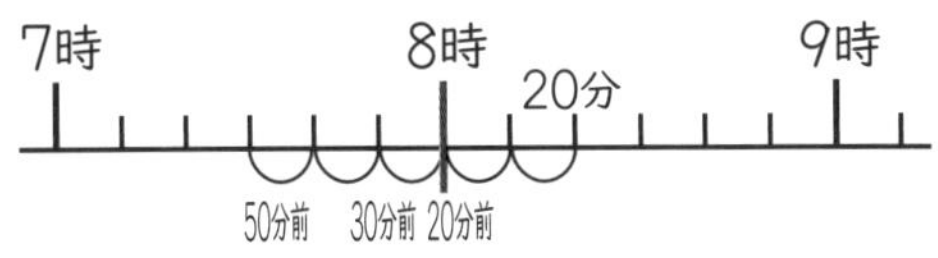

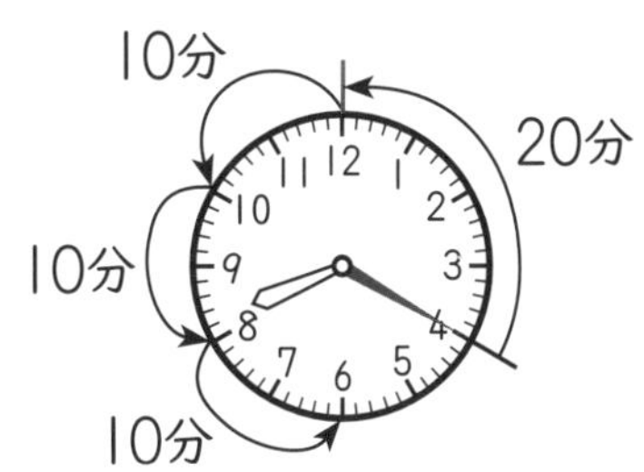

8時20分から　20分前　8時
30分前　7時50分
50分前　7時30分

4

12時10分から　25分前

11時45分

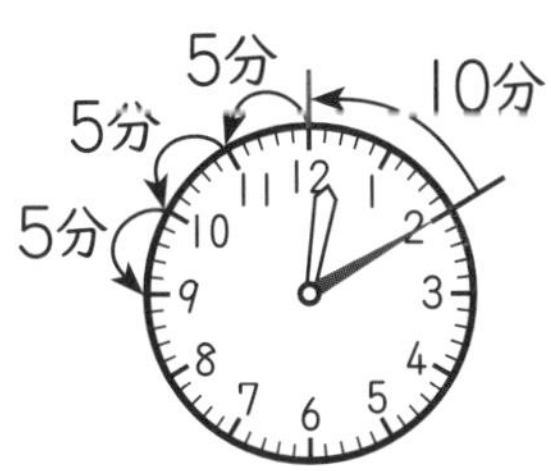

といった方法も認めましょう。

3 ○分前の時刻を求めよう

T　8時20分から20分前，30分前，50分前の時刻を求めましょう。

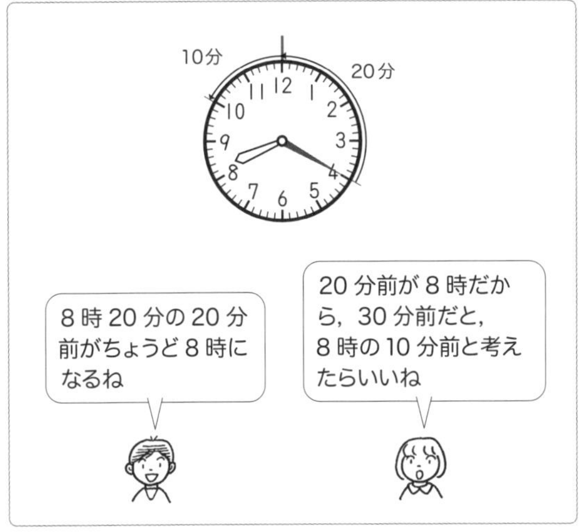

10分
20分
8時20分の20分前がちょうど8時になるね
20分前が8時だから，30分前だと，8時の10分前と考えたらいいね

C　「時間ものさし」でも，同じようにちょうど8時を境にして考えたよ。

4 25分前の時刻を求めよう

T　家から駅までは歩いて25分かかります。12時10分までに駅に着くには，家を何時に出ればいいですか。

C　12時10分の25分前の時刻を求めたらいいね。

12時ちょうどは10分前だから，25分前だと，25 − 10 = 15で，12時からさらに15分前ということだね
5，10，15，20，25と5とびで時計を戻して考えたよ

学習のまとめをする。
ふりかえりシートも活用する。

第2時

時間を求める

本時の目標　2つの時刻の間の時間や，時間＋時間の計算の仕方を理解する。

板書例

時間（何分間）をもとめよう

1 練習(れんしゅう)した時間は何分間ですか。

2 9時40分から10時20分

20分間　20分間

9時　10時　11時

9時40分　10時20分

10時まで20分間　10時から20分間

20分間＋20分間＝40分間

2時50分から3時40分

10分間　40分間

2時　3時　4時

2時50分　3時40分

3時まで10分間　3時から40分間

10分間＋40分間＝50分間

POINT 時間は時刻と時刻の間です。それが明らかになるように，間になるところがよくわかるように色をぬっておきます。

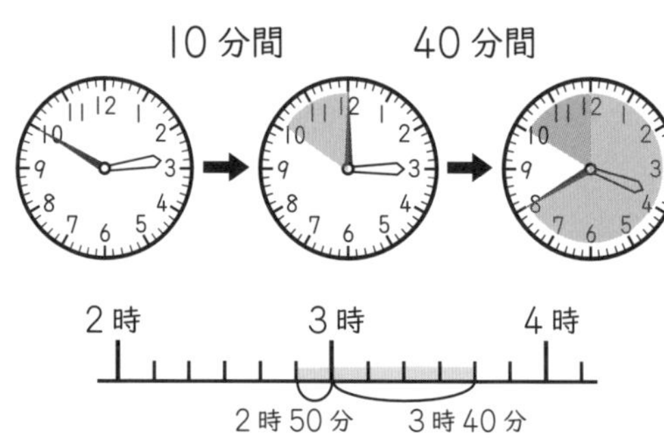

1 ふみやさんが練習した時間を求めよう

ワークシートを提示する。

T　ふみやさんは，土曜日の午前と午後に野球の練習をしました。それぞれ何分間練習をしましたか。

午前　9時40分から10時20分まで

午後　2時50分から3時40分まで

時刻と時刻の間だから時間だね。時間を求めよう

時間を求めるのも，時計や時間ものさしを使って求められそうだね

時間と時刻を表す言葉が，日常生活の中で多く混在している。2年生で学習した「瞬間を表す時刻」と「時刻と時刻の間を表す時間」の使い方を再度おさえておく。普段から2者の違いを意識的に区別して使い，正しい使い方ができるようにしておく。

2 「時計の文字盤」や「時間ものさし」を使って考えよう

T　午前，午後それぞれの時間を求めましょう。

【午前】

C　【午後】3時ちょうどまでは10分間で，3時からは40分間だから合わせて50分間です。

C　時間を求めるときも，○時ちょうどを境にして時間を分けて考えるとわかりやすいね。

準備物	・板書用時計図，時間ものさし QR 児童用時計図，時間ものさし QR ワークシート QR ふりかえりシート

ICT	問題と同じ状況の時計を画像に撮影しておき，その画像を全体提示や児童のタブレットに共有しながら説明をすると，理解しやすい。

3

40 分間と 50 分間を合わせると何時間何分ですか。

40 分間＋ 50 分間＝ 90 分間

1 時間 30 分（1 時間半）

4

午後 9 時から午前 7 時まで何時間ねましたか。

3 時間　　7 時間

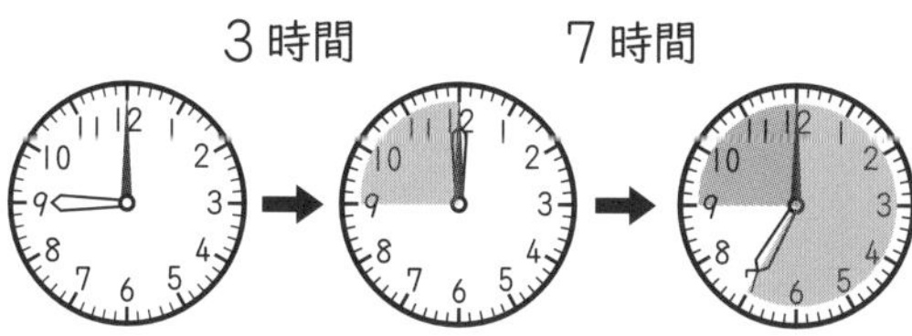

あわせて　10 時間

3

＜先週の方が何分間多いですか＞

先週は 2 時間　2 時間＝ 120 分間

120 分間－ 90 分間＝ 30 分間

先週の方が 30 分間長い

・「時こく」と「時こく」の間は「時間」

・時間をもとめるときはちょうどの時こくをもとにして考える。

3 午前と午後合わせて何時間何分練習をしましたか

C　午前に 40 分間，午後に 50 分間練習をしたので，40 分間と 50 分間をたし算したらいいね。

C　40 分間＋ 50 分間＝ 90 分間です。

90 分間を何時間何分になおさないといけないね。60 分間＝1 時間だから…1 時間 30 分になるよ

40 分間に 20 分間をたしたら 60 分間で 1 時間，残りは 50 分間－20 分間で 30 分間だから 1 時間 30 分になります

T　先週は 2 時間練習をしました。先週の方が何分間多く練習しましたか。

C　2 時間＝ 120 分間だから，120 分間－ 90 分間＝ 30 分間で，30 分間多く練習しました。

C　先に 2 時間から 1 時間をひいて，1 時間から 30 分間をひきました。

4 午後 9 時から午前 7 時までの時間を調べよう

T　ふみやさんは，午後 9 時に寝て午前 7 時に起きました。何時間寝たことになりますか。

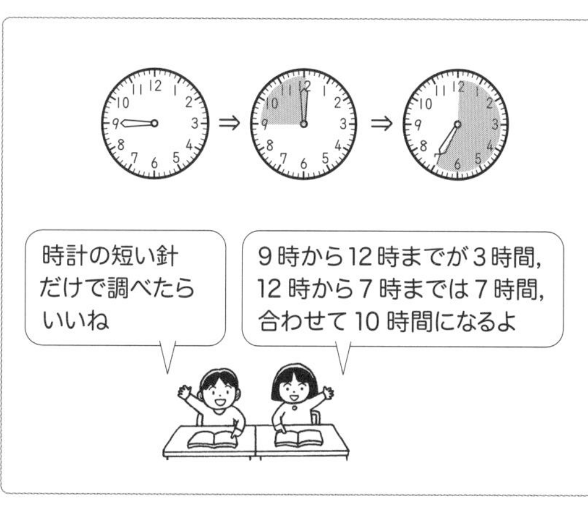

時計の短い針だけで調べたらいいね
9 時から 12 時までが 3 時間，12 時から 7 時までは 7 時間，合わせて 10 時間になるよ

ここでも，12 時ちょうどを境にして時間を分けて考えることができることに気づかせる。

学習のまとめをする。
ふりかえりシートも活用する。

第3時

短い時間の単位（秒）

本時の目標　短い時間を表す単位「秒」について知り，分と秒との単位の関係について理解する。

板書例

こまが回っている時間をくらべよう

❶ 同時に回してくらべる
同時にできないときは
↓
❷ 落ちる水の多さでくらべる
もっとべんりな方ほう
↓
❸ 数える
いつも同じではない
↓
❹ メトロノーム
同じにする
60の１テンポが１秒

１秒（びょう）　世界（せかい）きょうつうの時間のたんい

ストップウォッチを使（つか）ってゲームをしよう
・10秒ぴったりゲーム
・かた足立ちゲーム

60秒＝１分

POINT　秒という時間の量を４段階指導で進めます。いろいろなゲームを通して楽しく量感を学びましょう。

1　誰のこまがいちばん長く回っているかな～こま回しゲームをしよう～ 秒という量の４段階指導

T　どちらのこまが長い時間回っているかを隣の人と比べましょう。

❶　直接比較

T　「せーの」で同時に回し始めましょう。

C　どちらが長いか見分けるのが難しいな…。

❷ 間接比較

T　同時に回さないで比べる方法はありませんか。

子どもからいろいろな意見を聞く。

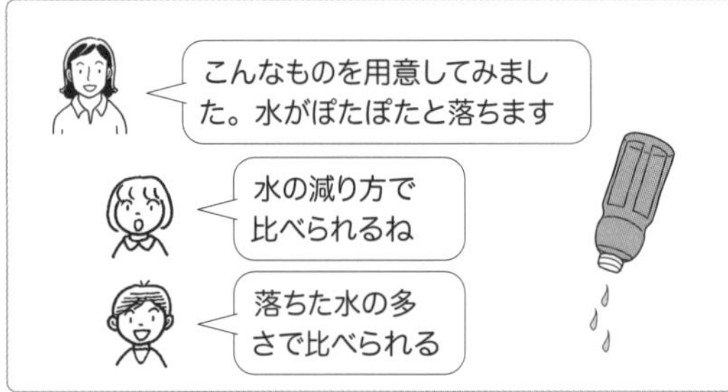

こんなものを用意してみました。水がぽたぽたと落ちます
水の減り方で比べられるね
落ちた水の多さで比べられる

C　もっと簡単に比べる方法がないかな。

❸　個別単位

T　では，手拍子で数えてみましょう。

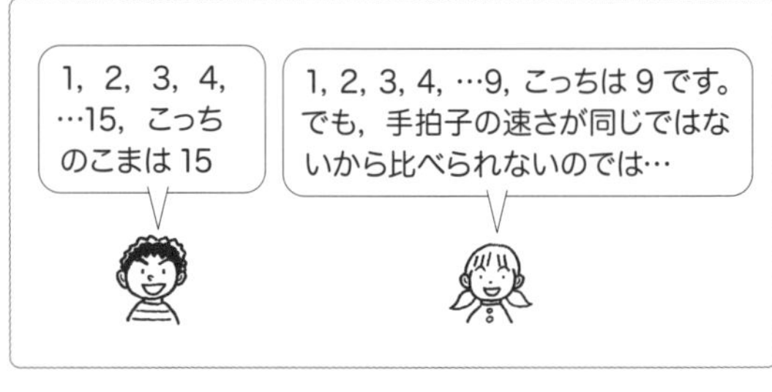

1，2，3，4，…15，こっちのこまは15
1, 2, 3, 4, …9, こっちは9です。でも，手拍子の速さが同じではないから比べられないのでは…

メトロノームを準備し，テンポ60に合わせて音を聞く。

T　これが１秒です。１秒は，１分より短い時間の単位で，60秒で１分です。

メトロノームと時計の秒針の動きが同じであることを確かめながら，1分＝60秒をおさえる。

❹　普遍単位

T　メトロノームを使って時間を比べてみましょう。

C　音の数が15なら，15秒間回ったのだね。

準備物

・児童手作りのこま
・穴を開けたペットボトルと水槽（コップ）
・メトロノーム　　・ストップウォッチ
QR ふりかえりシート　　QR 資料

ICT

実際にこまが回っている動画を数パターン動画で撮影しておく。1つ目の動画は，全体説明用として使用し，それ以降は，児童が個人やペアで活用できるようにしておく。

3

・1分10秒は□秒

1分10秒＝60秒＋10秒
＝70秒

・100秒は□分□秒

100秒－60秒＝40秒
100秒＝1分40秒

短い時間は秒を使ってあらわすことができる。
1分＝60秒

2 ストップウォッチを使ったゲームをしよう

ストップウォッチを班に1個ずつ渡して，使い方（スタート，ストップ，リセット，読み方）を説明する。

【10秒ぴったりゲーム】

ストップウォッチを見ずに，10秒だと思うところでストップウォッチのストップボタンを押す。班で順番を決めて交代で行う。10秒に近い人が勝ちとなる。

【片足立ちゲーム】

片足で立っていられる時間を測る。長い時間立っていられる人が勝ちとなる。ゲームをする人と計測の人は交代で行う。60秒を超える記録が出れば，次の3の展開で扱うことができる。

3 ○分□秒を□秒で表してみよう

T　○○さんの片足立ちの記録は1分10秒でした。それは，何秒といえますか。

1分は60秒だから，60秒と10秒を合わせると70秒になります

私は1分5秒だったから，60秒＋5秒で65秒になるよ

T　では，100秒は何分何秒といえますか。
C　100秒から1分の60秒をひいて，100秒－60秒＝40秒　100秒は1分40秒です

○分□秒⇔□秒の練習問題をする。
ふりかえりシートも活用する。
学習のまとめをする。

第4時 時間と時刻の計算

本時の目標　午前から午後にかかるような長い時間や時刻を求めることができる。

板書例

遠足の計画を立てよう

1 【行って帰るまでの時間】

出発　午前9時　　帰り　午後3時10分

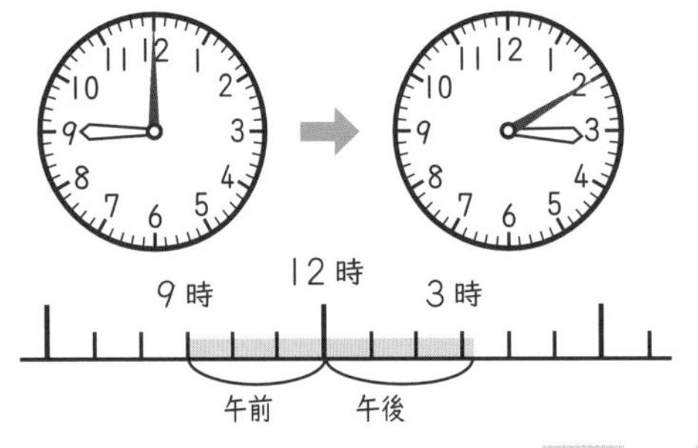

午前　3時間

午後　3時間10分

　　3時間
＋3時間10分
　　6時間10分

答え　6時間10分

2 【見学場所に着く時こく】

出発　午前9時　　80分間かかる

　　　　　　　　　1時間20分

9時＋1時間20分

　　9時
＋1時間20分
　10時間20分

たんいをそろえてひっ算できる

答え　10時20分

POINT　時間と時刻の学習は，小学校ではこの単元で最後です。24時制など生活に根ざした内容もぜひ扱ってみましょう。

1 学校を出発して学校へ帰るまでの時間は何時間何分ですか

T　午前9時に学校を出発して，午後3時10分に学校へ帰ってくる計画で遠足に出かけます。

時計で考えても時間のものさしで考えてもいいね
午前で何時間，午後で何時間と分けて考えてもいいよ

C　午前は9時から12時までの3時間です。

C　午後は3時間10分だね。

C　筆算でも計算できるよ。
　時間は時間，
　分は分で単位を
　揃えて計算しよう。

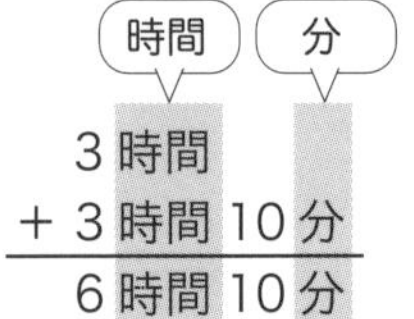

2 見学場所に着くのは何時何分ですか

T　見学場所まで行くのに80分かかります。午前9時に出発すると，何時に着きますか。

C　午前9時＋1時間20分でたし算になります。

C　これも単位を揃えて筆算で計算するといいね。午前10時20分に着きます。

T　「時刻」に「時間」をたして，「時刻」を求めることができます。

準備物	・板書用時計図，時間ものさし QR 児童用時計図，時間ものさし QR ふりかえりシート QR 画像「電車の電光掲示板」

ICT	問題の状況を児童の実態に合わせて画像や動画で撮影しておく。考える時に，それを見ながら考えると，学んだことが実生活につながりやすくなる。

3

【見学場所を出る時こく】

80 分間かかる　　午後 3 時 10 分に帰る

3 時 10 分 − 1 時間 20 分

答え　1 時 50 分

	2 時	60 分
	~~3~~ 時	10 分
−	1 時間	20 分
	1 時	50 分

1 時間＝ 60 分
60 分くり下げる

・時間の計算も，たんいをそろえて計算する。
・生活の中で，時間や時こくは多く使（つか）われている。

3 何時何分に見学場所を出れば，午後3時 10 分までに学校へ帰れますか

C　見学場所から学校へ帰るのにも 80 分かかります。

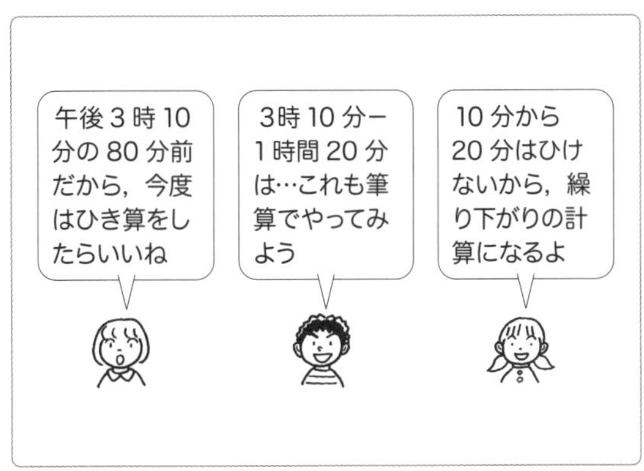

午後 3 時 10 分の 80 分前だから，今度はひき算をしたらいいね
3時 10 分− 1 時間 20 分は…これも筆算でやってみよう
10 分から 20 分はひけないから，繰り下がりの計算になるよ

C　1 時間は 60 分だから，繰り下がりは 60 分を下ろして計算したらいいね。

	②時	60 分
	~~3~~ 時	10 分
−	1 時間	20 分
	1 時間	50 分

1 時間＝ 60 分とする 60 進法に注意して筆算の仕方を確認する。

4 駅にある時刻表を見てみよう

11，12 の次が 13，14，15，…になっているのはどうしてかな

平日	
6	07 14 24 32 54 57
7	03 09 18 24 30 36 42 53
8	00 06 11 18 24 30 42 56
9	05 13 23 33 43 53
10	05 13 23 33 43 53
11	05 13 23 33 43 53
12	03 13 23 33 45 56
13	04 15 26 37 48 59
14	05 16 27 38 49

6 時だけだと午前か午後かわからないので，こんなふうに表しているみたいだよ

C　時計でも見たことがあります。

C　18 時は，18 − 12 ＝ 6 で午後 6 時ということだ。

T　時間には，午前・午後をつけて表す 12 時制と，このように，1 日を 0 時から 24 時までで表す 24 時制があります。

学習のまとめをする。
ふりかえりシートも活用する。

わり算

全授業時数９時間

◎ 学習にあたって ◎

＜この単元で大切にしたいこと＞

わり算は，３年生の子どもたちが好奇心とやる気を持って待ち望んでいる学習内容の１つです。そして，たし算・ひき算・かけ算を学習してきた子どもたちにとって，四則計算の最後の１つになります。

わり算には２つの意味があります。同じ 12 ÷ 3 でも下記のように２通りの場面が考えられます。この２つの意味の違いをしっかり理解させるために，２つのわり算をきちんと区別して指導することが必要です。

①１あたりを求めるわり算（等分除）

12 個のキャラメルを３人で同じ数ずつ分けます。
１人分は何個になるでしょう。

全部の数	÷	人数 （いくつ分）	＝	１人分の数 （１あたり量）
12 （個）	÷	3 （人）	＝	4 （個）

②いくつ分を求めるわり算（包含除）

12 個のキャラメルを１人に３個ずつ分けます。
何人に分けられるでしょう。

全部の数	÷	１人分の数 （１あたり量）	＝	人数 （いくつ分）
12 （個）	÷	3 （個）	＝	4 （人）

＜数学的見方考え方と操作活動＞

計算はできるけれど，文章題は苦手という子が多いのはなぜでしょう。わり算を習った子どもたちに「わり算ってどんな計算ですか？」と聞くと，「分ける計算」いう答えが返ってきます。子どもたちにとってわり算は分ける計算で留まっている場合が多いようです。「１つ分を求める」「いくつ分を求める」ということまでしっかり意識させることが大切です。そのために，３段表を使って，子どもたちが「１つ分」「いくつ分」「全部」の関係が整理できるようにします。

＜個別最適な学び・協働的な学びのために＞

具体物やブロックなどの操作活動を取り入れ，日常何気なくしている「分ける」操作を意識化し，その操作の違いによって「１あたり・いくつ分・全部」の量の違いや３者の関係を捉えられるようにします。その手立てとして，３段表を活用して，わり算の意味を説明できるようにします。また，お話作りなどを通して，わり算のイメージを豊かにし，友達どうしで交流する機会とします。

全部	12 こ
いくつ分	3 人
1 人分	4 こ

板書用絵カード，
お金カード

◎ 評　価 ◎

知識および技能	わり算には2つの意味があることを理解し，式に表すことができる。かけ算九九を用いて答えを導き出すことができる。
思考力，判断力，表現力等	等分除と包含除をわり算としてまとめてとらえることができ，その違いが説明できる。
主体的に学習に取り組む態度	わり算の意味や計算の仕方を知り，数量の関係をわり算の式に表そうとする。

◎ 指導計画　9時間 ◎

時	題	目　　標
1	1人分を求めるわり算（等分除）	等分除の意味を理解し，式に表すことができる。
2	わり算の答えの求め方（等分除）	わり算の答えを，かけ算九九を使って求めることができる。
3	等分除の理解を深める	わり算（等分除）の文章題を解いたり作ったりすることができる。
4	いくつ分を求めるわり算（包含除）	包含除の意味を理解し，式に表すことができる。
5	わり算の答えの求め方（包含除）	「いくつ分」を求めるわり算も，かけ算九九を使って答えを求めることができる。
6	包含除の理解を深める	わり算（包含除）の文章題を解いたり作ったりすることができる。
7	2つの意味のわり算（等分除と包含除）	2つのわり算（等分除と包含除）の意味の違いを見分けることができる。
8	1や0のわり算	わられる数が0のわり算や，1でわるわり算の意味がわかり，計算できる。
9	□□÷□＝□□の計算	答えが九九にないわり算で各位がわり切れる（何十何）÷（何）の計算ができる。

第1時
1人分を求めるわり算（等分除）

本時の目標　等分除の意味を理解し，式に表すことができる。

板書例

|人分の数をもとめよう

1

少ない
早く食べたい
あれ？

みんな
同じ数ずつ

・同じ数ずつ分ける
・|人に|こずつじゅんばんに分ける

|人分は４こ

2

12このキャラメルがあります。
３人に同じ数ずつ分けます。
|人分は何こになりますか。

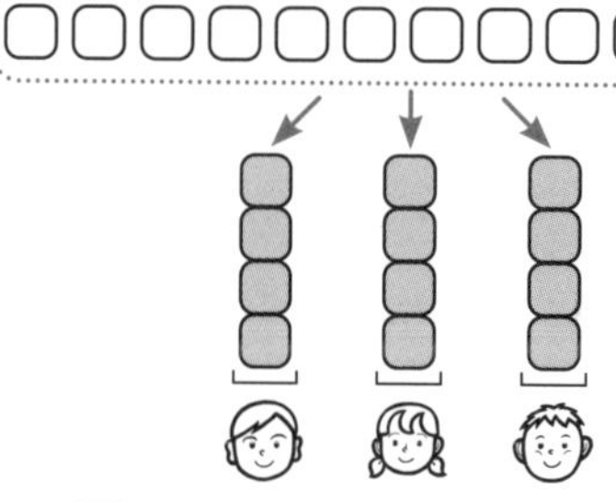

※入れ物をかいておく

3

式　12 ÷ 3 = 4
全部の数　人数　|人分の数

POINT　まずは，算数ブロックを実際に操作して「等分して１つ分の数を求めること」がわり算であることを理解できるようにしま

1 お話の絵を見て「分ける」について考えよう

お話を読む。②を読んだ後，分け方について話し合う。

この分け方について
どう思いますか
同じ数ずつ
ではないから
不公平だよ
喧嘩になって
しまいます

T　お母さんは何と言えばよかったのでしょう。
C　みんなで「同じ数ずつ」分けてと言えばよかったのかな。

お話の続き③を読む。

T　みんな同じ数になりましたね。これから勉強する「わり算」では，このように同じ数ずつ公平に分けていきます。

2 12個のブロックを3人（3つのコップ）に分ける操作をしてみよう

T　12個のキャラメルがあります。3人に同じ数ずつ分けます。1人分は何個になりますか。

どんなふうに分けたのか，黒板で
操作しながら説明してください
4回目
3回目
2回目
1回目
1個ずつ分けて入れました

C　私は，2個ずつ分けていきました。

どのように操作しても，1人が4個ずつになることを確認する。

準備物
・算数ブロック(板書用・児童用)
・紙コップ(児童数×5個)
お話の絵
QR ふりかえりシート

ICT
わり算は，状況をイメージできることで理解が深まる。イラストを児童のタブレットに共有して説明しても良いし，実際の様子を撮影して説明しても興味が増す。

4

15 このりんごを 5 人で同じ数ずつ分けます。
1 人分は何こになりますか。

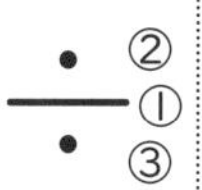
②
①
③

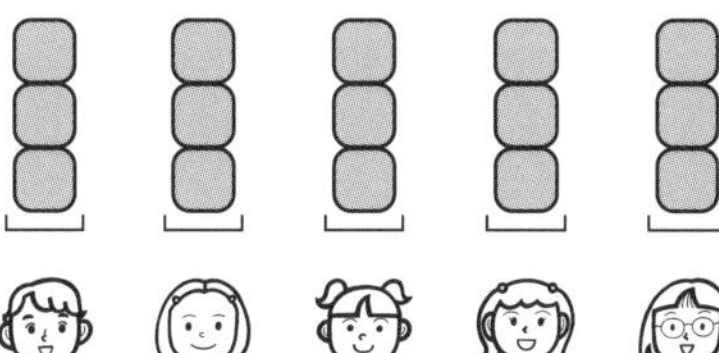

式 15 ÷ 5 = 3

答え 3こ

わり算は，全部の数を同じ数ずつ分けて
1 人分の数をもとめる計算である。

しょう。

3 場面を式に表してみよう

T 12 個のキャラメルを 3 人に同じ数ずつ分けると，1 人分は 4 個になります。
これを式に表すと「12 ÷ 3 = 4」になります。

T キャラメル全部の数 12 を，分ける人数の 3 でわると，1 人分の数が求められます。

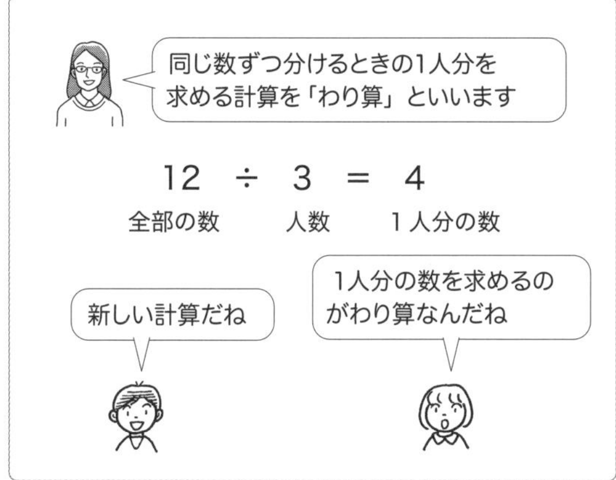
同じ数ずつ分けるときの1人分を
求める計算を「わり算」といいます
12 ÷ 3 = 4
全部の数
人数
1 人分の数
新しい計算だね
1人分の数を求めるの
がわり算なんだね

4 ブロックで操作してから，式と答えを書こう

T 15 個のリンゴを 5 人で同じ数ずつ分けます。
1 人分は何個になりますか。

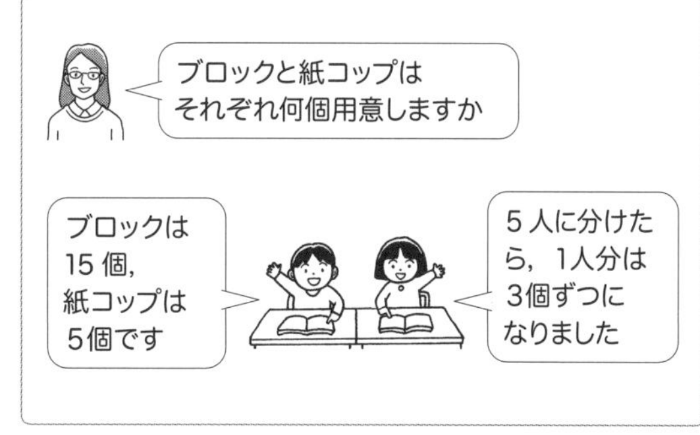
ブロックと紙コップは
それぞれ何個用意しますか
ブロックは
15 個,
紙コップは
5個です
5 人に分けた
ら，1人分は
3個ずつに
なりました

C 式は，15 ÷ 5 = 3 で，答えは 3 個です。

学習のまとめをする。
ふりかえりシートも活用する。

第 2 時

わり算の答えの求め方（等分除）

本時の目標　わり算の答えを，かけ算九九を使って求めることができる。

板書例

わり算の答えをもとめよう

1

いちごが 15 こあります。
3 人に同じ数ずつ分けます。
1 人分は何こになりますか。

式　15 ÷ 3 = 5

答え　5 こ

2

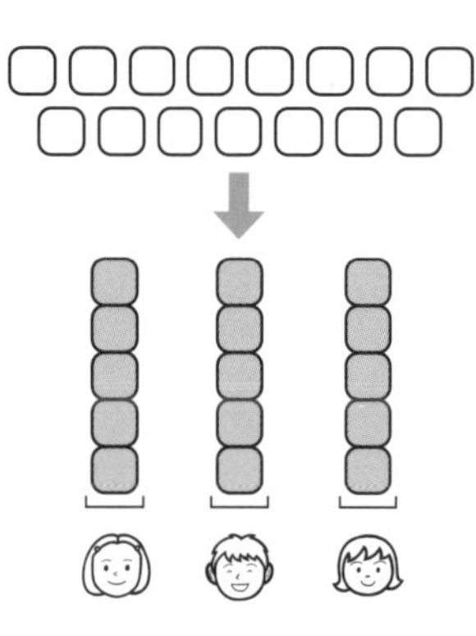

1 人分の数　人数　全部の数

$\boxed{5} \times 3 = 15$

3

15 ÷ 3 = □
全部の数　人数　1 人分の数

□ × 3 = 15
1 人分の数　人数　全部の数

□ × 3 = 3 × □ だから
□ は，3 のだんの九九を使って
もとめる

$3 \times \boxed{5} = 15$

POINT　九九を完全に覚えられていない子どもには九九表を持たせましょう。

1　1 人分のいちごの数を求めよう

T　いちごが 15 個あります。3 人に同じ数ずつ分けます。1 人分は何個になりますか。

T　まず，式に表してみましょう。

C　全部の数が 15 個で，人数が 3 人だから，15 ÷ 3 になります。1 人分は何個になるのかな。

いちごの代わりにブロックを使って答えを求めましょう
何個ずつになるかな

黒板に算数ブロックを 15 個貼り，入れ物を 3 つ書く。

2　15 個のブロックを 3 人に配ってみよう

指名された児童が黒板で操作する。

C　全部の数を配ることができました。1 人分の数は 5 個になります。

T　1 人分の数を求めるのがわり算でしたね。

この場面をかけ算で表すとどうなるでしょう

かけ算は，「1 人分の数×人数＝全部の数」で表せるね。5×3＝15 になります

あれ？わり算とかけ算は何だか似ているね

C　ブロックを使わなくてもわり算の答えを見つける方法がありそうだね。

同じような問題を何問かしていると，1 個ずつ，2 個ずつ，…と配らなくても，ある程度予想をして答えを出すことができる子どもが増えてくる。

準備物	・九九表（児童用） ・算数ブロック QR ふりかえりシート	ICT	九九表を児童のタブレットに送信しておく。データや画像として渡しておくと，紛失を防げ，いつでも活用することができる。

4 〈れんしゅう〉

① 20 ÷ ⑤ = □　　□ × ⑤ = 20　　5 × □ = 20

5 のだんの九九　　　　　　　　5 × 4 = 20

② 8 ÷ ④ = 2　　③ 18 ÷ ③ = 6

4 のだん　　　　　3 のだん

④ 10 ÷ 2 = 5　　⑤ 21 ÷ 7 = 3

わり算の答えは，かけ算九九を使ってもとめることができる。

3 ブロックを使わずにわり算の答えを見つける方法を考えよう

かけ算九九を使えば見つけられそうだね
□ × 3 = 15 の□を求めたらいいです
3人で分けるときは3の段を使うといいです
3の段で答えが 15 になる九九を探したらいいんだね

T　わり算は「全部の数÷人数＝ 1人分の数 」，かけ算は「 1人分の数 ×人数＝全部の数」，つまり，□には同じ数が入ります。

C　わり算とかけ算は深い関係なんだね。

4 何の段の九九を使えばいいか考えよう

T　20 ÷ 5 の答えは何の段の九九を使って求めればよいでしょう。答えも求めましょう。

20 ÷ 5 =□は，□ × 5 = 20 として□を見つけたらいいね。□ × 5 = 5 × □だから…。

5の段で，答えが 20 になる九九を見つけたらいいよ。5× 4 = 20 で 4 です

T　わる数の段の九九を使うと求められますね。

わり算の答えを九九で見つける練習を数問する。

九九を覚えていない子どもには九九表を持たせ，すべての子どもが答えを見つけられるようにする。

学習のまとめをする。

ふりかえりシートも活用する。

第3時

等分除の理解を深める

本時の目標　わり算（等分除）の文章題を解いたり作ったりすることができる。

板書例

「1つ分の数」をもとめるわり算

1 (1)

28このみかんを7人で同じ数ずつ分けます。1人分は何こになりますか。

全部	28こ
いくつ分	7人
1人分	□こ

全部の数　人数　1人分の数

式　28 ÷ 7 = 4

答え　4こ

2 (2)

24dLのジュースを4つのコップに同じりょうずつ分けます。1つのコップは何dLになりますか。

全部	24dL
いくつ分	4つ
1つ分	□dL

式　24 ÷ 4 = 6

答え　6dL

POINT　九九を完全に覚えられていない子どもには九九表を持たせましょう。

1　問題文から「全部の数」「人数」「1人分の数」を見つけて3段表に整理しよう

(1)の問題文を提示する。

C　全部の数は28個，人数は7人，1人分の数はわかりません。1人分の数を求める問題です

C　1人分の数を求めるからわり算だね。

3段表に整理すると数の関係がよくわかります

全部	28こ
いくつ分	7人
1人分	□こ

ここは28÷7で求められます。

式は28÷7で，答えは7の段の九九で見つけたらいいね

3段表に整理することで，何を求める問題かはっきりして，包含除との違いを考えるのにも役立つ。

2　3段表に整理してから考えよう

(2)の問題文を提示する

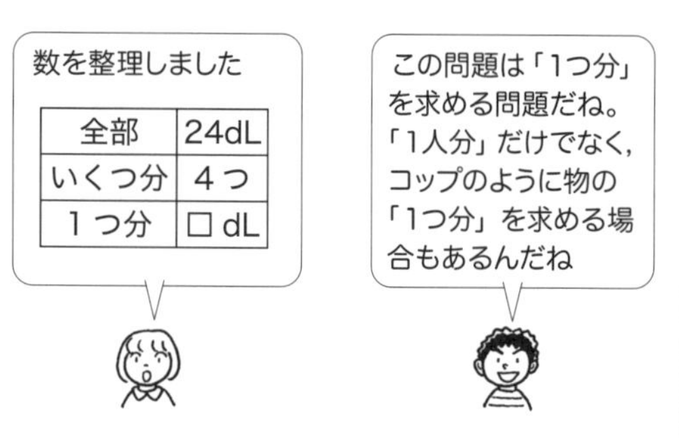

数を整理しました
全部　24dL
いくつ分　4つ
1つ分　□dL
この問題は「1つ分」を求める問題だね。「1人分」だけでなく，コップのように物の「1つ分」を求める場合もあるんだね

C　式は，24 ÷ 4になります。

C　4の段で答えが24になるのは6だから，答えは6dLです。

「1つ分」「いくつ分」の表記の仕方は教科書によって異なるため，児童のわかりやすい表記にするとよい。

準備物	・お話の本作り用紙 ・お話の本見本 QR ワークシート QR ふりかえりシート

ICT	わり算の本は，紙媒体だけでなく，タブレットを使い，プレゼンアプリなどを駆使しながら作成することも可としたい。実際の写真を取り入れる等，工夫できる。

(3) 40cm のテープを同じ長さずつ８本に切ります。|本の長さは何 cm になりますか。

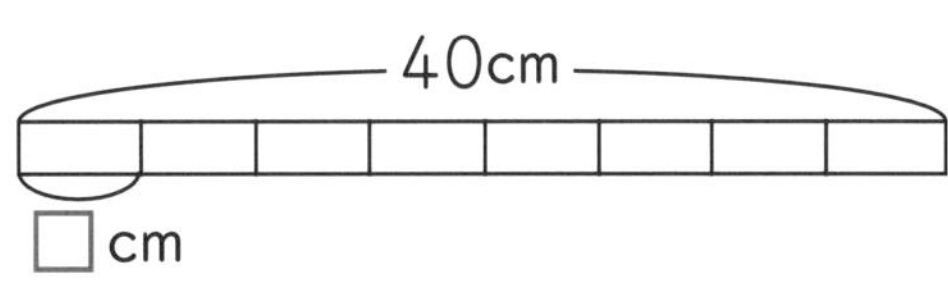

全部	40cm
いくつ分	８本
|本分	□ cm

式　40 ÷ 8 = 5

答え　5cm

わり算の問題（もんだい）は，３だん表（ひょう）に整理（せいり）して考えると式が立てやすくなる。

3　３段表や図を使って数の関係をまとめよう

(3) の問題文を提示する。

C　全部の数は 40cm，テープの数は８本，１本分の長さがわからないね。

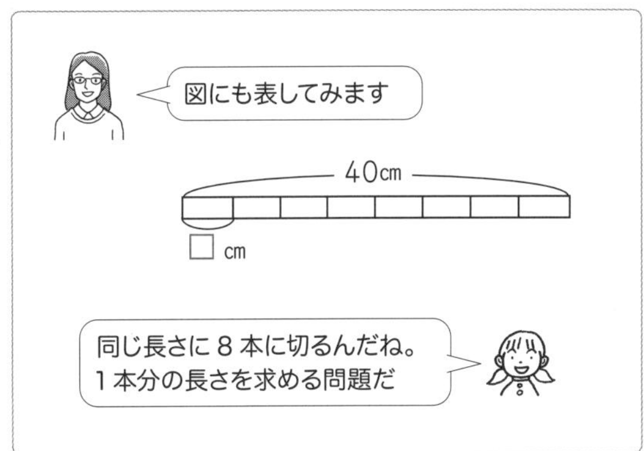

図にも表してみます
40cm
□ cm
同じ長さに８本に切るんだね。
１本分の長さを求める問題だ

T　式は 40 ÷ 8 で，8 × 5 = 40 だから，答えは 5cm です。

数の関係がわかりづらいときは，テープ図や３段表に表して３つの数を見つけられるようにするとよい。

4　わり算のお話の本を作ってみよう

T　6 ÷ 3 のお話の本を作りました。みんなもわり算のお話の本を作ってみましょう。

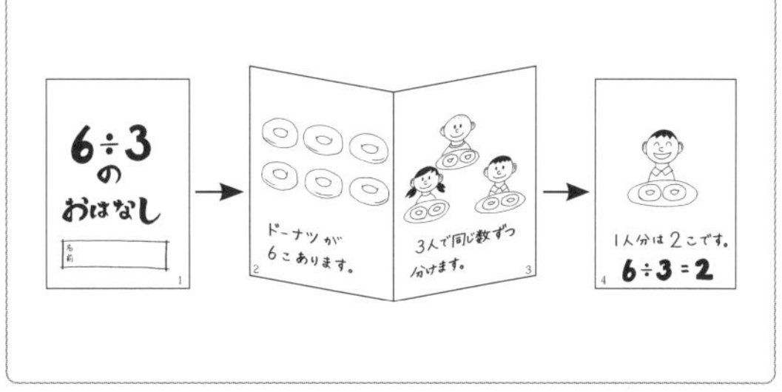

A4 用紙半分くらいのサイズの紙を児童数分用意する。絵をかくため，数が多い式になるものは避けた方がよい。式が決まらない児童には，8 ÷ 4 で作るよう指示する。教師の見本を参考にしながら，児童が自由に考え作っていく。支援が必要な児童には個別支援をする。完成した作品を友達同士で交流する時間を設けるとよい。

学習のまとめをする。ふりかえりシートも活用する。

第 4 時

いくつ分を求めるわり算（包含除）

本時の目標　包含除の意味を理解し，式に表すことができる。

板書例

何人に分けられるかもとめよう

1

キャラメルが 12 こあります。
1 人に 4 こずつ分けます。
何人に分けることができますか。

全部	12 こ
いくつ分（人数）	□ 人
1 人分	4 こ

3

全部の数　1 人分の数　人数

式　12 ÷ 4 ＝ 3

答え　3 人

2

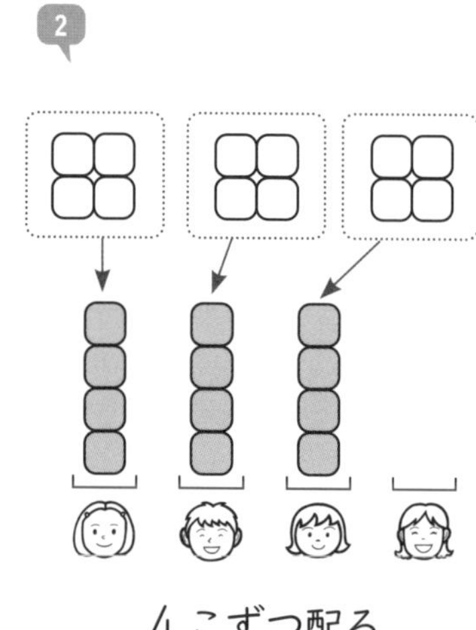

4 こずつ配る

POINT　3 段表に数を整理してみると，今までのわり算とは違うことが一目瞭然です。

1 何を求める問題か考えよう

T 「キャラメルが 12 個あります。1 人に 4 個ずつ分けます。［　　　］」続きはどんな文にしたらよいでしょう。

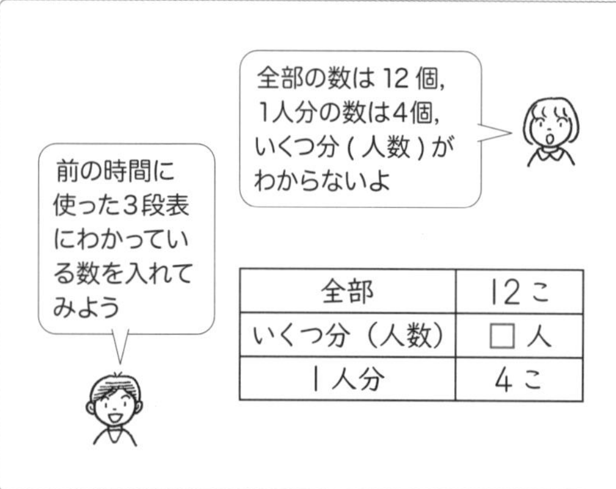
全部の数は 12 個，1人分の数は4個，いくつ分 (人数) がわからないよ
前の時間に使った3段表にわかっている数を入れてみよう

全部	12 こ
いくつ分（人数）	□ 人
1 人分	4 こ

C　人数を問う問題文を入れたらいいね。

C 「何人に分けることができますか」という文を入れてみました。

2 算数ブロックを操作して答えを見つけよう

T　12 個のブロックを 1 人に 4 個ずつ分けてみましょう。指名された児童が黒板で操作する。

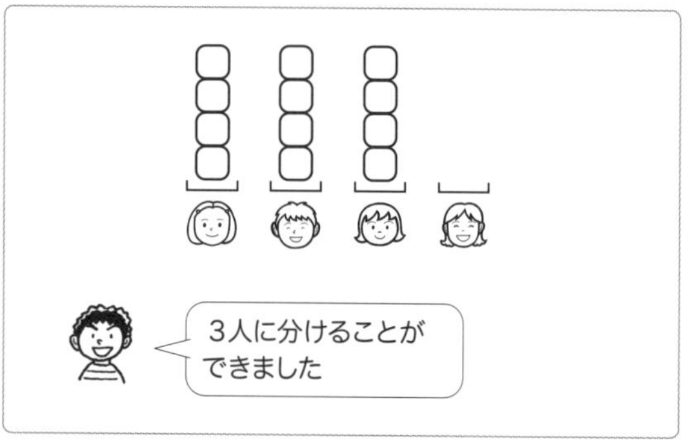
3人に分けることができました

C　1 人に 4 個ずつ配ると，ちょうど 3 人に分けられました。答えは 3 人です。

C　これまでと分け方が違うね。

T　これは「人数」を求める問題なので，答えは「3 個」ではなく「3 人」となります。

準備物
・算数ブロック
QR ふりかえりシート

ICT
問題の状況のイラストや画像を児童のタブレットに共有して説明していく。今まで学習したわり算の問題のイラストや画像を比較すると，理解が深まる。

4

えんぴつが 20 本あります。
| 人に 4 本ずつ分けます。
何人に分けることができますか。

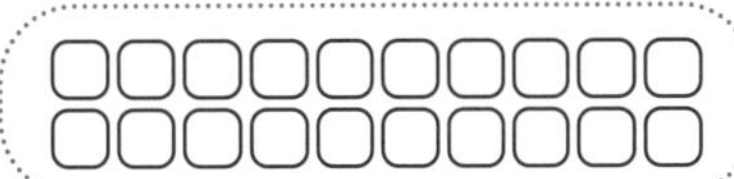

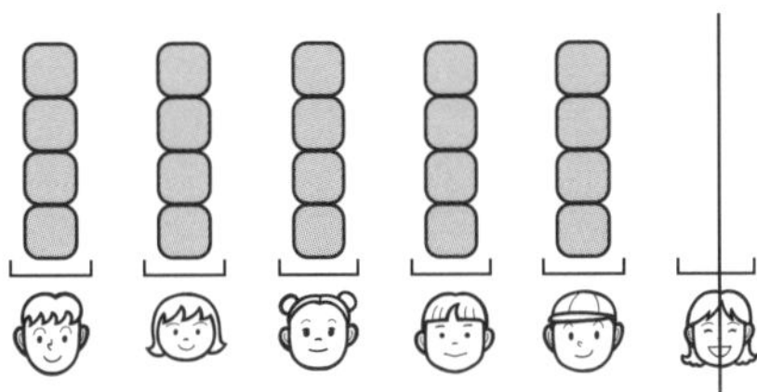

全部	20 本
いくつ分（人数）	□ 人
| 人分	4 本

式　20 ÷ 4 = 5

答え　5 人

いくつ分（人数）もわり算でもとめることができる。
3 だん表(ひょう)に整理(せいり)してから式を立てる。

3 わり算の式に表してみよう

T 「12 個を 4 個ずつ分けると 3 人に分けられる」を式に表すと，12 ÷ 4 = 3 になります。

T これまでに学習したわり算と同じところ，違うところはどこでしょう。

今までは，1人分を求める問題だったけど，これは人数を求める問題です

同じところは，どちらも同じ数ずつ分けています

T 人数(いくつ分)は,「全部の数÷ 1 人分 (1 つ分)」で求めることができます。

わり算には「1つ分の数」を求めるわり算と,「いくつ分」を求めるわり算があることに気づかせる。

4 3段表に整理して式を立てよう

T 鉛筆が 20 本あります。1 人に 4 本ずつ分けると，何人に分けられますか。

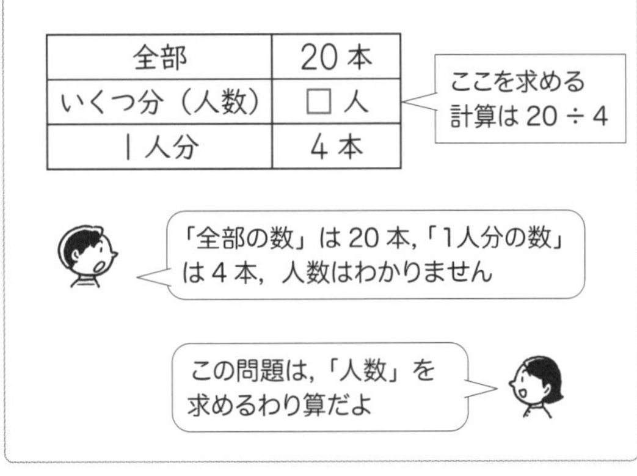

全部
20 本
いくつ分（人数）
□ 人
| 人分
4 本
ここを求める計算は 20 ÷ 4
「全部の数」は 20 本,「1人分の数」は4 本，人数はわかりません
この問題は,「人数」を求めるわり算だよ

C 「全部の数÷ 1 人分の数」だから， 式は 20 ÷ 4 になります。

黒板で算数ブロックを操作して答えが5人であることを確かめる。
学習のまとめをする。ふりかえりシートも活用する。

第5時 わり算の答えの求め方（包含除）

本時の目標　「いくつ分」を求めるわり算も，かけ算九九を使って答えを求めることができる。

板書例

わり算の答えをもとめよう

1

みかん 15 こを，
1 人に 3 こずつ分けると，
何人に分けられますか。

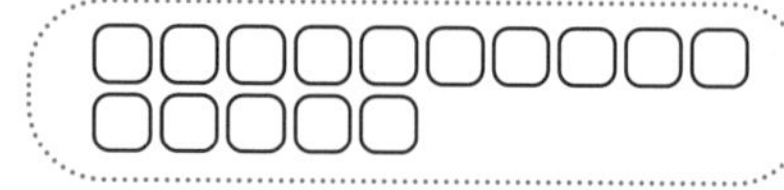

3

全部	15 こ
いくつ分（人数）	□ 人
1 人分	3 こ

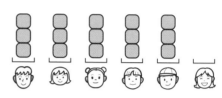

2
1 人分の数　人数　全部の数
3 × 5 = 15

全部の数　1 人分の数　人数
式　15 ÷ 3 = 5
わられる数　わる数

3

15 ÷ 3 の答えは，3 × □ = 15 の
□ にあてはまる数です。
3 のだん（わる数）の九九で
見つけられます。

答え　5 人

POINT　3 段表に数を整理して，「1 つ分の数」「いくつ分」どちらを求めるわり算かを考えます。答えの単位に気をつけましょう。

1 何人に分けられるかを考えよう

T　みかん 15 個を 1 人に 3 個ずつ分けます。何人に分けられるでしょうか。

3 段表に数を整理して式を立てましょう
「全部の数」は 15 個，「1人分」は3個とわかっています
わからないのは「いくつ分（人数）」です

C　「いくつ分」を求めるのはわり算でした。

C　式は 15 ÷ 3 になります。答えは，かけ算九九を使えば求められそうだね。

2 15 ÷ 3 の答えの求め方を考えよう

T　求める人数を□として，わり算とかけ算の式に表してみます。

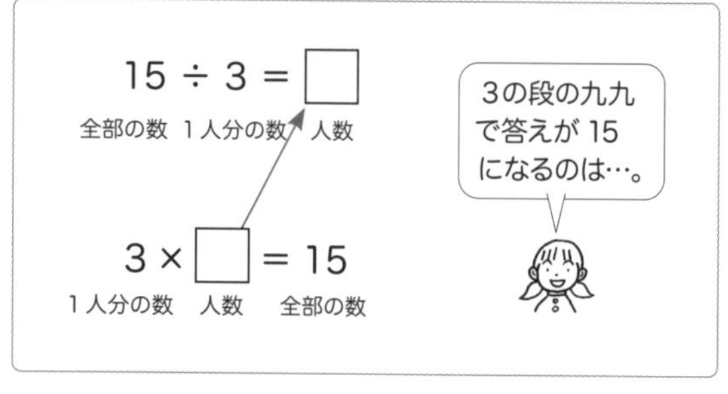

15 ÷ 3 = □
全部の数　1 人分の数　人数
3 × □ = 15
1 人分の数　人数　全部の数
3の段の九九で答えが 15 になるのは…。

C　□は同じ数だから，3 の段の九九を使って考えたらいいね。

C　3 の段で答えが 15 になる数は 3 × 5 = 15 だから，答えは 5 人かな。

準備物	・算数ブロック ・九九表（児童用） QR ふりかえりシート

ICT	「1人分の数」か「いくつ分」か，タブレットに説明を書き，ペアや班で共有して説明し合う。おはじきなどを使って，問題の状況を動画撮影させてもよい。

48cm のリボンを，
1 人に 6cm ずつ分けます。
何人に分けることができますか。

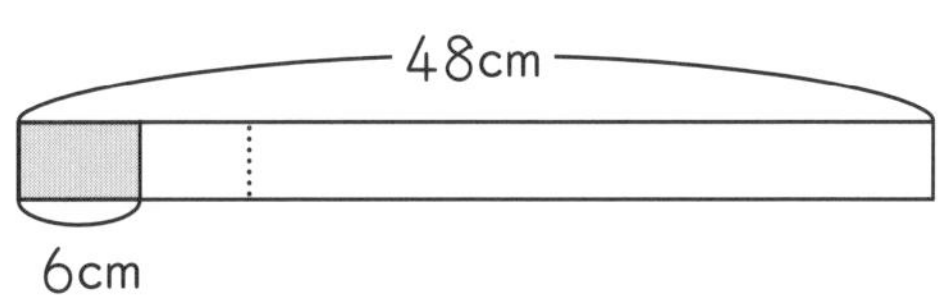

全部	48cm
いくつ分（人数）	□ 人
1 人分	6cm

式　48 ÷ ⑥ = 8

6 のだん　6 × [8] = 48

答え　8 人

いくつ分をもとめるわり算も，わる数のかけ算九九を使ってもとめることができる。

3 ブロック操作をして答えを確かめよう

T　1 人に 3 個ずつブロックを分けていきます。

人数を 2 人，3 人，…と 1 人ずつ増やしながら 3 個ずつブロックを分ける操作をする。

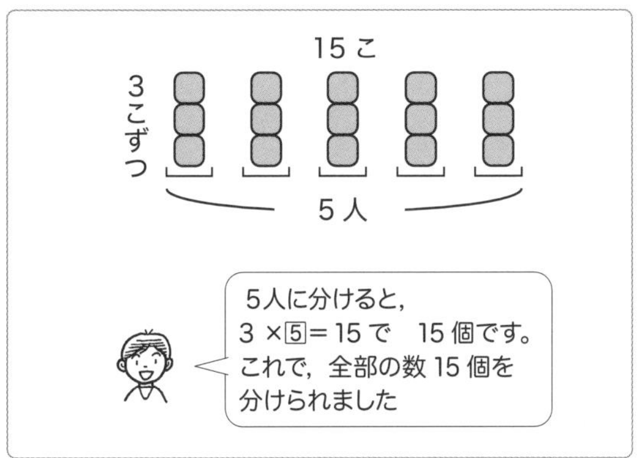

15 こ
3 こずつ
5 人
5人に分けると，
3 ×[5]= 15 で　15 個です。
これで，全部の数 15 個を
分けられました

T　15 ÷ 3 の 15 を「わられる数」，3 を「わる数」といいます。わり算の答えは，わる数の段の九九を使って求めます。

4 かけ算九九を使って答えを求めよう

T　48cm のリボンを 1 人に 6 cm ずつ分けると，何人に分けられますか。

C　3 段表に数を整理してみると，このわり算は「いくつ分」を求めるわり算です。

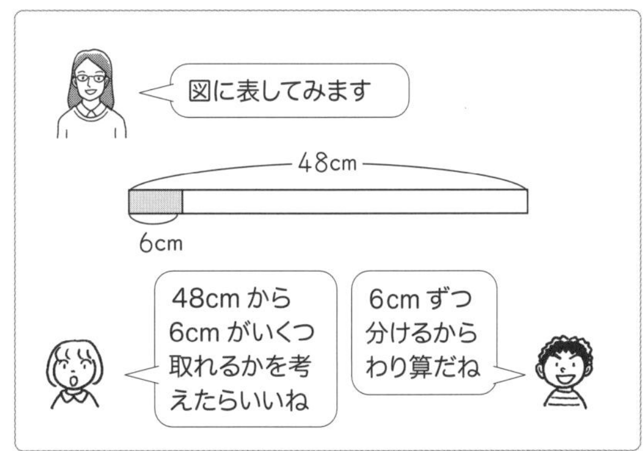

図に表してみます
48cm
6cm
48cm から
6cm がいくつ
取れるかを考
えたらいいね
6cm ずつ
分けるから
わり算だね

C　式は，48 ÷ 6 です。わる数が 6 だから，6 の段で考えたらいいね。

学習のまとめをする。ふりかえりシートも活用する。

第6時
包含除の理解を深める

本時の目標　わり算（包含除）の文章題を解いたり作ったりすることができる。

板書例

「いくつ分」をもとめるわり算

1 (1) パンが35こあります。
|ふくろに5こずつ入れます。
ふくろはいくつできますか。

全部	35こ
いくつ分	□ ふくろ
|つ分	5こ

全部の数　|つ分の数　いくつ分

式　35 ÷ ⑤ = 7
5のだん

答え　7ふくろ

2 (2) リボンが28 mあります。
|本4 mずつに切ります。
リボンは何本できますか。

全部	28m
いくつ分	□ 本
|つ分	4m

式　28 ÷ 4 = 7

答え　7本

POINT いくつ分を求めるわり算（包含除）は日常であまり経験しないため，等分除に比べて少し難しく感じるでしょう。3段表を

1 3段表に数を整理して答えを求めよう

(1) の問題文を提示する。

T　まずは，何を求める問題かしっかり考えましょう。

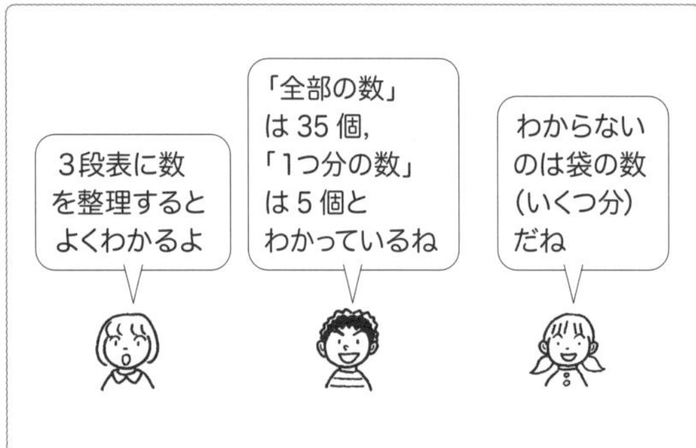

3段表に数を整理するとよくわかるよ
「全部の数」は35個，「1つ分の数」は5個とわかっているね
わからないのは袋の数（いくつ分）だね

C　求めるのは「いくつ分」で，式は35 ÷ 5になります。

C　答えは，わる数の段の九九を使えばよかったよ。5 × 7 = 35で，答えは7袋です。

2 3段表や図を使って数の関係をまとめよう

(2) の問題文を提示する。

C　3段表に整理してみると，「全部の数」は28 m，「1つ分の数」は4 m，求めるのは「いくつ分」とわかります。

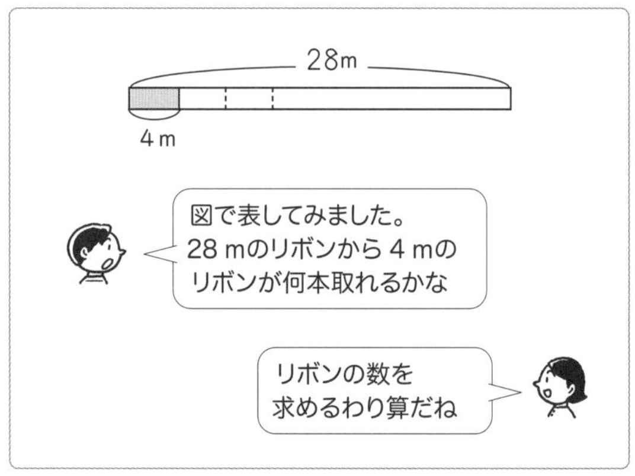

28m
4 m
図で表してみました。28 mのリボンから4 mのリボンが何本取れるかな
リボンの数を求めるわり算だね

C　式は，28 ÷ 4で，答えは7本になります。

準備物	・お話の本作り用紙 ・お話の本見本 QR ふりかえりシート QR 板書用イラスト

ICT	わり算の問題は，紙媒体だけでなく，タブレットを使い，プレゼンアプリなどを駆使しながら作成することも可としたい。実際の写真を取り入れる等，工夫できる。

＜わり算の問題（もんだい）を作ろう＞

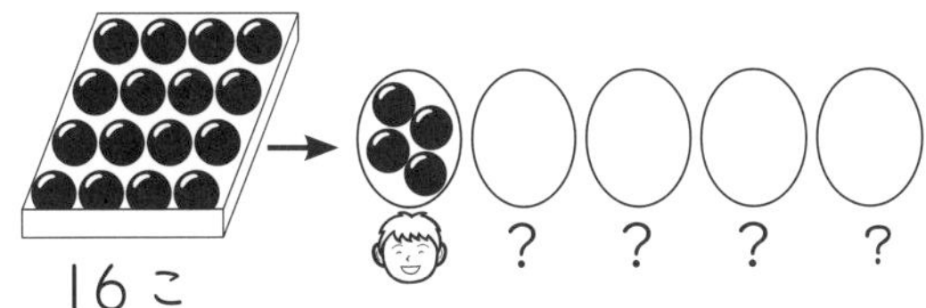
16 こ
? ? ? ?

16 このチョコレートがあります。
1 人に 4 こずつ分けます。
何人に分けることができますか。

全部	16 こ
いくつ分	□ 人
1 つ分	4 こ

式　16 ÷ 4 = 4

答え　4 人

使って等分除との違いをしっかり押さえましょう。

3 絵を見て，わり算の式になる問題を作ろう

絵を提示する。

わり算だから，同じ数ずつ分ける問題にしたらいいね
全部のチョコレートの数と，1人分の数はわかっているよ
何人に分けられるかがわからないよ
「何人に分けられますか」という問題文にしたらいいね

T　問題文ができたら，式を立てて答えも求めましょう。

4 「いくつ分」を求めるわり算のお話を作ってみよう

第３時で作った「わり算のお話の本」の包含除版を作っていく。用紙を配り，自由に考える時間を取る。

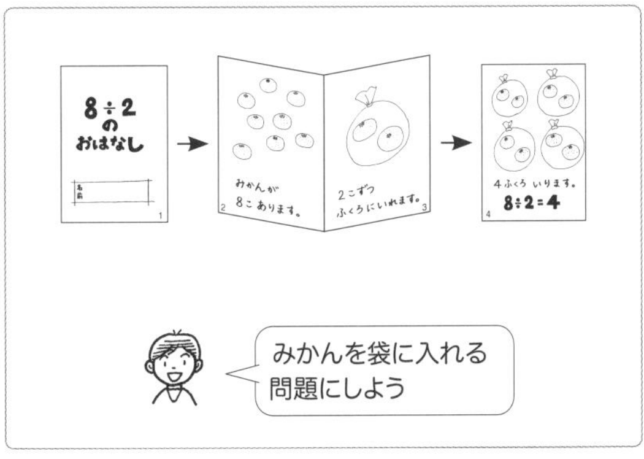
8 ÷ 2 の おはなし
みかんが 8こ あります。
2こずつ ふくろに いれます。
4ふくろ いります。
8 ÷ 2 = 4
みかんを袋に入れる問題にしよう

教師は，包含除の問題になっているかなどを確認しながら机間指導をする。支援が必要な児童には個別支援をする。早く完成した児童は色塗りをする。完成した作品を友達同士で交流する。

学習の感想を書く。ふりかえりシートも活用する

第 7 時

2つの意味のわり算（等分除と包含除）

本時の目標　2つのわり算（等分除と包含除）の意味の違いを見分けることができる。

板書例

2つのわり算のちがいを見分けよう

1 ㋐ 8このあめを
2人に同じ数ずつ分けます。
1人分は何こになりますか。

全部	8こ
いくつ分	2人
1人分	□こ

2 □×2＝8

式　8÷2＝4
答え　4こ

1人分をもとめるわり算

1 ㋑ 8このあめを
1人に2こずつ分けます。
何人に分けられますか。

全部	8こ
いくつ分	□人
1人分	2こ

2 2×□＝8

式　8÷2＝4
答え　4人

いくつ分をもとめるわり算

POINT　3段表を使って，2つのわり算やかけ算の区別ができるようにしましょう。

1　2つの「8÷2」の問題文を完成しよう

T　8個のあめを使って同じ式になる2つの問題を作りました。（ワークシートあり）

C　最後の問いの文を考えるんだね。

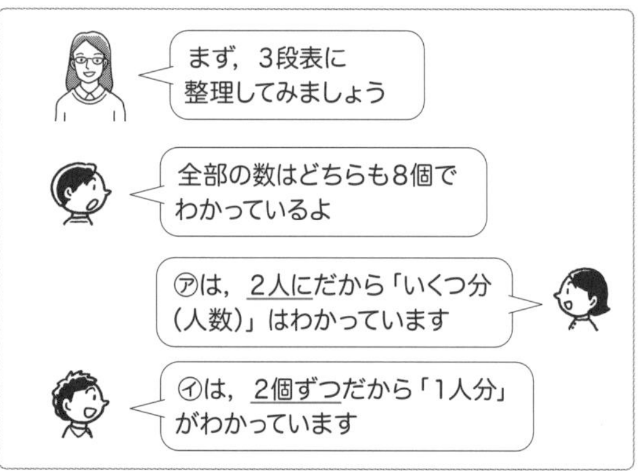

まず，3段表に

㋐は，2人にだから「いくつ分

㋑は，2個ずつだから「1人分」

C　㋐は，「1人分」を問う文に，㋑は「人数」を問う文にしたらいいです。

㋐に「1人分は何個になりますか」，㋑に「何人に分けられますか」の文を書き入れる。

2　かけ算の式に表して比べてみよう

T　求める数を□として，㋐と㋑をかけ算の式に表したらどうなりますか。

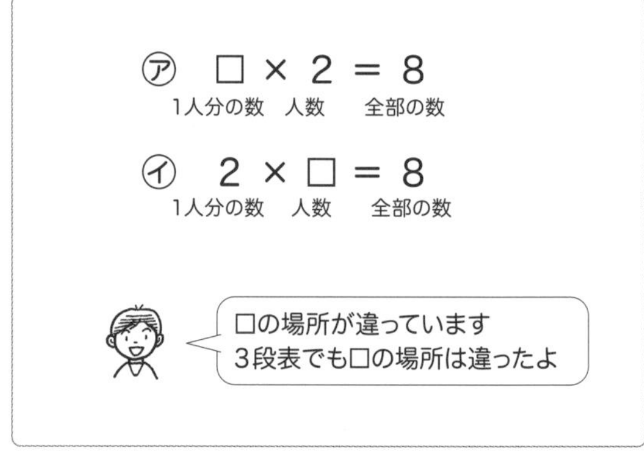

㋐　□ × 2 ＝ 8
1人分の数　人数　全部の数
㋑　2 × □ ＝ 8
1人分の数　人数　全部の数
□の場所が違っています
3段表でも□の場所は違ったよ

C　□の場所が違っても，どちらも8÷2のわり算で求めることができるんだね。

C　㋐の答えは4個，㋑の答えは4人です。

答えの単位「4個」「4人」にも気をつけるようにする。

準備物	QR ワークシート QR ふりかえりシート QR 動画「24 ÷ 6」 QR 資料「ニコニコドキドキゲーム」

ICT	2つのわり算のちがいを理解することが難しい児童には，動画を児童のタブレットに送信しておき，個別に繰り返し自分のペースで視聴すると理解が深まる。

3

クッキーが 24 こあります。

㋐ 1さらに 6 こずつ入れると，何さらに分けられますか。

全部	24 こ
いくつ分	□ さら
1つ分	6 こ

式　24 ÷ 6 = 4

答え　4 さら

㋑ 6 さらに同じ数ずつ入れると，1さら分は何こになりますか。

全部	24 こ
いくつ分	6 さら
1つ分	□ こ

式　24 ÷ 6 = 4

答え　4 こ

わり算の意味は 2 つある。
「1 つ分」をもとめるわり算と「いくつ分」をもとめるわり算

3 何を求める問題か表や図に整理して考えよう

問題文を提示する。（ワークシートあり）

C　3段表に整理して考えるよ。

C　□を使ったかけ算の式に表してみよう。

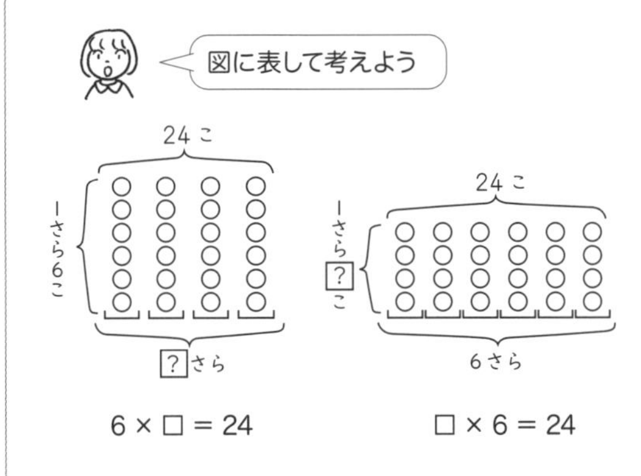

㋐も㋑も 24 ÷ 6 = 4 の式で，㋐は「いくつ分」，㋑は「1つ分」を求めるわり算であることを確認する。

QR 動画「24 ÷ 6」も参考にする。

4 「1つ分」と「いくつ分」どちらを求める問題か考えよう

T　①～⑤の問題はどれも「10 ÷ 2」で求められます。（ワークシートあり）

①, ②, ③は「○ずつ」と書いてあるので「1つ分」の数だとわかるよ
④は「1こ2円」，⑤は「1人何m」とあるので，それが「1つ分」の数だね

3段表を活用して，3つの数を整理し，皆で確認する。

学習のまとめをする。ふりかえりシートも活用する。

※ 等分除と包含除の意味がわかる QR「ニコニコドキドキゲーム」で楽しく意味の違いが学習できる。

第8時 1や0のわり算

本時の目標　わられる数が0のわり算や，1でわるわり算の意味がわかり，計算できる。

板書例

|や0のわり算をやってみよう

1 はこに□こ入っているクッキーを3人で同じ数ずつ分けます。|人分は何こになりますか。

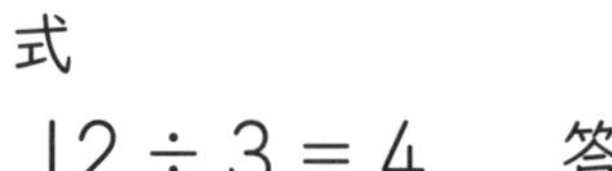

1 ① 12こ

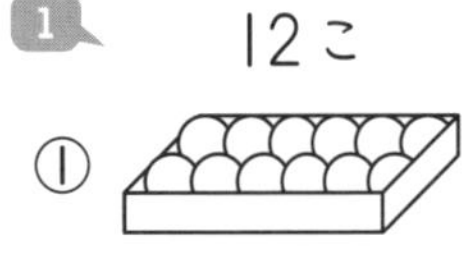

式 12÷3＝4　答え 4こ

② 3こ　式 3÷3＝|　答え |こ

2 ③ 0こ　式 0÷3＝0　答え 0こ

POINT 0という数は，簡単そうで以外に難しい数です。算数ブロックなどで実際に操作してみることが大切です。

1 クッキーが12個のときの1人分の数を求めよう

C　12個を3人で分けるので，式は12÷3＝4で，答えは4個になります。

黒板で算数ブロックを操作する。

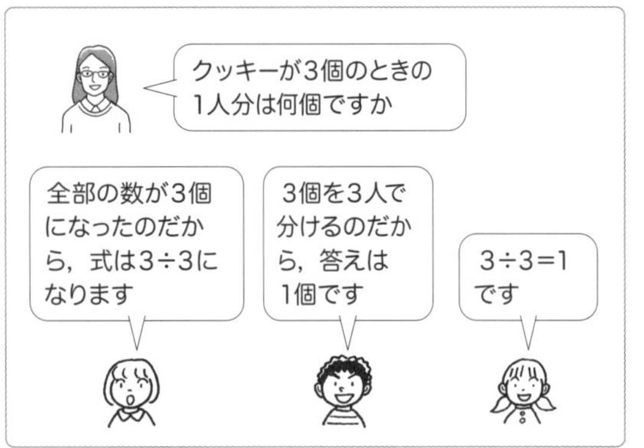

同じく算数ブロックを操作して，答えが1になることを確かめる。

T　わる数とわられる数が同じ数だと，答えは1になります。

2 クッキーが0個のときの1人分の数を考えよう

C　全部の数が0個になったので，式は0÷3になります。

C　0を何人で分けても0だね。

T　0÷4のように，0をどんな数でわっても，答えはいつも0になります。

C　かけ算も0にどんな数をかけても0だったね。

準備物	・算数ブロック QR ふりかえりシート

ICT	答えが1や0になる時の状況を，イラストや動画で説明をすると理解が深まる。動画に知っている状況や人物が登場すると興味が湧き，意欲が増す。

3

8このクッキーを1人に1こずつ分けると，何人に分けられますか。

全部	8こ
いくつ分	□人
1人分	1こ

式　8÷1＝8

答え　8人

3

8このクッキーを1人に全部あげると，1人分は何こになりますか。

全部	8こ
いくつ分	1人
1人分	□こ

式　8÷1＝8

答え　8こ

わられる数が0のときもわり算ができる。　0÷□＝0

わる数が1でもわり算ができる。　□÷1＝□

3 8個のクッキーを1人に1個ずつ分けると，何人に分けられるかな

C　今度は「1人分」ではなく「いくつ分」を求める問題だね。

C　式は8÷1＝8で，8人に分けられます。

T　8個のクッキーを1人に全部あげると，1人分は何個になりますか。

1人で全部もらうから8個になるよ。これもわり算になるのかな
全部の数が8個で，いくつ分が1人
式は8÷1＝8で，答えは8個です
1個ずつ分けたり，1人に全部あげたりするときは，1でわることになるんだね

学習のまとめをする。

4 計算迷路で学習のふりかえりをしよう

T　0や1のわり算の練習をしましょう。

ふりかえりシートなどを使って計算練習をする。

T　答えの大きい方を通ってゴールまでいきましょう。

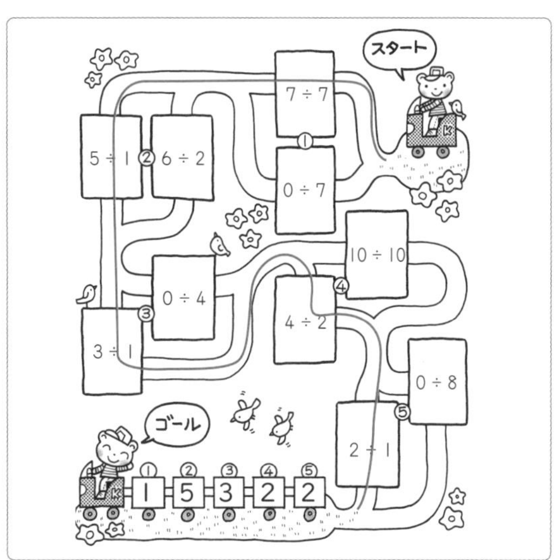

第9時
□□÷□=□□の計算

本時の目標　答えが九九にないわり算で各位がわり切れる（何十何）÷（何）の計算ができる。

板書例

答えが九九にないわり算

1

3こで60円のクッキーがあります。
クッキー1こ分は何円になりますか。

式　60÷3

10円玉
6まい

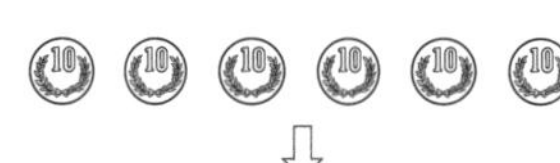

2

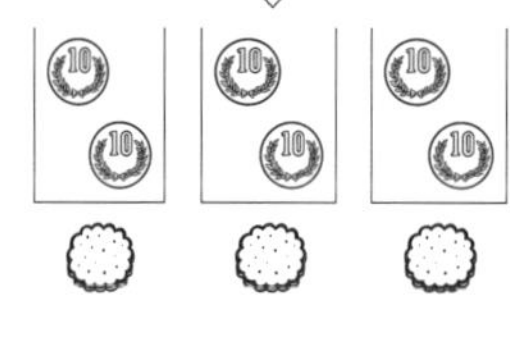

6 ÷ 3 = 2
（まい）（こ）（まい）

10円玉2まいは20円　20円

3

3こで69円のあめがあります。
あめ1こ分は何円になりますか。

式　69÷3

十の位　一の位

10円玉
6まい

1円玉
9まい

23円

POINT　□□÷□の計算を10円玉と1円玉に分けて考えると，4学年で学習するわり算の筆算の基礎の考え「位ごとにわり算を

1　3個で60円のクッキーの1個分は何円かな

T　どんな式になるでしょう。（ワークシートあり）

C　1個分の値段を求めているから，わり算になります。

C　式は60÷3になるけど，3の段の九九では答えが出ません。

どうやって求めたらいいでしょう
60円だから，10円玉が6個と考えたらどうかな
6個を3つに分けたらいいのかな
それなら計算できそうだね

九九が使えない式の計算で，10円玉を想起させ，10を単位としてとらえさせる。

2　実際に60円を3つに分けてみよう

黒板で児童がお金カードを操作する。

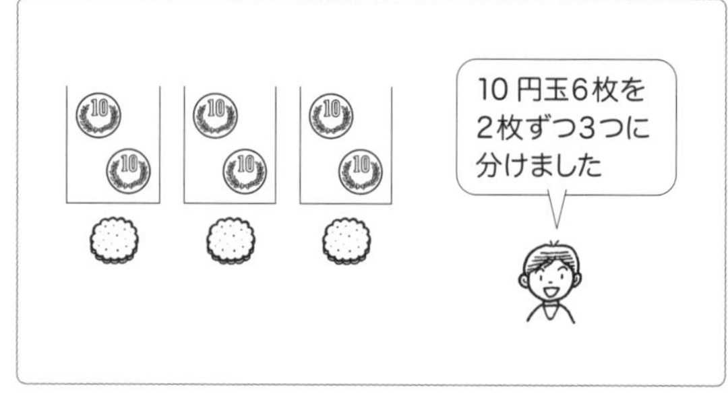

10円玉6枚を2枚ずつ3つに分けました

C　これなら九九を使って答えが求められそう。

C　6÷3＝2で，答えは10円玉が2枚だから20円になります。

T　60を10のまとまり6個とすれば，九九を使って答えが求められますね。

準備物	QR ワークシート	ICT	答えが九九にない時の状況を，イラストや動画で説明をすると理解が深まる。動画に知っている状況や人物が登場すると興味が湧き，意欲が増す。

4

69は　十の位（くらい）　60 ÷ 3 = 20

一の位　9 ÷ 3 = 3

あわせて　23

答え　23円

□□÷□=□□という計算も10のまとまりを考えて，位ごとに計算すればできる。

する」に結びつきます。

3　3個で69円のあめの1個分は何円かな

C　これもわり算だね。式は，69 ÷ 3 です。

C　答えは九九にないけど，また10円玉で考えたらできるかな。

C　69円は，10円玉6枚と1円玉9枚になるよ。

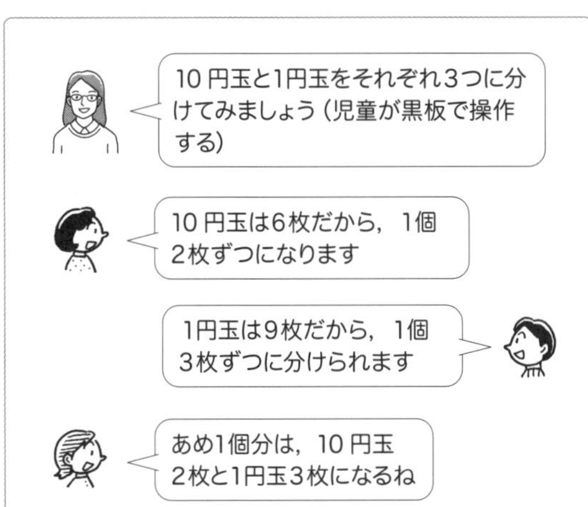

C　あめ1個分の値段は23円になります。

4　69 ÷ 3 の答えをかけ算九九を使って求めよう

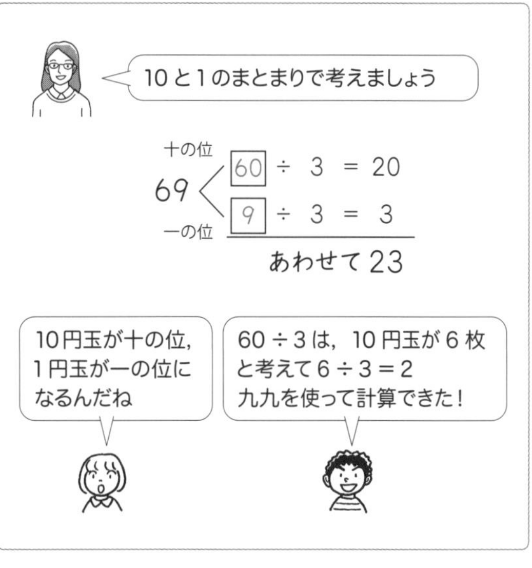

ワークシートの練習問題をする。
学習のまとめをする。

第1時　ふりかえりシート

名前 ＿＿＿＿＿＿＿＿＿＿

● 算数ブロックを使(つか)って答えをもとめてから，式を書きましょう。

① 20まいの画用紙を4人で同じ数ずつ分けます。
　|人分は何まいになりますか。

式 ＿＿＿＿＿＿＿＿＿＿

② |2本のテープを3人で同じ数ずつ分けます。
　|人分は何本になりますか。

式 ＿＿＿＿＿＿＿＿＿＿

③ |8このクッキーを6人で同じ数ずつ分けます。
　|人分は何こになりますか。

式 ＿＿＿＿＿＿＿＿＿＿

名前

1　28このみかんを7人で同じ数ずつ分けます。
1人分は何こになりますか。

全部	
人数（いくつ分）	
1人分	

式

答え

2　24dLのジュースを4つのコップに同じりょうずつ分けます。
1つのコップは何dLになりますか。

全部	
いくつ分	
1つ分	

式

答え

3　40cmのテープを同じ長さずつ8本に切ります。
1本の長さは何cmになりますか。

全部	
いくつ分	
1本分	

式

答え

4　わり算の式になる問題（もんだい）をつくりましょう。

クッキー
（　　　　）こ

たし算とひき算の筆算

全授業時数 9 時間

◎ 学習にあたって ◎

<この単元で大切にしたいこと>

既習の加減計算をもとに，計算範囲を 3，4 位数までに広げることで，整数の加減の筆算のアルゴリズムの完成を目指すのが本単元のねらいです。十進位取り記数法の加減計算では，位をそろえて計算すること，そして，どの位でも一の位と同じように計算すればいいことがわかります。もっとも課題となる繰り上がりや繰り下がりについても，どんなに大きな数でも同じ原理ですればいいことがわかれば，整数の加減の仕上げができたといえます。

ここで大切にしたいことは 2 つです。1 つは，上記で本単元は「既習の加減計算をもとに」と述べましたが，その既習内容をどの児童も身につけていると考えないことです。個人差はもちろんのこと，繰り上がりや繰り下がりでつまずいている児童がいると考えます。ですから，この単元でそれらのつまずきを補いながら，個人差に対応し共に学ぶことができる展開を考えておくことが大切です。もう 1 つは，どの児童も共通に考える手立てとして半具体物を活用することです。半具体物を使って計算を可視化し体験的に学べるようにします。どの児童も共通にできる操作活動を筆算の方法につなげます。役割演技や発展的な内容も入れながら，どの児童も楽しく学べる工夫も必要です。

<数学的見方考え方と操作活動>

半具体物操作をして加減計算の仕組みを学習します。位をそろえて計算することや，繰り上がりや繰り下がりの手順が可視化できるようにします。それを通して得られた計算の手順を言葉で表すことも大切です。考え方を言葉で表しながらすることで，学習がより確かなものとして定着します。

<個別最適な学び・協働的な学びのために>

半具体物操作をして，それを参考にしながら数字の筆算をするのか，先に数字で筆算をしてみて，それを半具体物操作で確かめるのかでは考え方に差異があります。児童の実態や意向をもとに適宜判断をして行います。得られた計算の手順を言葉で表すことは 1 人でもできますが，聞き手があった方がさらに確かな言葉にしようと思います。そこでペアになったり，1 人で前に出て全体に話したりする機会を作るようにします。また，筆算の役割演技では，役を演じる児童もそれを観ている児童も共に理解を深めることができます。習熟の段階では個人差が現れます。つまずいている児童への個別指導が必要です。また，早くできた児童が取り組める発展的でエンドレスな学習課題を準備しておきます。たくさんの計算練習をするよりも，思考を深めるためのパズルやクイズなどを準備しておく方がよいでしょう。

◎ 評　価 ◎

知識および技能	3，4 位数の加減計算を筆算でする方法を理解し，計算することができる。
思考力，判断力，表現力等	3，4 位数の加減計算の筆算方法について，既習の 2，3 位数の加減をもとにして半具体物操作を通して考え，その方法を表現する。
主体的に学習に取り組む態度	数の仕組みに着目し，既習の計算方法や半具体物操作を活用しながら，3，4 位数の加減計算を筆算でする方法を考えようとしている。

◎ 指導計画　9 時間 ◎

時	題	目　　標
1	3 位数＋ 3 位数 (繰り上がりなし・繰り上がり 1 回)	3位数＋3位数の筆算の仕方を理解する。(繰り上がりなし・繰り上がり1回)
2	3 位数＋ 3 位数 (繰り上がり 2 回)	3位数＋3位数の筆算の仕方を理解する。(繰り上がり2回)
3	3 位数＋ 3 位数 (千の位へ繰り上がり)	3位数＋3位数で千の位に繰り上がる筆算の仕方を理解する。
4	3 位数－ 3 位数 (繰り下がりなし・繰り下がり 1 回)	3位数－3位数の筆算の仕方を理解する。(繰り下がりなし・繰り下がり1回)
5	3 位数－ 3 位数 (繰り下がり 2 回)	3位数－3位数の筆算の仕方を理解する。(繰り下がり2回)
6	3 位数－ 3 位数 (十の位が空位)	3位数（十の位が空位）－3位数の筆算の仕方を理解する。(繰り下がり2回)
7	千からひくひき算	千からひくひき算で，空位があり3段階繰り下げる計算の仕方を理解する。
8	3 位数 ± 3 位数の文章問題	3 位数 ± 3 位数の文章問題を解くことができる。
9	4 位数± 4 位数を楽しもう	4 位数 ± 4 位数の計算ができる。

第1時
3位数＋3位数
繰り上がりなし・繰り上がり1回

本時の目標
3位数＋3位数の筆算の仕方を理解する。(繰り上がりなし・繰り上がり1回)

板書例

あわせると何こになるでしょう

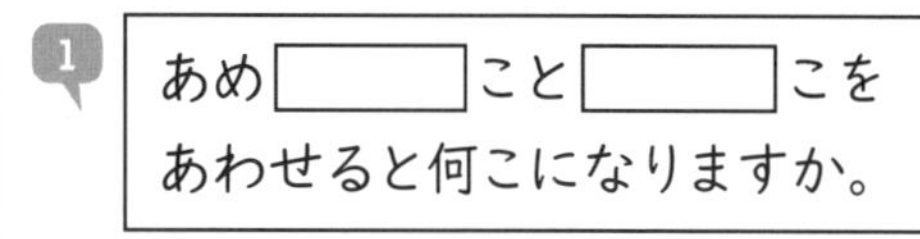

あめ□こと□こを

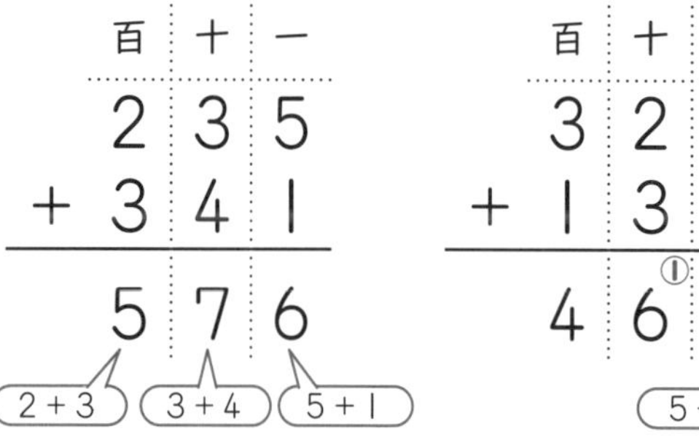

答え 576こ　答え 461こ

※ブロック操作する。

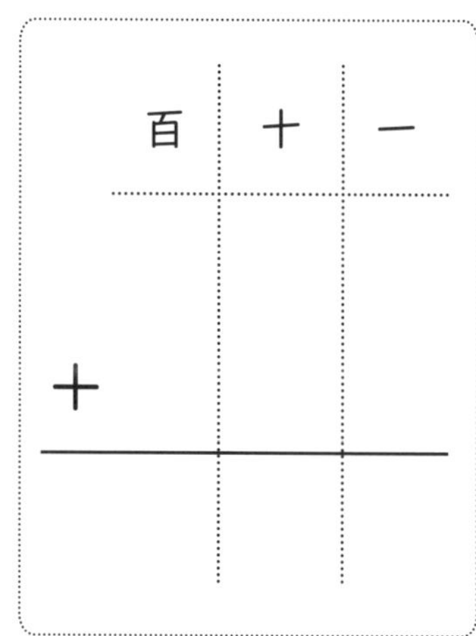

POINT 黒板でのブロック操作を，自分だったらどうするかという観点で見ることができるようにしましょう。

1 □に235と341を入れて筆算で計算しよう

C　式は 235 ＋ 341 です。

C　2年生で学習した筆算を思い出してやってみよう。位を縦に揃えて数字を書くよ。

C　一の位から順に計算していけばいいね。

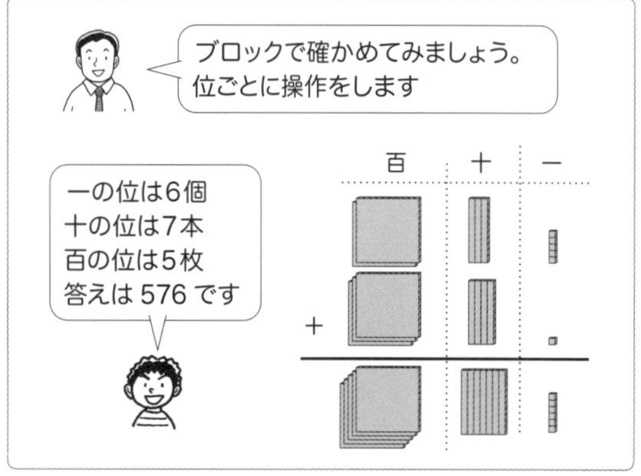

一の位は6個
十の位は7本
百の位は5枚
答えは576です

2年生で2けたの筆算を学習している。3けた+3けたの計算も児童自身で解決できるようにしたい。位を縦に揃えて書くこと，下の位から位ごとに順に計算することを確認する。

2 □に325と136を入れて筆算で計算しよう

黒板で 325 ＋ 136 のブロック操作をする。

T　ブロック操作を参考に筆算でしてみましょう。
(筆算をブロック操作で確かめる方法でもよい)

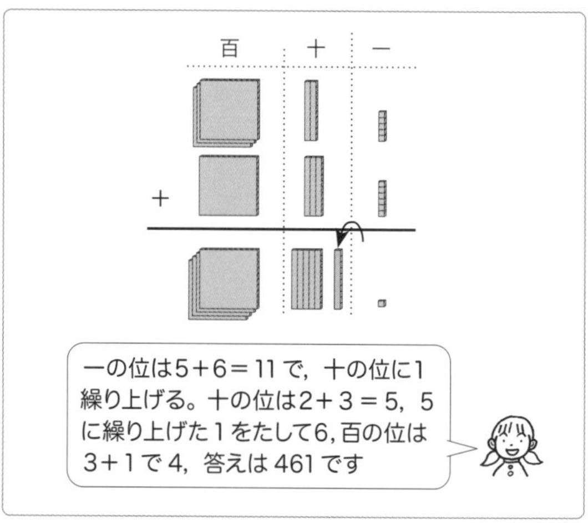

百
十
一
+
一の位は5+6＝11で，十の位に1
繰り上げる。十の位は2+3＝5，5
に繰り上げた1をたして6，百の位は
3+1で4，答えは461です

繰り上がりの計算は2年生で学習している。2位数が3位数になっても同じように計算すればよいことを確かめる。

準備物
・算数ブロック
QR ふりかえりシート
QR 動画「263 + 271」

ICT
まずは，自分だったらブロックをどのように操作をするのか，個人で実際にやってみる。その様子をタブレットで動画に撮影し，全体で共有し，説明し合う。

3
式　463+271

```
   4 6 3
 + 2 7 1
 -------
   7 3 4
```

答え　734 こ

4
式　274+52

```
   2 7 4
 +   5 2
 -------
   3 2 6
```

答え　326 こ

たし算の筆算は，3 けたでも位をそろえて，一の位からじゅんに位ごとに計算する。くり上がりをわすれないようにする。

3 □に 463 と 271 を入れて筆算で計算しよう

黒板で 463 + 271 のブロック操作をする。

T　ブロック操作を参考に筆算でしましょう。

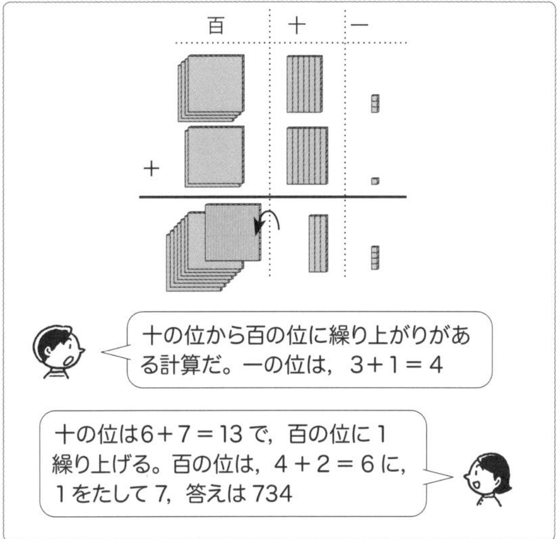

十の位から百の位に繰り上がる計算も，一の位から十の位に繰り上がる計算と同じ方法でできることを確認する。

4 □に 274 と 52 を入れて筆算で計算しよう

T　まずは，ひとりでやってみましょう。

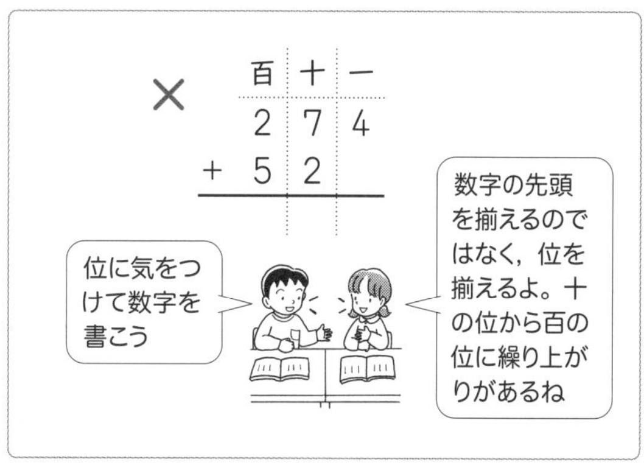

×
百 十 一
2 7 4
+ 5 2
位に気をつけて数字を書こう
数字の先頭を揃えるのではなく，位を揃えるよ。十の位から百の位に繰り上がりがあるね

黒板でブロック操作をして確かめる。

3 位数＋2 位数，または 2 位数＋3 位数になると「位を揃える」ことがわかっていても上記のような間違いをしがちである。空位がある筆算は特に注意する。

学習のまとめをする。
ふりかえりシートも活用する。

第2時
3位数＋3位数
繰り上がり2回

本時の目標

3位数＋3位数の筆算の仕方を理解する。(繰り上がり2回)

あわせると何人でしょう

板書例

1

海の風小学校の下学年は
167人，上学年は174人です。
あわせて何人ですか。

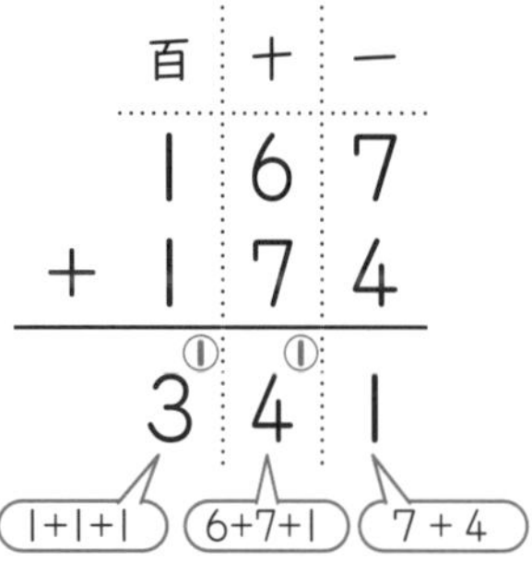

答え　341人

2

<269＋235をお話しながら計算しよう>

百　十　一
2　6　9
＋　2　3　5
①　①
5　0　4
(2+2+1)　(6+3+1)　(9＋5)

はじめに　一の位（くらい）から
9＋5＝14
一の位の答えは4
十の位に1くり上げる

つぎは　十の位
6＋3＝9
くり上げた1をたして10
十の位の答えは0で
百の位に1くり上げる

さいごに　百の位
2＋2＝4
くり上げた1をたして5
百の位の答えは5

答えは　504

POINT　筆算の学習が単調にならずに，楽しく学習できる工夫が必要です。役割演技で楽しく筆算の仕方を学びましょう。

1　まずはひとりで考えよう，そしてみんなで役割演技で確かめよう

❶ ひとりで解決してみよう

167＋174を筆算でしてみよう。
一の位から十の位に，十の位から
百の位に2回繰り上がりがあるぞ

これまでの学習からひとりで解決できる児童もいる。早くできた児童には，筆算の説明文を書いてみるよう指示する。繰り上がりで躓いている児童には個別支援をする。

❷ ブロック操作を役割演技してみよう

〈配役〉番人1名，たされる数（各位ごとに1名），たす数（各位ごとに1名），の計7名

番人　「はじめは，一の位じゃ」
一の位　「7個と4個を合わせると11個。一の位の答えは1です。10個を1本に変えて，十の位へ差し上げます。番人様いいでしょうか」
番人　「よしよし，いいぞ。次は，十の位の番じゃ」
十の位　「6本と7本，それに繰り上がった1本を合わせて14本。十の位の答えは4です。10本を1枚に変えて，百の位へ差し上げます。番人様いいでしょうか」
番人　「よしよし，いいぞ。最後は百の位の番じゃ」
百の位　「1枚と1枚，それに繰り上がった1枚を合わせると3枚。百の位の答えは3です。番人様いいでしょうか」
番人　「よくできたぞ。では，答えをそれぞれの位で言おう！」
百の位　「三百」
十の位　「四十」
一の位　「一」

2，3回演技を行い慣れてくると，3年生らしい台詞を加えたり，意図して間違えて番人を怒らせたりなどして，笑いが起こる場面がうまれてくる。

準備物	・算数ブロック ・役割演技用表示物 QR ふりかえりシート

ICT	班で，筆算の計算の説明を，役割演技をしながら劇やコントのようにまとめる。その様子を動画で撮影し，全員に共有しておくと，いつでも視聴でき理解も深まる。

1

〔 役割演技例 〕

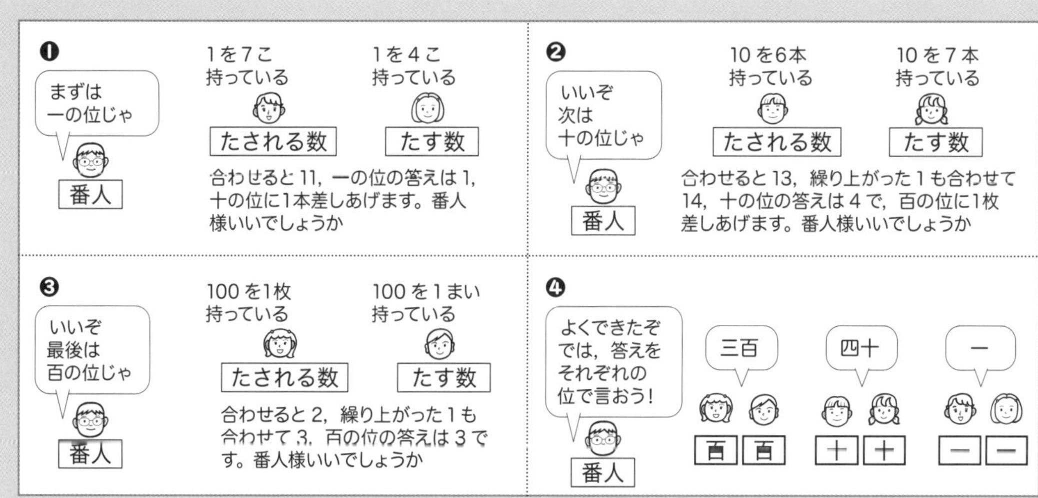

❶
まずは
一の位じゃ
番人
1を7こ
持っている
たされる数
1を4こ
持っている
たす数
合わせると 11，一の位の答えは 1，
十の位に1本差しあげます。番人
様いいでしょうか
❷
いいぞ
次は
十の位じゃ
番人
10 を6本
持っている
たされる数
10 を 7 本
持っている
たす数
合わせると 13，繰り上がった 1 も合わせて
14，十の位の答えは 4 で，百の位に1枚
差しあげます。番人様いいでしょうか
❸
いいぞ
最後は
百の位じゃ
番人
100 を1枚
持っている
たされる数
100 を 1 まい
持っている
たす数
合わせると 2，繰り上がった 1 も
合わせて 3，百の位の答えは 3 で
す。番人様いいでしょうか
❹
よくできたぞ
では，答えを
それぞれの
位で言おう！
番人
三百
四十
一
百
百
十
十
一
一

くり上がりが2回でも，これまでと同じように位ごとに計算する。

2 お話（説明）しながら計算しよう

T　269 ＋ 235 の計算を，頭の中で 筆算の仕方をお話しながらやってみましょう。そして，隣の人に声に出して説明しましょう。

はじめに，一の位から計算します。
9＋5＝14　一の位の答えは 4 で
十の位に 1 繰り上げます。
次は，十の位の計算をします。
6+3＝9　繰り上がった 1 をたして 10
十の位の答えは 0 で，百の位に
1 繰り上げます。
最後は，百の位の計算です。
2＋2＝4　繰り上がった 1 をたして 5
百の位の答えは 5
答えは 504 です

筆算の手順を自分のことばにすることで，定着を図ることができる。

3 計算練習をしよう 虫食い算にも挑戦しよう

計算練習をする。

① 265 ＋ 159　　② 469 ＋ 268
③ 548 ＋ 376　　④ 367 ＋ 429（繰り上がり 1 回）
⑤ 364 ＋ 537（繰り上がった数の和で繰り上がる）
⑥ 197 ＋ 306（繰り上がった数の和で繰り上がる）
⑦ 87 ＋ 396（2 位数＋ 3 位数で繰り上がり 2 回）
⑧ 297 ＋ 34（3 位数＋ 2 位数で繰り上がり 2 回）
⑨ 795 ＋ 7（3 位数＋ 1 位数で繰り上がり 2 回）
⑩ 26 ＋ 874（2 位数＋ 3 位数で答えが何百）

早くできた児童は虫喰い算にも挑戦できるように準備しておく。その間に個別支援をする。

虫食い算

	□	6	□
＋	1	□	3
	5	3	2

	6	3	□
＋	□	8	7
	9	□	4

学習のまとめをする。ふりかえりシートも活用する。

第3時 3位数＋3位数
千の位へ繰り上がり

本時の目標　3位数＋3位数で千の位に繰り上がる筆算の仕方を理解する。

板書例

あわせるといくらになるでしょう

1 しゅんやさんは，672円もっています。
お兄さんは，854円もっています。
2人あわせて何円になりますか。

式　672＋854

千	百	十	一
	6	7	2
＋	8	5	4
1	5（①）	2	6

千の位へくり上がる

2

	千の位	百の位	十の位	一の位
	1000円さつ	100円玉	10円玉	1円玉
しゅんや		(100)(100)(100)(100)(100)(100)	(10)(10)(10)(10)(10)(10)(10)	①①
お兄さん		(100)(100)(100)(100)(100)(100)(100)(100)	(10)(10)(10)(10)(10)	①①①①
合計	1000	(100)(100)(100)(100)(100)	(10)(10)	①①①①①①

答え　1526円

POINT　どんな大きな数になってもたし算はできるというのは大きな進歩です。

1　2人のお金をあわせるといくらになるかな

問題文を提示する。

C　式は，672＋854です。

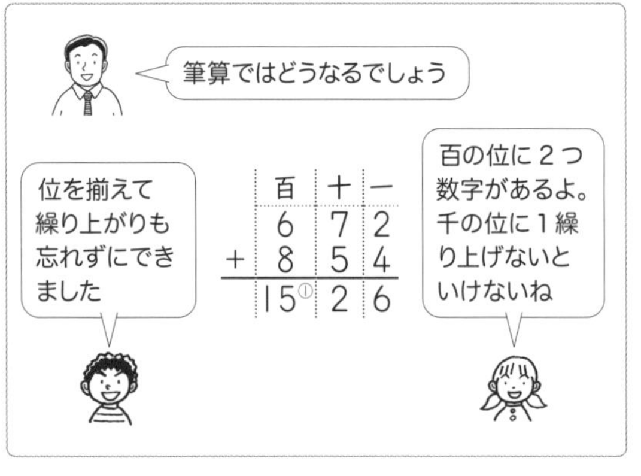

筆算ではどうなるでしょう
位を揃えて繰り上がりも忘れずにできました
百 十 一
6 7 2
＋ 8 5 4
15① 2 6
百の位に2つ数字があるよ。千の位に1繰り上げないといけないね

C　672＋854＝1526（千五百二十六）で，答えは1526円です。

千の位に繰り上がる計算も，10集まると上の位に1繰り上がるというきまりを使えば同じように計算できることに気づかせる。

2　計算が正しいか，お金カードを使って確かめよう

T　まず，2人のお金を枠の中に置いてみましょう。そして，1円玉から計算してみましょう。

一の位の1円玉は，2+4＝6で6円になります

十の位の10円玉は，7＋5＝12で12個。10円玉10個で100玉1個になるので百の位に動かします。十の位は20円です

百の位の100円玉は，6+8＝14に，繰り上がった1個を合わせて15個。100円玉10個で1000円札になるので千の位に動かします。百の位は500円です

千の位は千円札1枚で1000円です。全部で1526円です

お金カードの操作にあわせて，筆算の仕方を確認する。千の位の答えの位置も気をつける。

準備物
QR ふりかえりシート
QR 板書用絵カード（お金）

ICT
数が大きくなればなるほど，理解が難しい児童が増える。100円玉などを使った全体の説明を動画として撮影し，児童のタブレットに送信しておくと児童のペースで視聴できる。

3

<34672 + 28745 を計算しよう>

一万	千	百	十	一
3	4	6	7	2
+ 2	8	7	4	5
① 6	① 3	① 4	1	7

・位をそろえて計算する
・10集まると，上の位に1くり上がる

どんな大きな数になっても，たし算のきまりを使（つか）って計算できる。

3 34672 + 28745 を筆算でしてみよう

T　どんな大きな数でも筆算でできそうですね。

	3	4	6	7	2
+	2	8	7	4	5
	6①	3①	4①	1	7

繰り上がりに気をつけて計算したよ，どうだろう

T　大きい数になってもどんなことを守って計算すればいいですか。
C　位を揃えて計算します。
C　10集まると上の位に1繰り上がります。
C　何桁の数の計算になっても，たし算のきまりを守れば計算できるよ。

4 たし算のきまりを守って練習問題をしよう

計算練習をする。（児童の実態に合わせて数を増減）
① 651 + 624（繰り上がり1回）　② 715 + 525（2回）
③ 567 + 876（3回）　④ 716 + 688（3回）
⑤ 543 + 492（和で繰り上がり百の位が0になる）
⑥ 137 + 863（和で繰り上がり和が1000）
⑦ 67 + 996（2位数+3位数=4位数）
⑧ 977 + 34（3位数+2位数=4位数）
⑨ 995 + 7（3位数+1位数=4位数）
⑩ 16 + 984（2位数+3位数=1000）

早くできた児童は，次の問題に挑戦する。
★　0〜9までの数を1回だけ使って，答えが1000になるたし算を作ってみましょう。

□□□
+□□□
1000

学習のまとめをする。ふりかえりシートも活用する。

第4時 3位数－3位数 繰り下がりなし・繰り下がり1回

本時の目標 3位数－3位数の筆算の仕方を理解する。(繰り下がりなし・繰り下がり1回)

板書例

のこりは何まいになるでしょう

1 おり紙が346まいあります。
□まい使(つか)うと，のこりは何まいですか。

式 346－132　　2 式 346－217

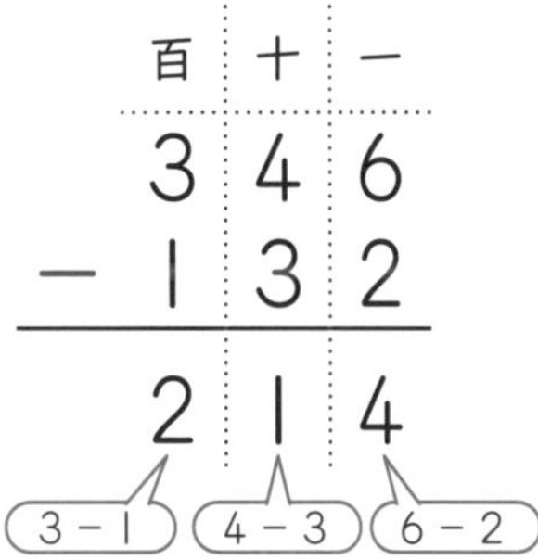

	3	10
3	~~4~~	6
－2	1	7
1	2	9

答え 214まい　　答え 129まい

※ブロック操作する。

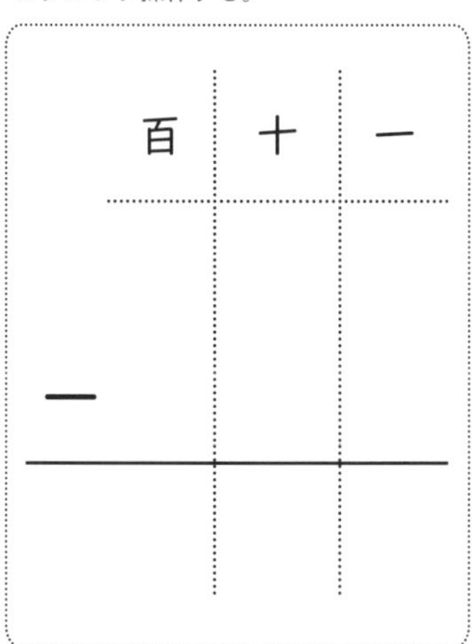

POINT 繰り下がりの仕組みは，ブロック操作で理解できます。手際のいいブロック操作ができるように準備しておきましょう。

1 □に132を入れて筆算で計算しよう

C　式は 346 － 132 です。

C　3けた－3けたの計算だね。たし算と同じように位を縦に揃えて，一の位から順に計算していこう。

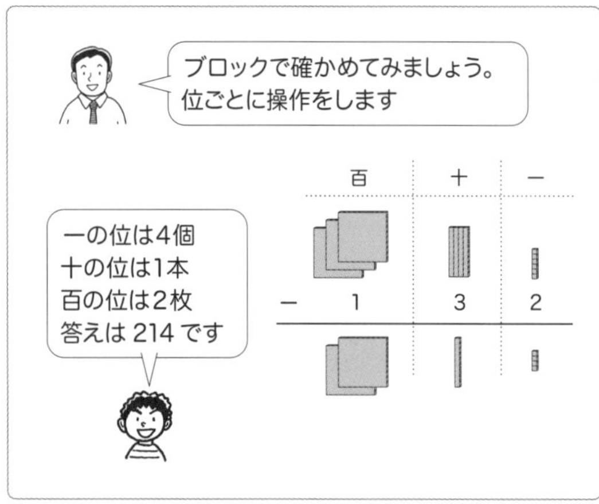

ブロックで確かめてみましょう。
位ごとに操作をします
一の位は4個
十の位は1本
百の位は2枚
答えは214です
百 十 一
－ 1 3 2

3けたのたし算の筆算を学習済のため，児童自身で解決できるようにしたい。位を縦に揃えて書くこと，下の位から位ごとに順に計算することを確認する。

2 □に217を入れて筆算で計算しよう

ひとりで筆算をする時間をとる。

T　ブロック操作で答えを確かめましょう。

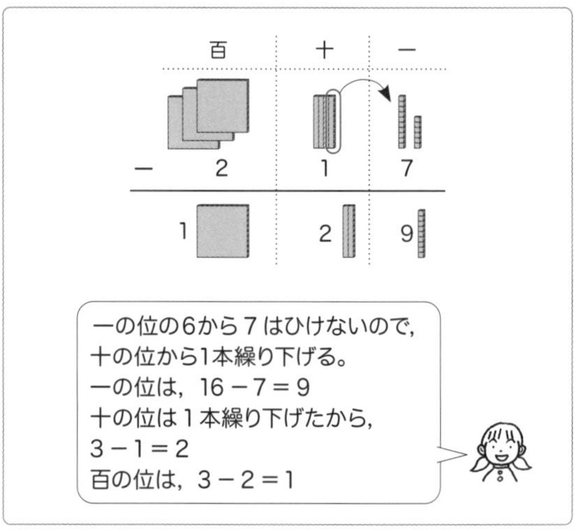

百 十 一
－ 2 1 7
1 2 9
一の位の6から7はひけないので，
十の位から1本繰り下げる。
一の位は，16－7＝9
十の位は1本繰り下げたから，
3－1＝2
百の位は，3－2＝1

T　もう一度，ブロック操作と同じように筆算をしてみましょう。

準備物	・算数ブロック QR ふりかえりシート QR 動画「346 − 182」	ICT	動画は，全体での説明で使用するだけでなく，児童のタブレットに送信しておく。ペアや班で視聴して，お互いに説明し合うことで理解が深まる。

3

式　346 − 182

```
  2 10
  3̸  4  6
− 1  8  2
―――――――
  1  6  4
```

答え　164 まい

4

はじめは　一の位（くらい）

6 − 2 = 4

つぎに　十の位

4 − 8 はできない

百の位から 1 くり下げる

さいごに　百の位

2 − 1 = 1

ひき算の筆算（ひっさん）は，3 けたでも位をそろえて，一の位からじゅんに位ごとに計算する。ひけないときは，上の位から 1 くり下げる。

3　□に 182 を入れて筆算で計算しよう

ひとりで筆算をする時間をとり，ブロック操作で確かめる。

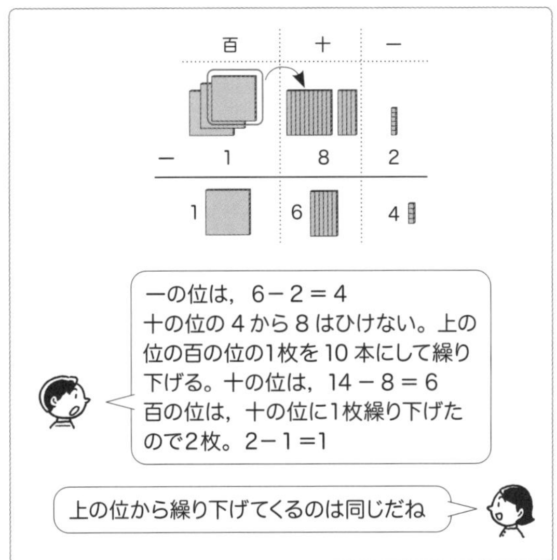

百
十
一
− 1 8 2
1 6 4
一の位は，6 − 2 = 4
十の位の 4 から 8 はひけない。上の位の百の位の1枚を 10 本にして繰り下げる。十の位は，14 − 8 = 6
百の位は，十の位に1枚繰り下げたので2枚。2 − 1 =1
上の位から繰り下げてくるのは同じだね

百の位から十の位に繰り下がる計算も，十の位から一の位に繰り下がる計算と同じ方法でできることを確認する。

4　計算の仕方を言葉にしながらやってみよう

T　ブロック操作と同じようにやってみましょう。そして，隣の人に説明しましょう。

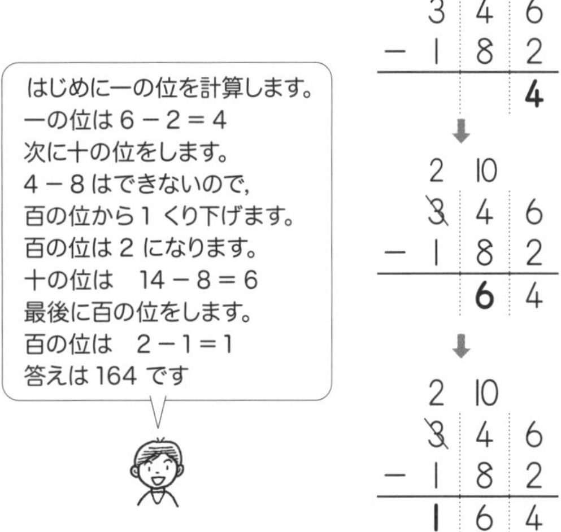

はじめに一の位を計算します。
一の位は 6 − 2 = 4
次に十の位をします。
4 − 8 はできないので，
百の位から 1 くり下げます。
百の位は 2 になります。
十の位は　14 − 8 = 6
最後に百の位をします。
百の位は　2 − 1 = 1
答えは 164 です
3 4 6
− 1 8 2
4
2 10
3 4 6
− 1 8 2
6 4
2 10
3 4 6
− 1 8 2
1 6 4

学習のまとめをする。ふりかえりシートも活用する。

第5時 3位数－3位数 繰り下がり2回

本時の目標　3位数－3位数の筆算の仕方を理解する。（繰り下がり2回）

板書例

子どもは何人でしょう

1

公園に 322 人います。
そのうち，166 人は大人です。
子どもは何人ですか。

式　322－166

```
      10
   2   1  10
   3̸   2̸   2
 － 1   6   6
 ───────────
    1   5   6
```

答え　156 人

2

< 322 － 166 をお話しながら計算しよう >

はじめに　一の位（くらい）から
2 － 6 はできない
十の位から 1 くり下げる
12 － 6 ＝ 6

つぎは　十の位
一の位に 1 くり下げたので 1
1 － 6 はできない
百の位から 1 くり下げる
11 － 6 ＝ 5

さいごに　百の位
十の位に 1 くり下げたので 2
2 － 1 ＝ 1

答えは
156

POINT　役割演技は，役を演じることでブロックの動きが実感できます。見ている人も客観的にブロックの動きを見て計算方法が

1 まずはひとりで考えよう，そしてみんなで役割演技で確かめよう

❶ ひとりで解決してみよう

C　322 － 166 を筆算でしてみよう。繰り下がりが2回あるぞ。

これまでの学習からひとりで解決できる児童もいる。早くできた児童には，筆算の説明文を書いてみるよう指示する。繰り下がりで躓いている児童には個別支援をする。個人差もあり，誤答も見られるが，誤答は，学習を深めるよい機会である。

【誤答例】

```
㋐           ㋑           ㋒
   3 2 2       3 2 2       3 2 2
 － 1 6 6    － 1 6 6    － 1 6 6
 ───────     ───────     ───────
   2 4 4       1 6 6       2 5 6
```

❷ ブロック操作を役割演技してみよう

〈配役〉ひかれる数（各位ごとに1名），
ひく数（各位ごとに1名），の計6名

一の位ひく数　　　「6個ください」
一の位ひかれる数「2個しかありません」
一の位ひく数　　　「何とかしてください」
一の位ひかれる数「ちょっと待ってください…
十の位にお願いしてみますね」
「（十の位ひかれる数へ）1本下ろしてください」
十の位ひかれる数「（一の位ひかれる数へ）2本あるから，1本を 10 個にして下ろしましょう」　…つづく

※役割演技例は板書右上に表示

役割を交代して 2，3 回演技を行う。

準備物
・算数ブロック
・役割演技用表示物
QR ふりかえりシート

ICT
班で，筆算の計算の説明を，役割演技をしながら劇やコントのようにまとめる。その様子を動画で撮影し，全員に共有しておくと，いつでも視聴でき理解も深まる。

1 〔 役割演技例 〕

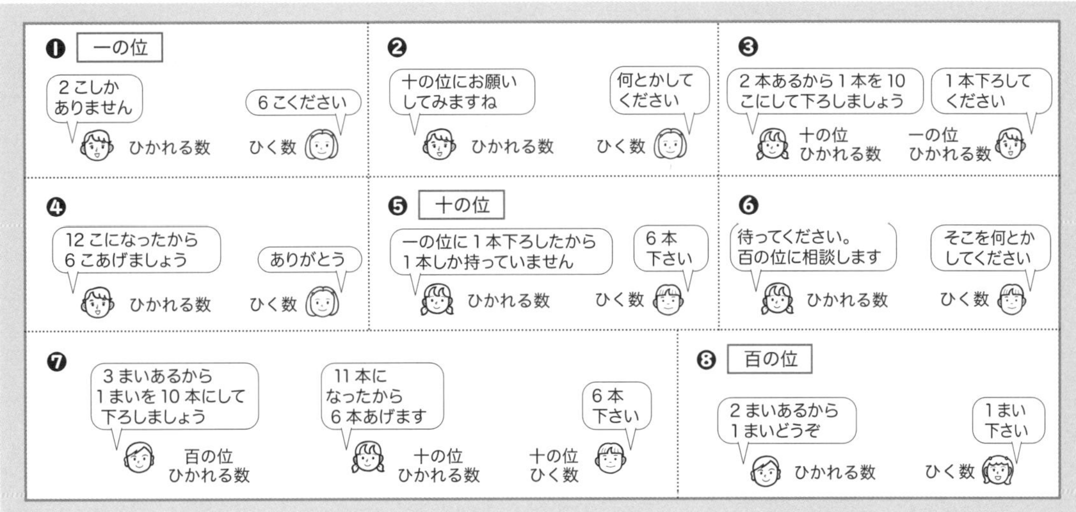

❶ 一の位
2こしか ありません
6こください
ひかれる数
ひく数
❷
十の位にお願い してみますね
何とかして ください
ひかれる数
ひく数
❸
2本あるから1本を10 こにして下ろしましょう
1本下ろして ください
十の位 ひかれる数
一の位 ひかれる数
❹
12こになったから 6こあげましょう
ありがとう
ひかれる数
ひく数
❺ 十の位
一の位に1本下ろしたから 1本しか持っていません
6本 下さい
ひかれる数
ひく数
❻
待ってください。 百の位に相談します
そこを何とか してください
ひかれる数
ひく数
❼
3まいあるから 1まいを10本にして 下ろしましょう
11本に なったから 6本あげます
6本 下さい
百の位 ひかれる数
十の位 ひかれる数
十の位 ひく数
❽ 百の位
2まいあるから 1まいどうぞ
1まい 下さい
ひかれる数
ひく数

くり下がりが2回でも，これまでと同じように位ごとに計算する。

理解できるようになります。

2 お話（説明）しながら計算しよう

T 322 − 166の 筆算の仕方を頭の中でお話しながらやってみましょう。そして，隣の人に，声に出して説明しましょう。

はじめに，一の位から計算します。
2 − 6はできないので，十の位から1本を10個にして繰り下げます。12 − 6 = 6　一の位の答えは6です。
次に，十の位の計算をします。
十の位は1本繰り下げたので，1本になっています。
1 − 6はできないので，百の位から1枚を10本にして繰り下げます。11 − 6 = 5　十の位の答えは5です。
最後は，百の位の計算です。
百の位は1枚繰り下げたので，2枚になっています。
2 − 1 = 1　　百の位の答えは1です。
答えは156です

筆算の手順を自分のことばにすることで，定着を図ることができる。

3 計算練習をしよう 虫食い算にも挑戦しよう

計算練習をする。
① 624 − 176（繰り下がり2回）
② 521 − 197（繰り下がり2回）
③ 334 − 275（2回 答え2桁）
④ 312 − 248（2回 答え2桁）
⑤ 615 − 78（2回 ひく数2桁）
⑥ 184 − 95（2回 ひく数2桁 答え2桁）

早くできた児童は虫喰い算にも挑戦できるように準備しておく。その間に個別支援をする。

	□	9	2
−	3	□	5
	1	2	□

	9	1	□
−	4	□	6
	□	7	7

学習のまとめをする。ふりかえりシートも活用する。

第6時
3位数－3位数
十の位が空位

本時の目標　3位数（十の位が空位）－3位数の筆算の仕方を理解する。（繰り下がり2回）

板書例

のこりは何まいでしょう

1

おり紙が403まいありました。
そのうち，287まい使（つか）いました。
のこりは何まいですか。

式　403－287

```
   3  9  10
     10
   4  0  3
－ 2  8  7
───────
   1  1  6
```

答え　116まい

2

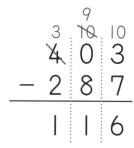

＜403－287をお話しながら計算しよう＞

はじめに　一の位（くらい）から
3－7はできない
十の位も0なので
百の位の1まいを10本にして
十の位へ（百の位は3）
十の位の1本を10こにして
一の位へ（十の位は9）
13－7＝6

つぎは　十の位
9－8＝1

さいごに　百の位
3－2＝1

答えは
116

POINT　役割演技で百の位から一の位への2段階繰り下がりの意味を確かめます。はじめはたどたどしい演技でも次第に慣れてきて，

1 まずはひとりで考えよう，そしてみんなで役割演技で確かめよう

❶ ひとりで解決してみよう

十の位が0だから，十の位から繰り下げることができないよ

百の位から下ろしてきたらよかったけど，…どう計算したらよかったかな

2段階繰り下がりの計算は，2年生で学習しているため，ひとりで解決できる児童もいる。早くできた児童には，筆算の説明文を書いてみるよう指示する。繰り下がりで躓いている児童には個別支援をする。

❷ ブロック操作を役割演技してみよう

〈配役〉ひかれる数（各位ごとに1名），
ひく数（各位ごとに1名），の計6名

一の位ひく数　「7個ください」
一の位ひかれる数「3個しかありません」
一の位ひく数　「何とかしてください」
一の位ひかれる数「ちょっと待ってください…
十の位にお願いしてみますね」
「（十の位ひかれる数へ）1本下ろしてください」
十の位ひかれる数「（一の位ひかれる数へ）できません。何もありません。百の位にお願いしてみます」…つづく

※役割演技例は板書右上に表示

役割を交代して2，3回演技を行う。

準備物	・算数ブロック ・役割演技用表示物 QR ふりかえりシート

ICT	班で，筆算の計算の説明を，役割演技をしながら劇やコントのようにまとめる。その様子を動画で撮影し，全員に共有しておくと，いつでも視聴でき理解も深まる。

1

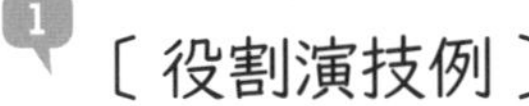

〔 役割演技例 〕

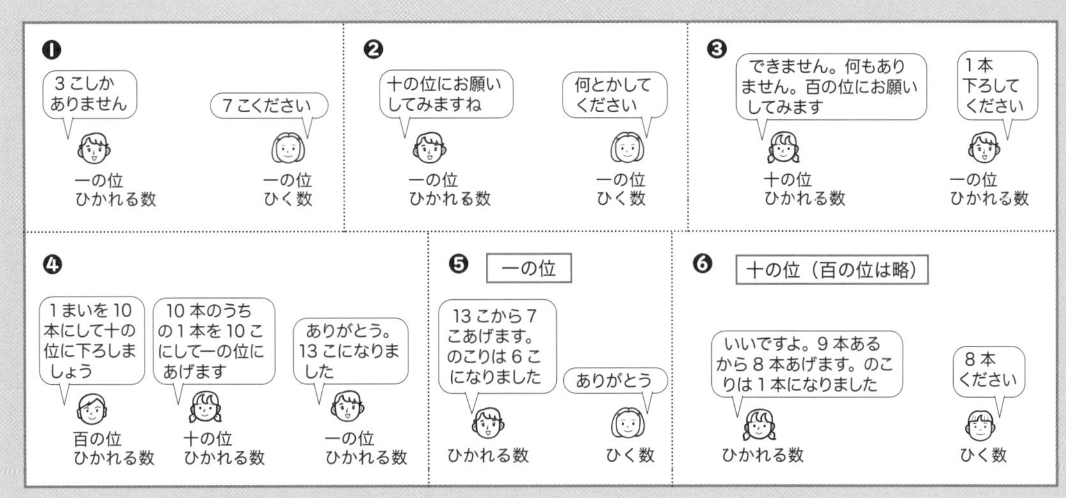

十の位からくり下げられないときは，百の位から十の位へくり下げ，それから一の位へくり下げる。

理解を深めることができます。

2 お話（説明）しながら計算しよう

T　403 － 287 の 筆算の仕方を頭の中でお話しながらやってみましょう。

> はじめに，一の位から計算します。3 － 7 はできません。十の位も0なので下ろせません。百の位の1枚を 10 本にして十の位に下ろし，その中の1本を 10 個にして一の位に繰り下げます。十の位は9本になりました。一の位は，13 － 7 ＝ 6　になります。
> 次に，十の位の計算をします。
> 十の位は1本繰り下げたので，9 本になっています。
> 9 － 8 ＝ 1　になります。
> 最後は，百の位の計算です。百の位は1枚繰り下げたので，3枚になっています。
> 3 － 2 ＝ 1　になります。答えは，116 です

隣同士，グループ内で，そして学級全体の前で発表できる機会をつくる。

3 計算練習をしよう 虫食い算にも挑戦しよう

計算練習をする。
① 805 － 476（十の位が空位）
② 500 － 269（十の位，一の位が空位）
③ 400 － 275（十の位，一の位が空位）
④ 302 － 245（十の位が空位，答え 2 桁）
⑤ 106 － 78（十の位が空位，ひく数 2 桁，答え 2 桁）

早くできた児童はたしかめ算や虫喰い算をする。その間に個別支援をする。

★ 1 ～ 9 までの数を 1 回だけ使って，□にあてはまる数を書きましょう。(答えは 1 つではありません)

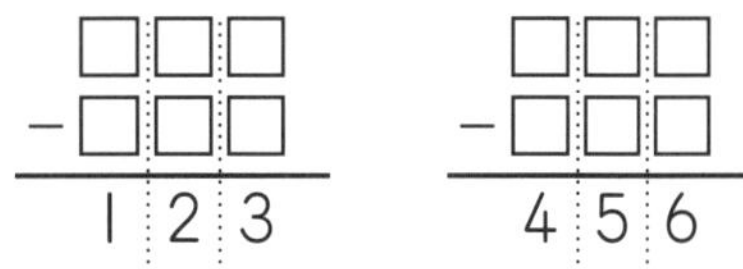

学習のまとめをする。ふりかえりシートも活用する。

第7時

千からひくひき算

本時の目標

千からひくひき算で，空位があり３段階繰り下げる計算の仕方を理解する。

板書例

1000 − 685 を筆算(ひっさん)でしよう

1

	千	百	十	一
		9	9	
		~~10~~	~~10~~	10
	~~1~~	0	0	0
−		6	8	5
		3	1	5

※ブロック操作する。

2

一の位(くらい)　0 − 5 はできない
千の位からじゅんにくり下げる
千の位から百の位に 10 まいにして下ろす
千の位はなくなる

百の位の 1 まいを 10 本にして十の位に下ろす
百の位は 9 まい

十の位の 1 本を 10 こにして一の位に下ろす
十の位は 9 本

一の位は　10 − 5 = 5
十の位は　9 − 8 = 1
百の位は　9 − 6 = 3

答えは　315

POINT　どんな大きな数になっても，ひき算も同じように計算することができます。できるようになったことを大いに称賛しましょう。

1　1000 − 685 をひとりで筆算してみよう

各自で筆算をする時間をとる。

C　一，十，百の位まで 0 だから，千の位から繰り下げたらいいかな。

C　百の位から繰り下げてきたように，千の位から順番に繰り下げたらいいと思うよ。

T　算数ブロックを操作してみましょう。

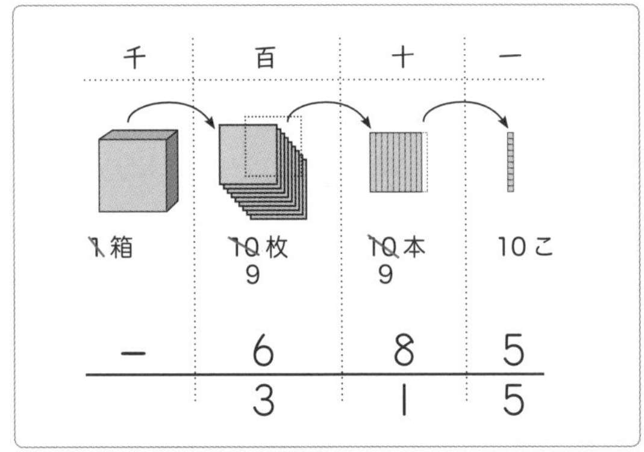

「1000 − 685」の動画も活用できる。

2　ブロック操作にあわせて筆算をしてみよう

T　頭の中で説明しながらやってみましょう。

はじめは一の位からします。
0−5 はできません。
十の位も百の位も 0 なので
千の位から繰り下げてきます。
千の位から百の位に 10 枚にして
下ろします。
千の位はなくなります。
百の位の 1 枚を 10 本にして
十の位に下ろします。
百の位は 9 になります。
十の位の 1 本を 10 個にして
一の位に下ろします。
十の位は 9 本になります。
一の位は 10 − 5 = 5
十の位は 9 − 8 = 1
百の位は 9 − 6 = 3
答えは，315 です。

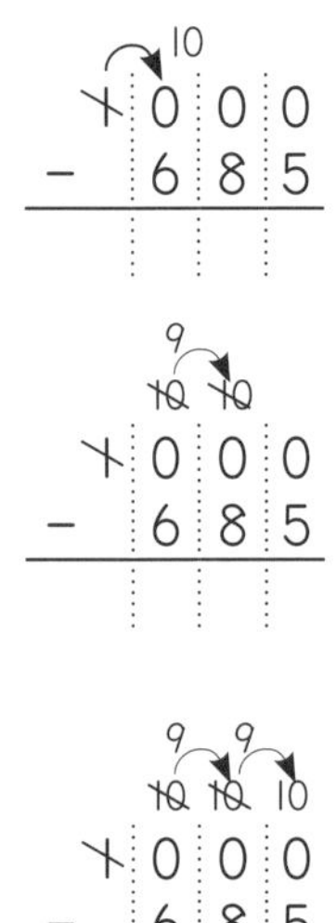

準備物
・算数ブロック
QR ふりかえりシート
QR 動画「1000 − 685」

ICT
動画は，全体での説明で使用するだけでなく，児童のタブレットに送信しておく。ペアや班で視聴して，お互いに説明し合うことで理解が深まる。

3

728 円の本を買って 1000 円さつを出しました。
おつりは何円ですか。

式　1000 − 728

$$\begin{array}{r} 1000 \\ -\ 728 \\ \hline 272 \end{array}$$

答え　272 円

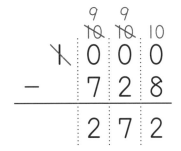

ひかれる数の百の位，十の位が 0 の計算は，上の位からじゅんにくり下げて計算する。

3 728 円の本を買って 1000 円札を出しました。おつりは何円ですか

C　式は，1000 − 728 です。

各自で筆算をする時間をとる。

計算をしてみよう。千の位から順に繰り下げていくといいね

千の位から百の位へ，百の位から十の位へ，十の位から一の位へ繰り下げるよ

黒板で算数ブロックを操作して確認する。

C　位が大きくなっても同じように計算したらいいね。

C　1 万円を出したらおつりはいくらだろう。

4 計算練習をして，問題に慣れよう ひき算クイズに挑戦しよう

計算練習をする。（児童の実態に合わせて数を増減）

① 1000 − 512
② 1004 − 478
③ 1000 − 957（答えが 2 桁）
④ 1003 − 68（ひく数が 2 桁）

早くできた児童は，たしかめ算やクイズに挑戦する。

★ □ にあてはまる数を答えましょう。

$$\begin{array}{r} 1000 \\ -\ \square \\ \hline 987 \end{array} \qquad \begin{array}{r} 1000 \\ -\ \square \\ \hline 654 \end{array} \qquad \begin{array}{r} 1000 \\ -\ \square \\ \hline 321 \end{array}$$

学習のまとめをする。ふりかえりシートも活用する。

第8時
3位数 ± 3位数の文章問題

本時の目標：3位数±3位数の文章問題を解くことができる。

板書例

文章問題（ぶんしょうもんだい）にちょうせんしよう

こま	675円
ミニカー	858円

1 ① あわせていくらですか

こま 675円 ／ ミニカー 858円 ？

2 式 675＋858

$$\begin{array}{r} 675 \\ +\,858 \\ \hline 1533 \end{array}$$

答え 1533円

1 ② ちがいはいくらですか

こま 675円 ？ ／ ミニカー 858円

2 式 858－675

$$\begin{array}{r} 858 \\ -\,675 \\ \hline 183 \end{array}$$

答え 183円

POINT 加減の演算決定には，テープ図を使うと効果的です。両者の量をテープに置き換えて，両者がどのような関係にあるのかを

1 2つの問題文を比べてみよう

T　2つの問題文はそれぞれ何算になりますか。

C 「あわせて」だから，①はたし算です。

C ②は，「ちがい」を求めるからひき算です。

T　2つの問題をテープ図に表して，何算になるか確かめましょう。

2つの代金をどのように並べるといいでしょう
①は，2つをつなぐと「あわせて」が表せます
②は，2つを並べて「ちがい」が表せるようにします

ここでは，テープ図がなくても演算決定は十分可能だが，たし算かひき算かを迷う問題では非常に有効である。

2 式を立てて，筆算で答えを求めよう

T ①の問題の式はどうなりますか。

テープ図で求めるところを確かめながら式を立てる。

C 式は，675 ＋ 858 です。

C 繰り上がりが3回あるよ。

T ②の問題はどうでしょう。

C 式は，858 － 675 です。

C 繰り下がりに気をつけて計算しよう。

各自で筆算に取り組む時間を取る。
隣同士で筆算の仕方を説明し合ってもよい。

準備物	・文章問題作成用紙 QR ふりかえりシート

ICT	テープ図の元のイラストを児童のタブレットに送信しておく。ノートだけでなく，タブレットを使って，考えても良いことを伝えておく。

3

ゆかさんと みきさんのヒマワリのたねを
くらべると，
みきさんの方が 79 こ多くて 663 こでした。
ゆかさんのヒマワリのたねは何こですか。

みきさん 663 こ
ゆかさん ？ こ（79 こ）

式 663 − 79

```
     10
  5  5 10
  6  6  3
−    7  9
---------
  5  8  4
```

答え 584 こ

4

＜問題を作ろう＞

コンパス	368 円
三角じょうぎ	397 円
色えんぴつ	564 円

368 円のコンパスと
397 円の三角じょうぎを
買って，1000 円をはらいました。
おつりはいくらになりますか。

※ 児童が作った問題を紹介する。

考えましょう。

3 テープ図をかいて，たし算かひき算かを見分けよう

ヒマワリの種の問題を提示する。

T　わかっていることをテープに表しましょう。2 人のテープはどちらが長くなりますか。

C　みきさんの方が多いから，みきさんです。

C　みきさんの方が 79 個多いです。

2 人のテープをどう並べたらいいでしょう
2 人の数を比べているので，上下に並べたらいいと思います
みきさんの方が 79 個多いことも書いておこう

T　図がかけたら式も立てられますね。筆算をして答えも求めましょう。

4 表の 3 つの数を使って問題を作ろう

T　たし算やひき算の問題を作りましょう。

問題作りの時間を取る。

T　できた問題をグループの人と交換して解いてみましょう。テープ図にも表してみましょう。

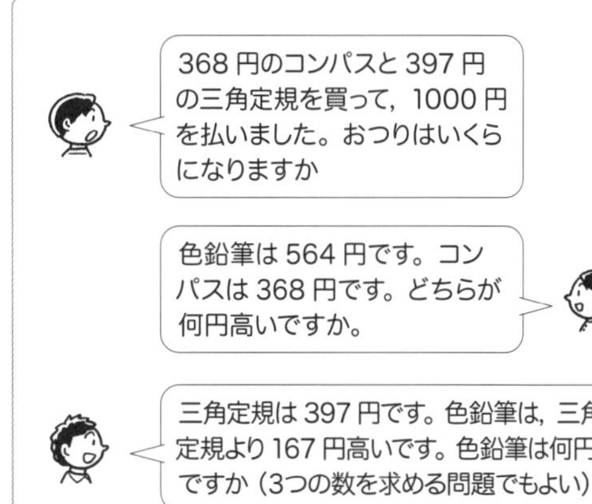

368 円のコンパスと 397 円の三角定規を買って，1000 円を払いました。おつりはいくらになりますか
色鉛筆は 564 円です。コンパスは 368 円です。どちらが何円高いですか。
三角定規は 397 円です。色鉛筆は，三角定規より 167 円高いです。色鉛筆は何円ですか（3つの数を求める問題でもよい）

学習の感想を書く。ふりかえりシートも活用する。

第9時

4位数＋4位数を楽しもう

本時の目標　4位数＋4位数の計算ができる。

板書例

4けたのたし算ひき算

1 〈計算ゲーム〉

ペアで対せん
0～9までの数　20まいのカード
❶ うらがえしてよくまぜてかさねる。
❷ 交代(こうたい)で8まいずつカードをとる。カードを1まいだけ交かんできる。
❸ 4けたの数を2つ作る。
❹ 2つの数をたす。
❺ 計算まちがいがないかよく見る。
❻ 大きい方の数が勝(か)ちとなる。

【れい】
Aさん
1 0 4 5 6 8 9 2
Bさん
2 3 4 6 7 8 9 1

A
$$\begin{array}{r} 9641 \\ +\ 8520 \\ \hline 18161 \end{array}$$

B かち
$$\begin{array}{r} 9742 \\ +\ 8631 \\ \hline 18373 \end{array}$$

POINT これまでの学習をいかして4桁の加減の計算をします。ゲームで楽しみながらすることで，筆算がますますできるように

1 カードを使って計算ゲームをしよう

T　ルールを説明します。2人ペアでゲームをします。

① 0～9までの数字が書いてあるカードを2組，合計20枚を裏返しにして，よく混ぜてから重ねて，2人の間に置く。

② 交互に，8枚ずつカードをとる。1枚だけカードを交換できるが，交換しなくてもよい。

③ 8枚のカードで4桁の数を2つ作る。順番は自由に入れかえてよい。

④ 2つの4桁の数をたす。(ノートにする)

⑤ 計算した答えの数を2人で比べて，数が大きい方が勝ちとなる。
相手の計算が間違っていないか確かめる。
計算間違いがあると負けとなる。

⑥ 3回対戦をしたら，対戦相手を交代する。

Aさん

カードは，1，0，4，5，6，8，9，2の8枚
4桁の数を2つ作るよ。答えの数を大きくするにはどうしたらいいかな。上の位に大きな数をもってきたらいいね

9641　　8520
9641＋8520＝18161

Bさん

カードは，2，3，4，6，7，8，9，1の8枚
4桁の数を2つ作るよ。

9876　　4321
9876＋4321＝14197

例として，Bさんのように一方だけ大きな数にしたものなどを見せ，どうしたら大きい数の答えになるかを考える。

準備物

- 20枚の数字カード（ペアに1セット）
- QR ふりかえりシート

ICT

計算ゲームのルールやカードをデータとして，タブレットで送信しておく。授業時間だけでなく，休み時間にもデータを使って，ゲームを楽しむことができる。

2

<カプレカ数にちょうせん>

すきな4つの数をえらぶ
れい 0 5 2 9

いちばん大きい数　9520

いちばん小さい数　259

9520	→	9621
− 259		−1269
9261		8352

8532	→	7641
−2358		−1467
6174		6174

カプレカ数は　6174

なります。

2 インドの数学者カプレカによって発見された不思議な数「カプレカ数」に挑戦してみよう

【やり方】

① 4つの違う数を選ぶ。

② 4つの数を使って，4桁の数を2つ作る。
　1つは，いちばん大きい数
　1つは，いちばん小さい数

③（いちばん大きい数）−（いちばん小さい数）の計算をする。

④ ③の答えの4つの数を使って，また4桁のいちばん大きい数といちばん小さい数を作る。

⑤ また，（いちばん大きい数）−（いちばん小さい数）の計算をする。

⑥ ④と⑤を繰り返す。

⑦ 繰り返し計算をしていて，何か気づいたことがあったらそこでストップする。

T　0，5，2，9の数を使ってやってみます。みんなも好きな数を4つ選んで計算してみましょう。

1，7，3，6の4つの数を使ってやってみたよ。私も「6174」になりました

ぼくも，8，0，3，5でやってみたけど「6174」になりました。どうしてだろう，不思議だなー

4桁の数のカプレカ数は「6174」です。3桁のカプレカ数は「495」になります。3桁でも挑戦してみましょう。

学習の感想を書く。
ふりかえりシートも活用する。

長さ

全授業時数６時間

◎ 学習にあたって ◎

<この単元で大切にしたいこと>

３年生の「長さ」の単元のねらいは，長い長さをどのように測るかということと，長い長さの単位として「km」について理解することです。

巻尺を用いて校庭などでいろいろなものの長さを測定します。その際に，およその長さを予想して，５mや10 mの長さはおよそこれくらいとわかること，また校区地図などを使って，１kmがどれくらいの長さかわかることを大切にします。

<数学的見方考え方と操作活動>

「長さ」はすでに２年生で学習しています。本単元では，紙飛行機飛ばしで始点から終点までの長さを巻尺を使って測定する活動を取り入れています。スタート地点から着地点までを直線で測る必然性が生まれ，巻尺で測定した長さが距離であることにつながります。

長さの単位の関係を理解することは必要ですが，この時点では１km ＝ 1000 mであることが理解できればよいでしょう。また，加法・減法についても教科書によって扱いは異なります。あまり深入りする必要はありません。

<個別最適な学び・協働的な学びのために>

巻尺の使い方・読み方をグループ活動の中で，お互いに協力しながら測定を進めます。また，ものの長さを予想しあう中で，長さの量感を高めていきます。

100 m・500 m・１kmなどの長さは，校区地図を使って身近な生活の中から理解していきます。道のりも通学路を考えることによって，具体的にイメージすることができます。

◎ 評　価 ◎

知識および技能	1 km = 1000 mの単位の関係や，距離と道のりの意味や求め方を理解し，およその長さを推測したり，計器を用いて測定したりすることができる。
思考力，判断力，表現力等	測るものの形や長さにあった計器を用いて，正確に測定するように工夫する。
主体的に学習に取り組む態度	身のまわりの長いものの長さに関心を持ち，長い長さを理解しようとする。

◎ 指導計画　6 時間 ◎

時	題	目　標
1・2	巻尺で測る①	巻尺の特性と使い方を理解し，巻尺を使って長い長さを測定することができる。
3	巻尺で測る②	巻尺で長さを測ることに習熟する。10 mの長さの見当をつけることができる。
4	長い長さの単位 (km)	1km = 1000 mであることを知り，1km を実感することができる。
5・6	長い長さの計算	「距離」と「道のり」の違いを理解し，長い長さのたし算，ひき算ができる。

第 1・2 時

巻尺で測る ①

本時の目標　巻尺の特性と使い方を理解し，巻尺を使って長い長さを測定することができる。

板書例

まきじゃくで はかってみよう

1 <はかってみよう>

3 ・教室のたての長さ

m　　cm

・教室の横の長さ

m　　cm

2

〈はかり方〉

❶ 0をはしに合わせる
※0がまきじゃくによってちがう

❷ ねじらないでピンとはる

❸ まきじゃくを引き出しすぎない

❹ 目もりをよむ
m → cm　のじゅんによむ

❺ ねじらないようにまきもどす

4 <何を使ってはかる？>

① 教科書のたて　（ア）
② つくえの高さ　（イ）
③ ろうかの長さ　（ウ）
④ バケツのまわり（ウ）曲がったもの

〔ア 30cm ものさし　イ 1 mものさし
ウ まきじゃく〕

POINT はじめて巻尺に触れる子どもも多いです。巻尺で測定する前に，使い方を丁寧に教え，目盛りはゆっくりと確かめながら

1 教室の縦と横の長さを測ってみよう

T　何を使って測りますか？
C　1 mものさしで測れるけど，面倒だね。
C　もっと長いものさしが必要だ。
T　では，この巻尺を使って測ってみましょう。

巻尺を班に 1 つずつ準備する。

巻尺がどういうものかを手に取って確かめる。

2 巻尺を使ってみよう

巻尺の使い方❶～❺を説明する。

T　0を端に合わせますが，0の位置が巻尺によって違います。みんなの巻尺はどちらですか。(0 の目盛りの位置が異なるものを準備しておく)

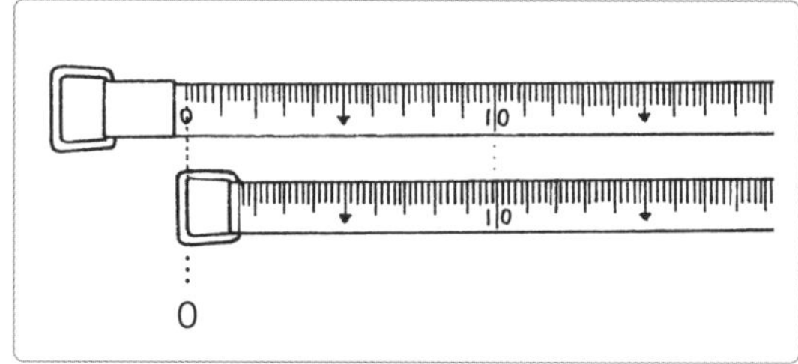

T　巻尺の目盛りを確かめましょう。
C　1 目盛りは 1 cm になります。

電子黒板等に写した目盛りを全員で読みながら確認する。

準備物	・巻尺 ・30cm ものさし ・1 mものさし QR ワークシート

ICT	巻き尺の実物を使って説明するよりも，巻き尺の画像を，児童のタブレットに送信し，教師が共有したり，児童が操作しながら説明したりするとよい。

4

はかるもの	よそう	長さ
★げんかんのはば		
★くすのきのまわり		
くつばこ		
3階ろう下		

❶ よそうしてから，はかる

❷ やくわりを交代する
0を合わせる人
はしを合わせる人
目もりをよむ人
記ろくする人

❸ 決めたところ（★）から始める

❹ ❸のほかに，はんで決めたところをはかる
※ きけんなところははからない

よんでいきましょう。

3 巻尺で測ってみよう

教室の縦と横の長さを班で測る。

「0を合わせる人」「目盛りを合わせる人」「目盛りをよむ人」「正しくできているか確かめて記録する人（番人）」の４つの役割を決める。（役割は１つ測るごとに交代する）

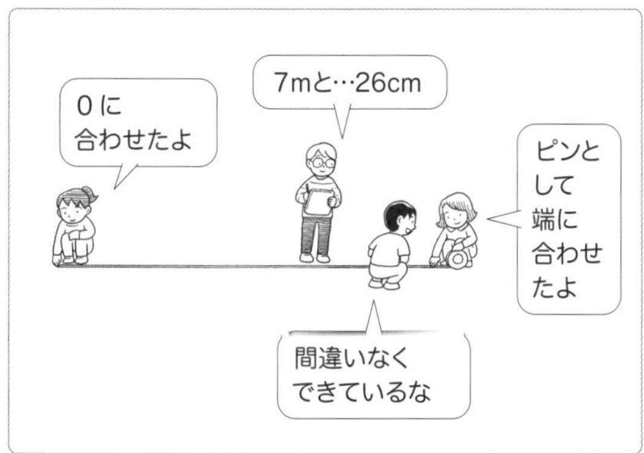

巻尺の目盛りをよむことに戸惑う児童も多い。目盛りをよむところで，ゆっくりと時間を取るようにする。

4 巻尺を使っていろいろなものの長さを測ろう

長さを測るのに，測るものの形や長さに合った道具を使うことを問題で確かめる。

（第２時活動）

T　班で，学校にあるものの長さを測ります。測り方のルールを決めておきましょう。

❶ 長さの予想を立ててから測る。

❷ 班で4つの役割を交代しながら測る。

❸ まずは，どの班も教師が指定したところから測る。
※ 指定箇所は，どこからどこまでかがわかるようにテープを貼っておくと，スムースに活動できる。

❹ ❸の他に，巻尺で測るのにふさわしいところを選んで測る。危ないところは選ばない。

測定の記録を班どうしで交流する。
学習のまとめをする。ふりかえりシートも活用する。

第3時
巻尺で測る②

本時の目標
巻尺で長さを測ることに習熟する。10 mの長さの見当をつけることができる。

板書例

ゲームで楽しく長さをはかろう

1 〈紙ひこうきとばし大会をしよう〉

〈ルール〉
❶ 線をひいたところから紙ひこうきをとばす
❷ ちゃく地したところまでの直線の長さをはかる
※ 役わりは交代(こうたい)
「0を合わせる人」「はしを合わせて目もりをよむ人」「かくにんして記ろくする人」
❸ 1人2回ずつとばす
❹ いちばん長くとばした人の勝(か)ち

はんの記ろく

名前	記ろく
○○さん	3 m 20cm
○○さん	2 m 80cm
○○さん	3 m 5cm
○○さん	5 m 10cm ★

POINT 「長さ」を学習する際に，紙面上だけでは量感はつきません。測定する前に長さの見当をつけてみたり，10 mはどれくら

1 紙飛行機飛ばし大会をしよう

事前に全員が紙飛行機を作っておく。（折り紙，広告の紙など何でもよい）
紙飛行機のため，体育館など屋内で行うとよい。

T 紙飛行機を飛ばして，班でその長さを競い合います。いちばん長い距離を飛ぶ飛行機は誰でしょう。

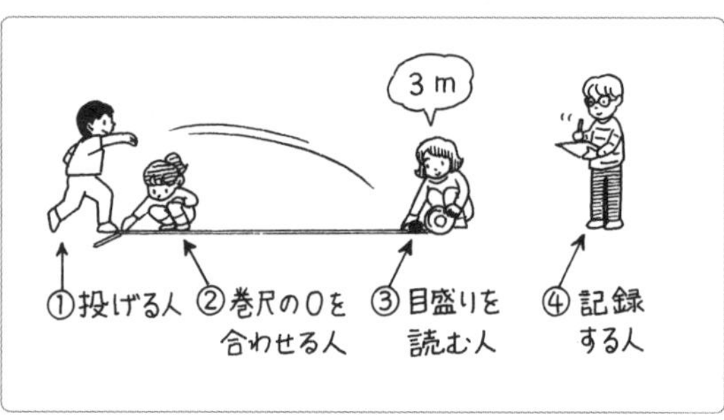

ルールを説明する。

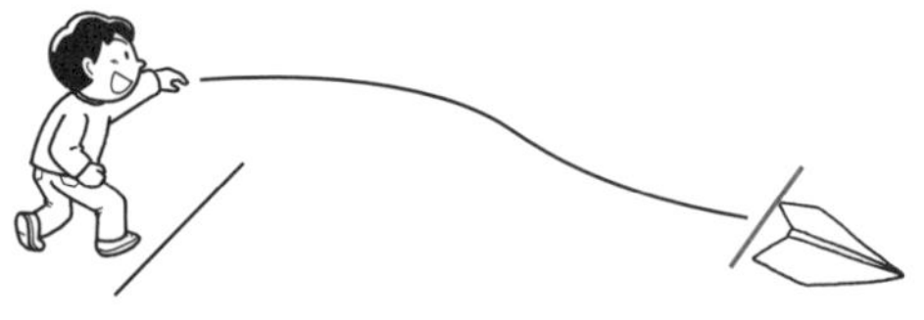

飛行機のおしりまでの距離を測る

準備物
・巻尺
・折り紙や広告の紙
・養生テープなど
QR ふりかえりシート

ICT
10m あてゲームでは，校内の 10m ありそうな場所を撮影し，みんなで共有し合う。共有した後，実際は何 m だったかを計測に行くと意欲が高まる。

< 10 mあてゲームをしよう >

〈ルール〉
❶ 線をひいたところから 10 mと思うところにしるしをつける
❷ 長さが短い人からまきじゃくで長さをはかる
※役わりは交代する
❸ 10 mにいちばん近い人が勝ち

はんの記ろく

名前	記ろく	
○○さん	12 m 50cm	
○○さん	9m 70cm	★
○○さん	8m 6cm	
○○さん	15m 45cm	

いの長さなのか実際に体験したりすることが大切です。

2 10 mあてゲームをしよう

運動場（または体育館）で活動する。

T みなさんは 10 mがどのくらいの長さか想像できますか？これから 10 mあてゲームをします。班でいちばん 10 mに近い人が勝ちです。

ルールを説明する。

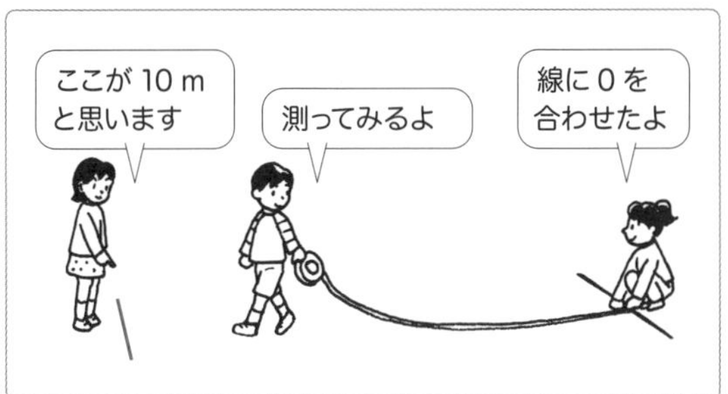

ここが 10 m
と思います
測ってみるよ
線に 0 を
合わせたよ

線に 0 の目盛りが合っているか，巻尺がたるみなくピンと張っているかなど基本的なことができているかを再度確認しながら進める。時間があれば，場所を変えてもう一度する。

3 学習のまとめをしよう

学習の感想を書いて振り返る。

巻尺の使い方がわかるようになりました

10 mがどのくらいの長さなのか，はじめは全然違ったけど，2回目でだいぶ近づけるようになりました

線から巻尺がたるんでしまって真っ直ぐ測れませんでした。途中で巻尺を押さえる人がいたらいいなと思いました

長さの量感が身につけられるように，本時だけでなく，授業の合間などに「長さあてクイズ」をして楽しむとよい。
（例）「○○公園のイチョウの木の周りの長さは㋐～㋒のどれでしょう」
㋐ 2 m 50cm ㋑ 8 m 10cm ㋒ 12 m 80cm
※ 皆が知っているもので写真があるとよい。

第4時
長い長さの単位（km）

本時の目標　1km = 1000 mであることを知り，1km を実感することができる。

1kmを歩いてみよう

校庭などを使って実際に1000m（1km）を測りながら歩く授業です。測る場所は，児童が慣れている場所がよいでしょう。知らない場所だと，計測時間が長く感じられてしまいがちです。

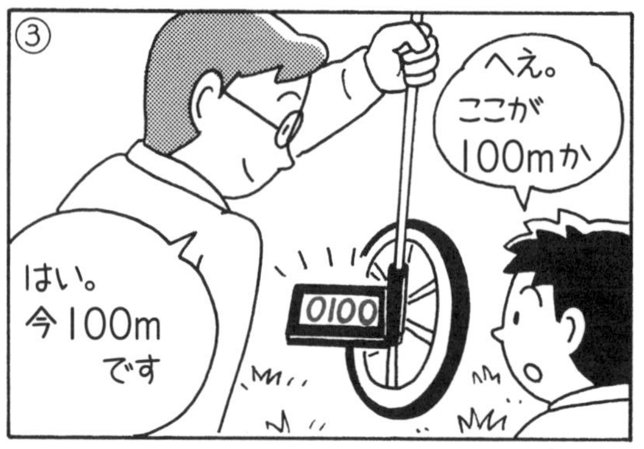

① 1000mがどのくらいの長さか，大まかに予想させる。
（例：校庭○周分，池の半周分）

② 教師はロードカウンターを押しながら歩く。児童は，歩数を数えながら歩く。歩くとき50数えたら少し止まり，次に100まで数えたらまた少し止まり，と50歩ずつ確認しながら歩く。100 mになったら一旦止まり，何歩になっているのかをみんなで確認する。

③ 1000m測れたら，その時点での歩数と，何分かかったのかを確認する。

④ 教室に戻って，学習のまとめをする。

※ ふりかえりシートで単位換算の学習をする。

準備物	・ロードカウンター QR ふりかえりシート	ICT	学習の最後の，校区や地域の「1Km」ありそうなところの画像や地図を紹介すると，実感が深まる。地図アプリを使えば，上空からの写真で紹介することができる。

⑤
今，1000m です
5 周くらいだったね
1500 歩歩いたね

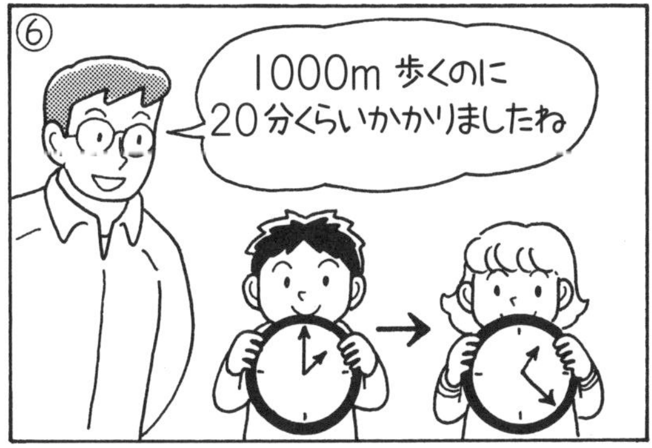

⑥
1000m 歩くのに
20 分くらいかかりましたね

⑦
1000m の長さを 1km といいます。1km = 1000m です
1km 歩いた感想を書きましょう

⑧
校庭を歩いて
1km あてをしました。
みんなで歩数を数えました。
1km はちょうど
5 周くらいでした。
20 分くらい歩きました。

児童に歩数を数えさせることで，作業に集中させることができます。大きな声で数えさせておくと，外れたことをする児童が出ず，作業に集中できます。

また，1㎞の長さを予想をさせるときはあまり細かく予想させずに普通に歩いて「学校から○○まで，歩いて 20 分くらいの道のりだね」と伝えておくとよいでしょう。

教室に戻って記録をまとめるときは，散歩の感想にならないように気をつけます。あくまで，1㎞についての測定の様子や結果がわかるような問いかけをしましょう。

第 5·6 時

長い長さの計算

本時の目標

「距離」と「道のり」の違いを理解し，長い長さのたし算，ひき算ができる。

板書例

どちらが学校に近いか計算しよう

1

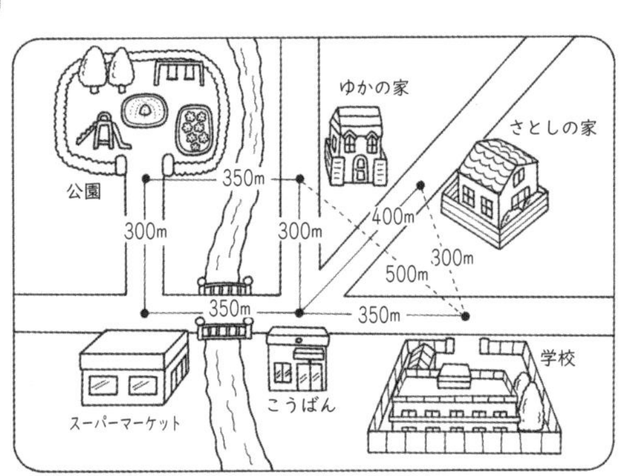

1 <2 人の家から学校まで何m?>

きょり

さとしさん　300 m
ゆかさん　500 m

道のり

さとしさん
400 m＋350 m＝750 m

ゆかさん
300 m＋350 m＝650 m

2

きょり　まっすぐにはかった長さ

道のり　道にそってはかった長さ

POINT 校区地図を使えば，1km がどれくらいかわかり，距離と道のりの違いも実感できるでしょう。学校外へ実際に行くことも

1 2人の家から学校まで歩いていくと，どちらが近いかな

ワークシートを使って学習する。
イラストの地図を掲示する。

さとしさんの家から学校までは 300 m，ゆかさんの家から学校までは 500 mだから，さとしさんの方が近いです

でも，そこには道がなさそうだよ。道を歩いたら，ゆかさんの方が近いのでは…

T　歩く道の長さを計算してみましょう。

C　さとしさんは，400 m＋350 m＝750 m，ゆかさんは，300 m＋350 m＝650 mです。

C　歩く長さはゆかさんの方が短いね。

2 距離と道のりの違いを知ろう

T　ある２点の間を，まっすぐに測った長さを「距離」，道に沿って測った長さを「道のり」といいます。

C　「距離」はさとしさんの方が近いけど，「道のり」はゆかさんの方が近いね。

T　ゆかさんの家から公園までの距離と道のりをそれぞれ求めましょう。

「距離」は，まっすぐだから 350 mです
「道のり」は，300 m＋350 m＋300 mになるよ。計算したら 950 mです

これまでの長さの計算と同じように，同じ単位どうしを計算することを確認する。

準備物	・板書用イラスト地図 QR ワークシート

ICT	地図アプリの画像を児童のタブレットに共有し，学校から，指定した目的地までの「距離」や「道のり」を調べる。結果や新しい問題を友達と紹介し合う。

3

＜学校から公園までの道のり＞

式　350 m＋350 m＋300 m＝1000 m

1km（1000m）

1km ＝ 1000 m

＜さとしさんの家から公園までの道のり＞

式　400 m＋350 m＋300 m＝1050 m

1050m ＝ 1km 50m

長い長さの計算も，m や cm の計算と同じように同じたんいどうしを計算する。

できますが，危険な場合は，校内全体を使っても活動ができます。

3 学校から公園までの道のりを求めよう

C　350 m＋350 m＋300 m＝1000 mです。

C　1000 m＝1 km　1 kmとも言えます。

T　さとしさんの家から公園までの道のりを計算して，kmを使って表してみましょう。

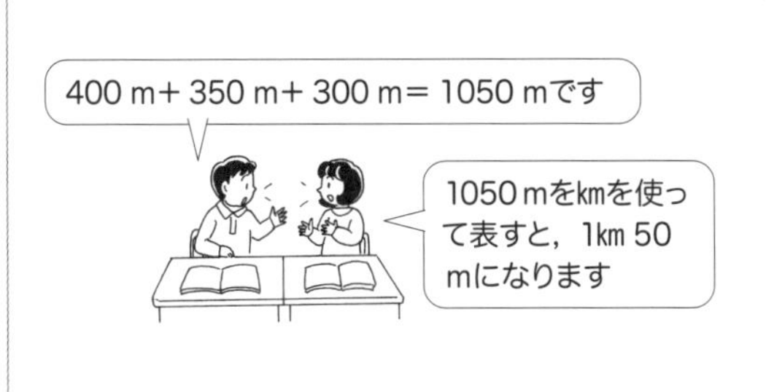

400 m+ 350 m+ 300 m= 1050 mです
1050 mをkmを使って表すと，1km 50 mになります

「1km＝ 1000 m」をこの時間でも再度確認する。
単位換算では，1050 など
空位のある数は特に気をつける。

km			m
1	0	5	0

4 長い長さの計算をしよう

T　単位に気をつけて計算します。同じ単位にしるしをつけてみましょう。

① 650 m ＋ 200 m

② 1240 m ＋ 800 m

③ 2 km 150 m ＋ 1 km 450 m

④ 900 m － 380 m

⑤ 2080 m － 1050 m

⑥ 3 km 900 m － 1 km 600 m

②，⑤では，単位換算にも気をつける。

	km			m
②	2	0	4	0
⑤	1	0	3	0

学習のまとめをする。

ぼうグラフと表

全授業時数 8 時間

◎ 学習にあたって ◎

<この単元で大切にしたいこと>

本単元は，2 年生で学習したことを基にし，表と関連づけて棒グラフを読み取ったり作成したりします。児童の身近な生活の中から題材を選び，観点を決めて表や棒グラフに表します。表にまとめるときは,落ちや重なりがないように「正の字」を使ったり,合計の数を確かめたりすることが大切です。棒グラフについては，1 目もりの数量の大きさに着目して読み取ったり，作成したりします。そして，表にすると，調べたことが分類整理できること，棒グラフに表すと数量の大きさや違いが棒の高さで一目でとらえることができるということなど，表や棒グラフのよさに気づきながら学習を進められるようにします。

<数学的見方考え方と操作活動>

本書では，学習の成果として，グループで調べたい題材を決め，調べたことを表や棒グラフに表して発表する学習を提案しています。まず，題材に適した調べ方を考えます。次に，調べる活動を通して得られたデータを表に整理する必要があります。そして，そのデータを表すのにふさわしいグラフ用紙を決めます。最小値と最大値から 1 目もりが表す数量の大きさを決めてグラフ用紙を選びます。学習した手順に沿って棒グラフを作成することができたら，調べようと思ったことが達成されているのか，棒グラフからどのようなことがいえるのか考察します。

<個別最適な学び・協働的な学びのために>

表や棒グラフの読み取りの場面では，質問に答える学習の前に，その表や棒グラフの中にある情報を自らがどれだけ正確に多くを読み取ることができるのかという学習が必要です。それを交流し，話し合って読み取り方を学びます。

棒グラフに表す場面では，データを表すのにふさわしいグラフ用紙を選んだり，1 目もりの数量の大きさを決めたりすることから始まります。正しくかけているのかペアやグループで確かめ合うのも有効です。そして，作成したグラフから考察できることも交流し話し合うことで深まります。表や棒グラフのよさも話し合うことで言葉にでき，認識を深めることができます。

また，どんなグラフ用紙を選択すればよいか分からない児童には，あらかじめ数種類の棒グラフを準備しておき，その中からデータに相応しいものを選択させてもよいでしょう。

◎ 評　価 ◎

知識および技能	表の作り方や棒グラフの読み取り方，表し方を理解して，表や棒グラフを読み取ることができ，資料を整理して表すことができる。
思考力，判断力，表現力等	資料を分類整理する目的に応じて，棒グラフや表に表す方法を考えている。
主体的に学習に取り組む態度	身近なことに関心をもち，目的に応じた観点で適切に分類整理し，表や棒グラフを表そうとしている。

◎ 指導計画　8 時間 ◎

時	題	目　標
1	データを表に整理する	調べた結果をまとめる方法を考え，落ちや重なりがないように表に整理できる。
2	ぼうグラフの表し方	表を棒グラフに表すことがわかり，棒グラフのよさがわかる。
3	ぼうグラフの読み取り	いろいろな棒グラフにふれて，棒グラフの読み取り方を理解する。
4	ぼうグラフに表す ①	棒グラフのかき方を理解して，グラフに表すことができる。
5	ぼうグラフに表す ②	工夫した棒グラフのかき方を理解し，グラフに表すことができる。
6	表の工夫（2次元表）	曜日別の結果を組み合わせた簡単な 2 次元表の意味を理解し，読み取ることができる。
7・8	調べてグラフに表す	調べたい題材でグループを作り調査する。それをグラフに表して発表する。

QR 動画「乗り物の数を調べよう」を使って，楽しく「乗り物調べ」ができます。不規則に走る乗り物の数を調べ，棒グラフに表す活動をします。

第1時
データを表に整理する

本時の目標　調べた結果をまとめる方法を考え，落ちや重なりがないように表に整理できる。

板書例

アンケートのけっかをまとめよう

1 みんながすきな
きゅう食は何だろう？
・カレーライス？

2 <正の字で記ろくしよう>

一	T	F	iF	正
1	2	3	4	5

㋐ 1 2

カレーライス	正正一
やきそば	T
シチュー	F
あげぱん	一
ハンバーグ	正
からあげ	正一
ラーメン	一
うどん	一

POINT 自分たちが知りたいと思えることを題材にして，学習意欲を高めて授業を始めましょう。

1 アンケートの結果を記録する表を作ろう

T　みんなに「好きな給食」のアンケートを取りました。その結果を今から表にまとめます。黒板と同じようにノートに定規で線をひいて表を作りましょう。

メニュー名を書きましょう
ノートの線に沿って線をひいていこう
メニューの横は何が入るのかな

C　どのメニューがいちばん人気だろう？やっぱりカレーライスかな。

表をあらかじめ準備しておいてもよいが，直線をきれいにひいて，自分で表を作る作業も学習の上で大切な素養である。

2 聞き逃さないように，1つ1つ表に記録していこう

T　アンケートの結果を読み上げていくので，表に印をつけていきましょう。どんな印をつけたらいいと思いますか。

C　「正」の字を書いていくのを見たことがあります。数が増えても書けるし，5，10，15と数えやすいね。

記録の仕方を説明して，「正」や「𝍸」を使うことの便利さを確かめる。

T　では，始めます。やきそば，…からあげ，あげパン，…。

C　聞き逃さないように気をつけよう。

ゆっくりと，全員が記録できているか様子を見ながら進める。10個程度読み上げたところでストップして，正しく「正」が記録できているか黒板を見て確かめる。

準備物	・好きな給食アンケート（事前に） QR ふりかえりシート

ICT	アンケートは紙媒体でとるよりも，タブレットの共有機能や同時編集機能を使って実施すると時間を短縮できる。児童に操作法を教える良い機会にする。

3

すきなきゅう食調(しら)べ（3 年生）

㋑

メニュー	人 数（人）
カレーライス	11
やきそば	2
シチュー	3
ハンバーグ	5
からあげ	6
その他(た)	3
合　計	30

「人」を
しょうりゃく
できる

全体の人数と
同じかたしかめる

「その他」は

あげパン　１人　　うどん　１人

ラーメン　１人

4

・表(ひょう)にまとめると，
数がよくわかる。

・いちばん多いのは
カレーライス。

・少ないものは
「その他」に
まとめる。

・

・

※ わかったことや感想を書く。

3 「正」の字を数字になおそう

T　㋑の表にまとめます。㋐の表と違うところはどこですか。㋑の表はあらかじめ準備しておく。

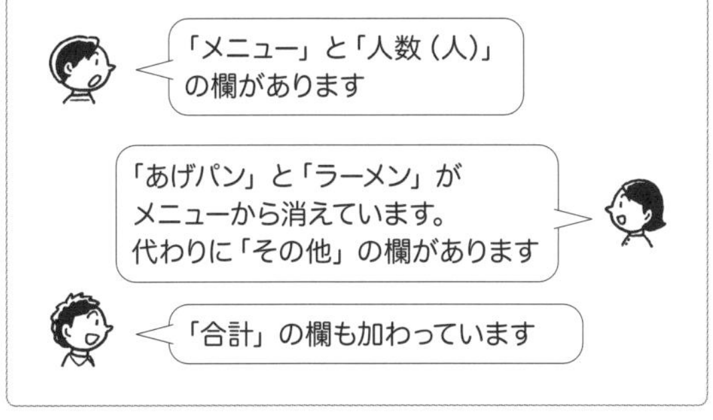

「メニュー」と「人数（人）」の欄があります
「あげパン」と「ラーメン」がメニューから消えています。代わりに「その他」の欄があります
「合計」の欄も加わっています

T　カレーライスは，11 人なので，表に 11 と書きます。「人」は上にあるので省略します。

１つ見本を示し，各自で表を完成していく。

T　数が少ないものはまとめて「その他」にします。合計人数も忘れず書きましょう。

全体で㋑の表を確認する。

4 表にしてわかったことを発表しよう

T　アンケートを表にまとめてわかったことや，感想を発表しましょう。

表にすると，何が人気のメニューかがすぐにわかります
いちばん多いのは 11 人でカレーライスでした
「正」の字で記録するのが，早くて便利だと思いました
㋑の表では，いちばん少ないのは2人の「焼きそば」だけど，本当は「あげパン」と「ラーメン」と「うどん」が1人ずつでいちばん少ないです

ふりかえりシートも活用する。

第2時

ぼうグラフの表し方

本時の目標 表を棒グラフに表すことがわかり，棒グラフのよさがわかる。

板書例

ぼうグラフに表(あらわ)そう

すきなきゅう食調(しら)べ（3年生）

1

メニュー	人数（人）
カレーライス	11
やきそば	2
シチュー	3
ハンバーグ	5
からあげ	6
その他(た)	3
合　計	30

2

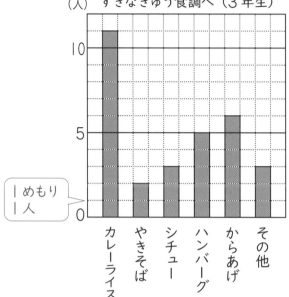

（人）すきなきゅう食調べ（3年生）

10 / 5 / 0

カレーライス　やきそば　シチュー　ハンバーグ　からあげ　その他

1めもり 1人

POINT 教科書では，棒グラフの読み取りを学習した後に棒グラフのかき方を学習しているが，本書では，前時の表を棒グラフに表

1 前の時間に作った表をグラフにしてみよう

T　2年生のときにどんなグラフを学習しましたか。

こんなふうに，下に種類を並べて書いて，その種類の数の分だけ○をかきました。
カレーライス
やきそば
シチュー
ハンバーグ
からあげ
その他

C　○の数で何が多いか少ないかがわかりました。

T　2年生のときにかいたグラフに似ています。違うところは，○をつけるのではなく，棒をかきます。棒をかくので，棒グラフといいます。

2 棒グラフに表してみよう

ワークシートを使って学習する。

T　はじめに，「すきなきゅう食調べ（3年生）」とグラフの題を書きます。

T　次に，下の横の軸に種類の名前を書きます。メニューの名前を順番に書きましょう。

T　いよいよ，それぞれの人数を棒で表していきます。縦の軸の目盛りは人数を表しています。1目盛りは何人を表しているでしょう。

C　5目盛りで5人だから，1人です。

C　このグラフだと，12人までかけるね。

見本で，カレーライスの11人を見せ，残りのメニューの人数をそれぞれ表していく。

T　定規を使って枠から出ないように丁寧に棒をかいていきましょう。

C　グラフにすると，多い少ないがよくわかるね。

準備物 QR ワークシート
QR ふりかえりシート

ICT タブレットにグラフをかかせると，うまくかけない。やはり最初は，紙媒体にかかせることで技能が定着する。かいたグラフを画像にして送信させると点検できる。

多いじゅんに

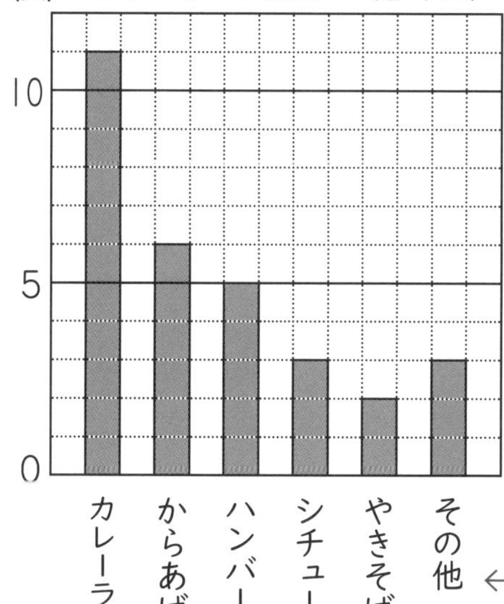

4

・グラフにすると数の大小が一目でわかる。

・多いものからじゅん番にならべるともっとわかりやすくなる。

「その他」はさいご

すことで，基本的な棒グラフについての理解を図ります。

3 もっとよくわかる棒グラフにかき直そう

T この種類の順番を数の多い順にかき直してみましょう。

C カレーライス，からあげ，ハンバーグ，シチューとその他，やきそばの順だね。

「その他」は3人ですが，いちばん最後になります
「その他」は数が多くても最後なんだね
「その他」は少ないものを集めたものだったね

T 正しい順番でもう一度棒グラフをかき直してみましょう。

4 棒グラフに表して気づいたことなどを発表しよう

何の給食がいちばん多いか少ないかが，棒の高さですぐにわかります
多い順番に並べると，好きなメニューの順番がよくわかります
人数の違いも比べやすくなりました
何が多いか少ないかを見せたいときに，棒グラフを使うと便利だと思いました

第4時，第5時の「棒グラフに表す」では，様々な種類の棒グラフを扱う。

ふりかえりシートも活用する。

第3時 ぼうグラフの読み取り

本時の目標　いろいろな棒グラフにふれて，棒グラフの読み取り方を理解する。

板書例

いろいろなぼうグラフを読みとろう

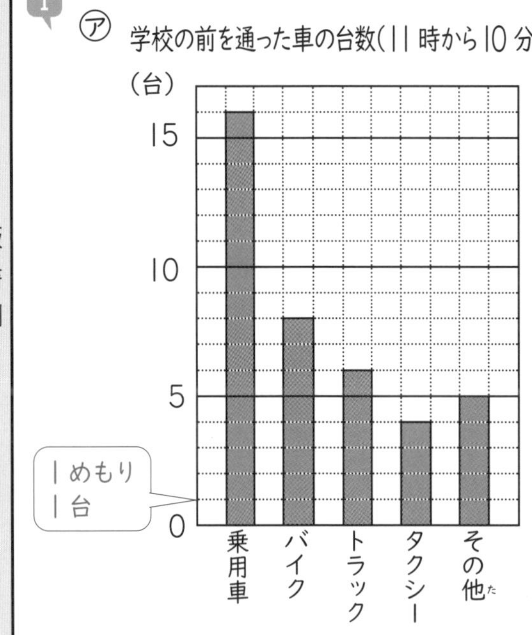

2 ＜グラフからわかること＞

・乗用車(じょうようしゃ)　16台　　バイク　8台
　トラック　6台　　タクシー　4台

・乗用車の台数とバイクの台数の
　ちがい　8台

・乗用車の台数はバイクの台数の何倍(ばい)
　16 ÷ 8 = 2　2倍

・車の合計台数　39台

POINT 棒グラフを正確に読み取るために，1目盛りが表す数を読み取るところから始めます。

1 「学校の前を通った車の台数」の棒グラフを見てわかったことを発表しよう

ワークシートを使って学習する。

T　このグラフは，11時から10分間，学校の前を通った車の台数を調べたものです。

乗用車がとても多いことがわかります
縦の軸は台数を表していて，1目盛りが1台です
乗用車はいちばん多くて16台です

C　2番目に多いのはバイクで8台です。

C　「その他」は，5台だけど，いちばん最後でした。

まずは，棒グラフからわかる基本的なことを読み取っていく。教師からの問いではなく，自発的な読み取りができるようにする。

2 グラフについてさらに読み取っていこう

項目と項目の差や倍関係を読み取ったり，グラフから考察したり，読み取りを深めていく。

・乗用車の台数とバイクの台数の違い
・乗用車の台数はバイクの台数の何倍か
・乗用車の台数とタクシーの台数の違い
・乗用車の台数はタクシーの台数の何倍か
・車の合計台数　　など

T　このグラフからどんなことを考えましたか。

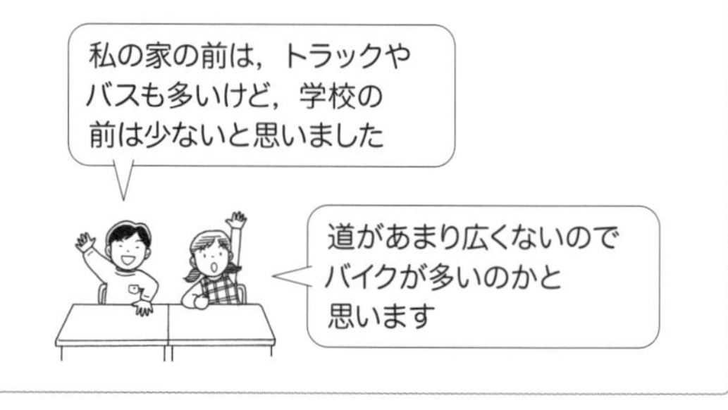

私の家の前は，トラックやバスも多いけど，学校の前は少ないと思いました
道があまり広くないのでバイクが多いのかと思います

準備物
- QR ワークシート
- QR ふりかえりシート
- QR 板書用棒グラフ

ICT
数種類の棒グラフを児童のタブレットに送信しておく。それらのグラフの長所と短所を送信されたグラフを見ながら，ペアや班で話し合わせる。

3

㋑ ほけん室に来た人数（6/5～6/9）

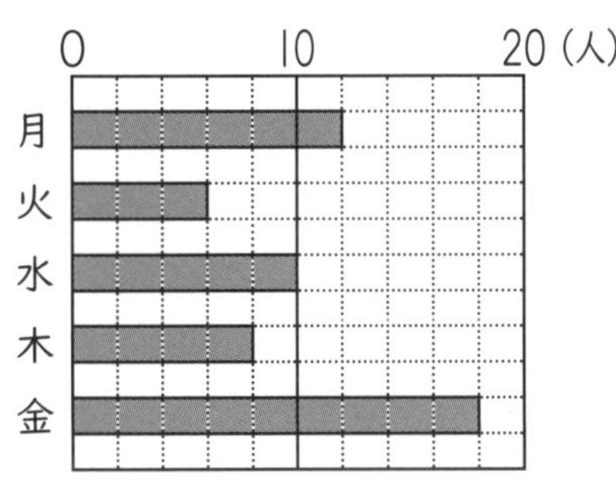

<グラフからわかること・
これまでのグラフとのちがい>

・グラフが横むき
・月～金のじゅんばん
・1目もり　2人
・いちばん多いのは金曜で 18 人
⋮

4

<1目もりの大きさを調べよう>

㋒ 1目もりは 5人

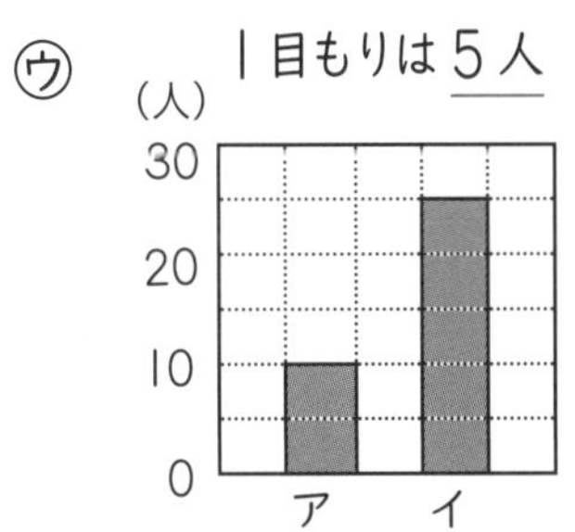

ア　10人
イ　25人

㋓ 1目もりは 50g

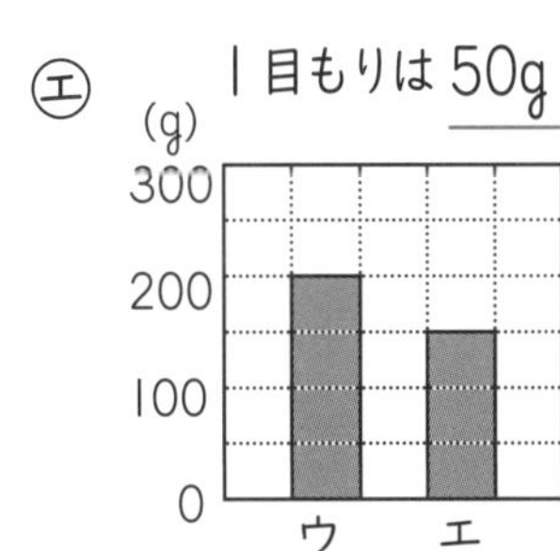

ウ　200g
エ　150g

3 「保健室に来た人数」の棒グラフからわかることを話し合おう

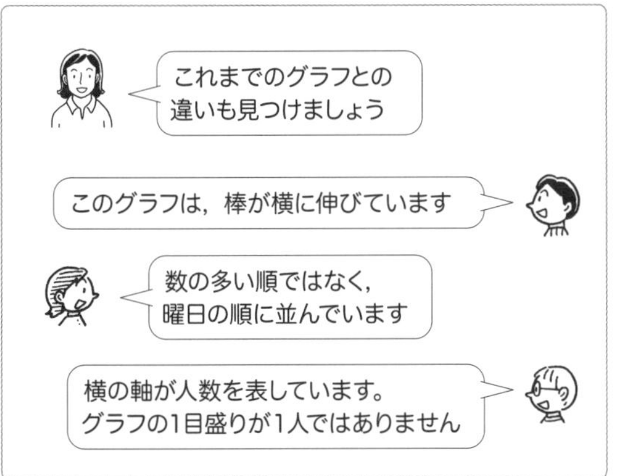

これまでのグラフとの違いも見つけましょう
このグラフは，棒が横に伸びています
数の多い順ではなく，曜日の順に並んでいます
横の軸が人数を表しています。グラフの1目盛りが1人ではありません

違い（①横向きのグラフ，②曜日で順序が決まっている，③1目盛りの大きさ）を確認しながら読み取りをする。

C　月曜と金曜が多いのがわかります。

C　1目盛りが2人なので，いちばん多いのは，金曜で18人です。

C　金曜は，火曜の3倍の人数です。

4 1目盛りの大きさを調べて，棒の大きさを読み取ろう

T　1目盛りの大きさがわからないと，棒グラフの読み取りも，かくこともできません。まずは，1目盛りの大きさを見つけましょう。

㋒のグラフは，2目盛りで10人だから，1目盛りは5人だね

㋓のグラフは，2目盛りで100g だから，1目盛りは 50g になるよ

C　グラフによって1目盛りの大きさが違うので気をつけないといけないね。

C　人数や台数，重さなど，表すものもいろいろだ。

ふりかえりシートも活用する。

第4時 ぼうグラフに表す ①

本時の目標

棒グラフのかき方を理解して，グラフに表すことができる。

板書例

ぼうグラフに表そう

1 3年生のお手つだい調べ

しゅるい	人数（人）
食事のしたく	11
食事のかたづけ	4
そうじ	6
ふろあらい	3
せんたくものたたみ	4
トイレそうじ	1
ゴミ出し	1
くつならべ	1
ごはんたき	1
合　計	32

（トイレそうじ・ゴミ出し・くつならべ・ごはんたき）その他

2 <グラフをかくじゅんばん>

❶ グラフ用紙はふさわしいものか（表のいちばん大きな数が入るか）

❷ まとめて「その他」にした方がいいものはないか

❸ 表題を書く

❹ 横のじくにしゅるいを書く

❺ たてのじくに目もりとたんいを書く

❻ ぼうをかく

ICT　グラフ用紙は，紙媒体が正確にかくことができます。練習のため，何かを調べた表を送信しておくと，児童が自分の

1 どんなお手伝いをしているかまとめた表をグラフに表してみよう

横の軸は種類を書くから，全部で9種類書けるようにしないといけないのかな

1人しかいない種類は,まとめて「その他」にしたらいいね。6個あればいいと思うよ

縦の軸は人数を表すから，いちばん多い11人までかけるようにしないといけないね

1目盛り1人にしたらいいかな

T　このグラフ（ワークシートを活用）を使ってかけそうですか。

実際にグラフをかくとなれば，相応しいデータとグラフ用紙選びが必要になり，それを子ども自身が処理することは大事な学習である。ただし，初めから全てを要求するのは難しい。「このグラフ用紙にかけるだろうか」と投げかけるだけでも，子どもの意識は変わってくる。

2 グラフをかく手順に沿って進めよう

第2時で，棒グラフのかき方を一度学習したが，もう一度かく順番などを確認して進める。

T　まずは，グラフの題名を書きます。

T　次に，何を書きますか。

C　横の軸にお手伝いの種類を書きます。

C　曜日のように順番が決まったものではないから，数が多い順に書いていきます。

次は何を書いたらいいですか

縦の軸の目盛りを書きます。11人まで書かないといけないから，1目盛りを1人にすると，15人まで書けます

区切りのいい5，10，15の数字を書いておきます

縦の目盛りの上に（人）も忘れずに書かないといけないね

準備物	QR ワークシート QR ふりかえりシート QR 板書用表・棒グラフ

ICT	棒グラフだから簡単だろうという意識は捨てたい。タブレットで撮影した手順を，児童のタブレットで共有しながら説明したり，動画を繰り返し見ながら確認したりする。

2

3

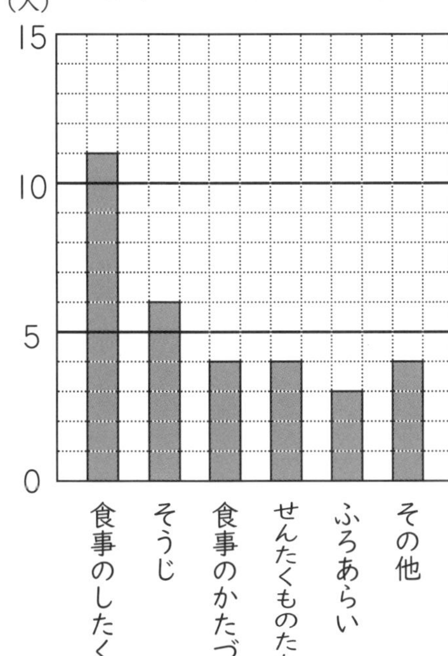

4

・15 人が食事のお手つだいをしている。

・ほぼ半分の人が食事のお手つだい。

・そうじのお手つだいも多い。

⋮

ペースで棒グラフをかく練習ができます。

3 それぞれの人数を棒に表していこう

棒は，定規を使って，端が真っ直ぐな直線になるようにかいていきましょう

色を塗ってもいいですか

いいですよ。お手伝いの種類別に色を使い分けてもいいですよ

きれいに色塗りができない，色塗りの方法を知らない子どももいる。目盛りからはみ出すことで，不正解になってしまわないよう，色塗りのコツ（はじめに少し濃く縁取りをして，中は薄く塗る）など基礎的なことを教えることも必要である。また，棒が斜線で表されているものもあるが，斜線は，錯視を招くことがあるので注意が必要である。

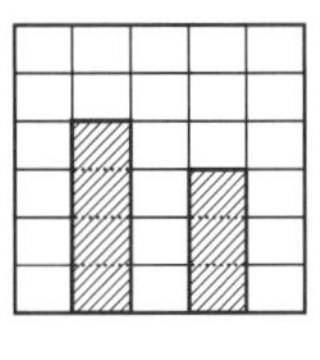

4 棒グラフをかいて，気がついたことや考えたことを発表しよう

食事の支度が 11 人で，片づけが4人，合わせて 15 人の人が食事のお手伝いをしていることがわかりました

ほぼ半分の人が食事のお手伝いをしています

掃除のお手伝いをしている人も多いことがわかります

C　みんながどんなお手伝いをしているのかを知ることができました。他にもいろいろなことを調べて，棒グラフにしてみたいと思いました。

棒グラフをかいて終わりではなく，グラフからわかること，考えたことなどを発表し合う時間も持つ。
ふりかえりシートも活用する。

第5時 ぼうグラフに表す②

本時の目標　工夫した棒グラフのかき方を理解し，グラフに表すことができる。

板書例

くふうしてぼうグラフに表(あらわ)そう

1 図書室り用人数調(しら)べ（3年生）

曜日	1組（人）	2組（人）	合計（人）
月	20	16	36
火	15	12	27
水	10	9	19
木	7	8	15
金	26	22	48

2 ＜グラフをかくくふう＞

・グラフ用紙におさめるために
　1目もりの数を決(き)める
　（1目もり2人）

・月曜から金曜
　までをじゅん番にかく

・1組，2組の
　人数がわかる
　ようにする

2組 16人
1組 20人

ICT　棒グラフをかいて，気づいたことや考えたことを，同時編集機能などを使って同時に共有させると効率がよくなります。

1 3年生の「図書室利用人数調べ」の表を1つの棒グラフに表そう

ワークシートを使って学習する。

C　曜日ごとの図書室を利用した人数をまとめたものだね。組ごとの人数もわかっているよ。

1組・2組・合計と項目が多い表のため，まずは，表の読み取りをする。

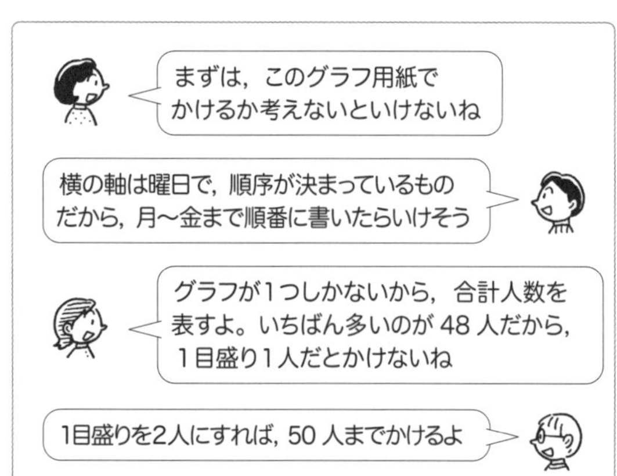

まずは，このグラフ用紙でかけるか考えないといけないね
横の軸は曜日で，順序が決まっているものだから，月～金まで順番に書いたらいけそう
グラフが1つしかないから，合計人数を表すよ。いちばん多いのが48人だから，1目盛り1人だとかけないね
1目盛りを2人にすれば，50人までかけるよ

C　このグラフには「その他」は必要ないね。

2 グラフをかく手順に沿って進めよう

前時の「棒グラフのかき方」に沿って進める。

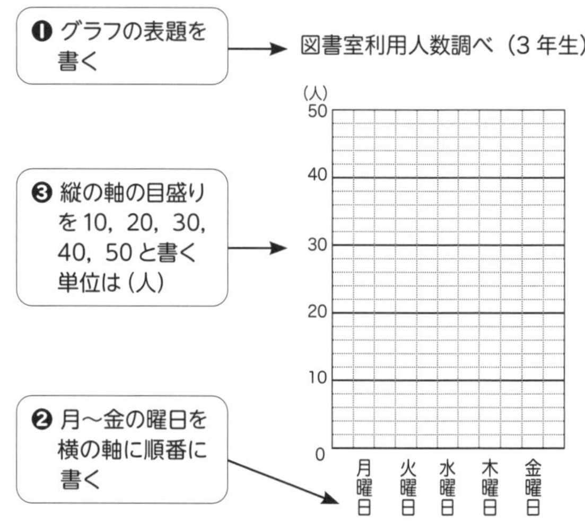

❶ グラフの表題を書く

❷ 月～金の曜日を横の軸に順番に書く

準備物	・色鉛筆 QR ワークシート QR 板書用表・棒グラフ

ICT	今までの棒グラフとこの時間の棒グラフを画像にして，児童のタブレットに送信する。2つを比較することで，それぞれの良さを考え，話し合うことができる。

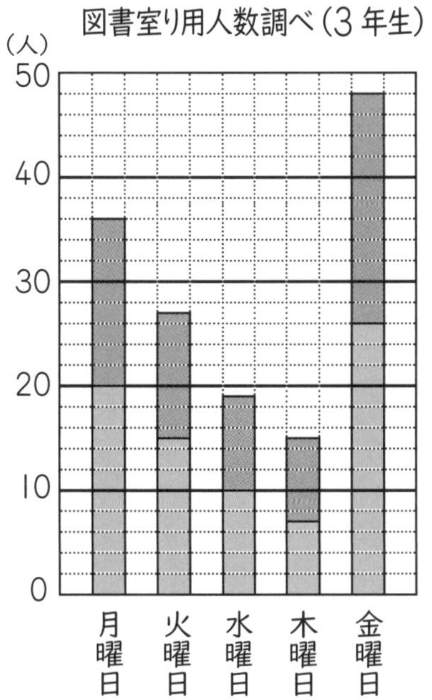

4

・大きい数でも，
　1目もりの数を
　くふうしたら表すことが
　できる。

・色分けをしたら，
　1組と2組の人数が
　わかりやすい。
　くらべることができる。
　⋮

3 それぞれの人数を棒に表していこう

C　1組と2組の人数がわかっているので，どちらの組の人数が多いか，グラフでもわかる表し方がないかな。

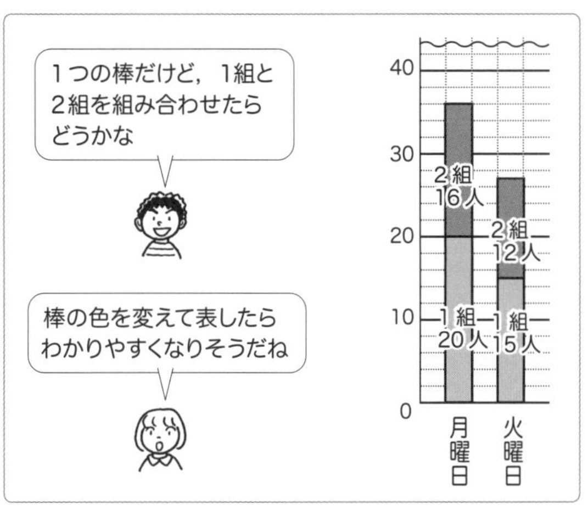

T　1組と2組を色分けして棒で表していきましょう。

4 棒グラフをかいて，気がついたことや考えたことを発表しよう

大きい数になっても，1目盛りを工夫すればできることがわかりました

1組と2組の人数を工夫して1つのグラフに表すことができて，どちらが多いかがすぐにわかりました

この方法で，学年別の人数がわかるようなグラフをかいてみたいと思いました

C　金曜日は，どちらも多くて，土日に読もうと思う人が多いからだと思いました。

C　火曜日は雨だったので多いのだと思います。

工夫した点だけでなく，グラフからわかること，考えたことなども発表し合う。

第 6 時

表の工夫（2次元表）

本時の目標　曜日別の組み合わせた簡単な2次元表の意味を理解し，読み取ることができる。

板書例

1つの表(ひょう)にまとめよう

1

外遊び調べ（月曜日）

遊び方	人数（人）
ドッジボール	11
おにごっこ	10
なわとび	5
その他	4
合　計	30

外遊び調べ（火曜日）

遊び方	人数（人）
ドッジボール	8
おにごっこ	10
なわとび	8
その他	2
合　計	28

外遊び調べ（水曜日）

遊び方	人数（人）
ドッジボール	5
おにごっこ	7
なわとび	12
その他	3
合　計	27

・月曜はドッジボールが多い。
・曜日によって，外で遊ぶ人数がちがう。
・おにごっこはどの曜日も多い。

2

3日間でいちばん多い遊びは？

POINT　どう工夫すれば3日間全体の様子が読み取れる表になるのか，まずは子どもたちに考えさせてみましょう。

1　3つの表からわかることを話し合おう

ワークシートを使って学習する。

T　月曜，火曜，水曜の3日間に外で遊んでいた人数を遊びの種類ごとにまとめた表です。

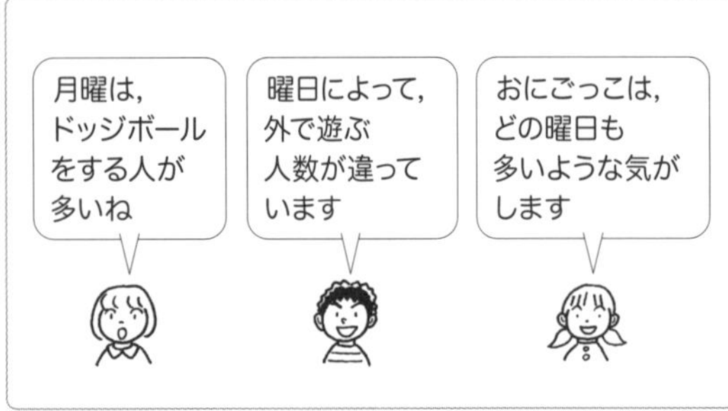

C　火曜日はおにごっこがいちばん多くて，水曜日はなわとびがいちばん多いです。

C　曜日によって人気のある遊びが違います。

2　3日間でいちばん多い遊びは何ですか

C　3つの表を見て，すぐには答えられません。

C　3日間の人数を計算しないとわからないね。

C　パッと見て人数がすぐわかるような表をつくることはできないかな。

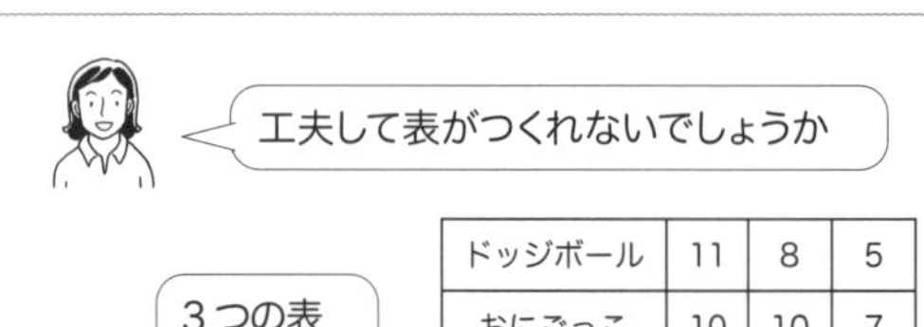

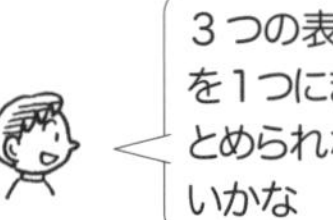

ドッジボール	11	8	5
おにごっこ	10	10	7
なわとび	5	8	12
その他	4	2	3
合　計	30	28	27

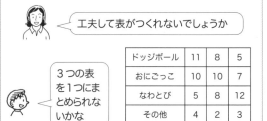

どうすれば全体が一目でわかる表になるかを考える。

準備物
QR ワークシート
QR ふりかえりシート
QR 板書用表・棒グラフ

ICT
3種類の表を児童のタブレットに送信しておく。まずは，3種類を1つにするには，どうすれば良いか，タブレットを使って1人ひとりがじっくりと考えたい。

3

3つの表を1つにまとめる

外遊び調べ（月曜～水曜）（人）

しゅるい＼曜日	㋐月曜	㋑火曜	㋒水曜	合計
ドッジボール	11	8	5	24
おにごっこ	10	10	7	27
なわとび	5	8	12	25
その他	4	2	3	9
合　計	30	28	27	85

4

・3日間でいちばん多い遊びは おにごっこ。
・なわとびは，月，火，水と人数がふえている。
・ドッジボールは，ぎゃくにへっている。

3日間全体の様子がよくわかる

3 3つの表を1つの表にまとめよう

2次元表の㋐～㋒に何が入るかを1つひとつ確認しながら進めていく。

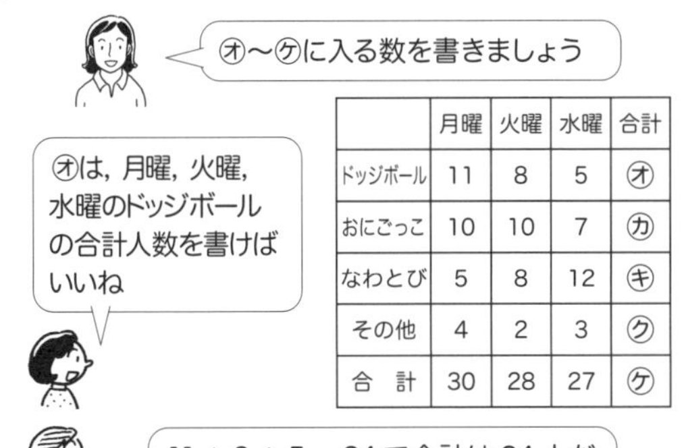
㋔～㋘に入る数を書きましょう
㋔は，月曜，火曜，水曜のドッジボールの合計人数を書けばいいね
11＋8＋5＝24で合計は24人だ

	月曜	火曜	水曜	合計
ドッジボール	11	8	5	㋔
おにごっこ	10	10	7	㋕
なわとび	5	8	12	㋖
その他	4	2	3	㋗
合　計	30	28	27	㋘

T　㋘に入る数は何を表した数ですか。
C　3日間で外遊びをしていた合計人数が入ります。30＋28＋27＝85です。
C　㋔，㋕，㋖，㋗を合わせた数でもあるね。

合計人数が合っているか確かめる。

4 1つの表からわかることや，1つの表のよさを話し合おう

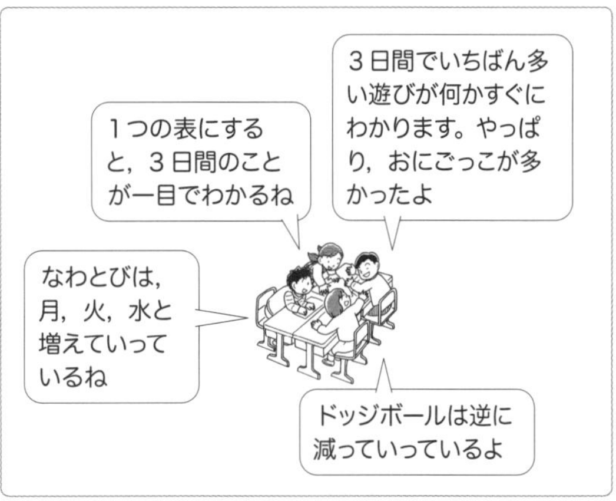
1つの表にすると，3日間のことが一目でわかるね
3日間でいちばん多い遊びが何かすぐにわかります。やっぱり，おにごっこが多かったよ
なわとびは，月，火，水と増えていっているね
ドッジボールは逆に減っていっているよ

C　3日間全体の様子がよくわかるし，3日間の様子を比べやすいね。
C　グラフも表も工夫すれば，わかりやすいものをつくることができるんだ。

ふりかえりシートも活用する。

第7·8時

調べてグラフに表す

本時の目標
調べたい題材でグループを作り調査する。それを棒グラフに表して発表する。

板書例

調べたことをぼうグラフに表して発表しよう

発表までの流れ

① 調べたいことを決める
- 理由を話し合う
- 調べる方法を決める

② 調べる
- アンケートをとる
- ちょうさする
- 電話をしてしりょうをもらう
- インターネットで調べる

③ 表にまとめてぼうグラフに表す

④ 発表のじゅんびと練習をする

ICT 調査活動で，ICT 機器を使用することで効率化が図れます。算数的なめあてからは，外れるかもしれませんが，ICT 機器の

1 クラスの友達や身のまわりのことを調べて棒グラフに表す計画を立てよう

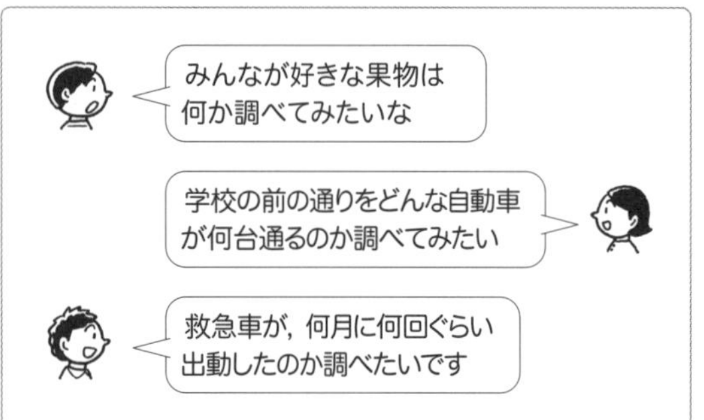

みんなが好きな果物は何か調べてみたいな
学校の前の通りをどんな自動車が何台通るのか調べてみたい
救急車が，何月に何回ぐらい出動したのか調べたいです

C　好きな果物はアンケートで調べることができるね。
T　自動車の台数は，時間を決めて実際に調べましょう。救急車の出動回数は消防署に教えてもらいましょう。

調べたい題材でグループを作り，板書にまとめた順番で活動を始める。なぜ，そのことを調べようと思ったのか，理由も話し合っておく。

2 アンケートをとるなど，調べる活動をしよう

みんなにアンケートをとるので，アンケート用紙を作ろう
自動車の台数調べは，お昼休みのうちの10分間，校門でしよう
消防署へは，電話をかけて，教えてもらえるようお願いしよう
インターネットで調べたらわかるかもしれないね

アンケートは，質問したいことがよくわかるように丁寧に作る。項目をあらかじめ決めておいて，○をする形式でもよい。交通量調査では，安全面に十分配慮して，時間や場所を詳細に決めておく。外部の機関や資料を扱う場合やインターネットからの情報を得る場合も配慮が必要である。

準備物

・グラフ用紙など発表に必要なもの

ICT

テーマの発見から，計画，アンケート調査，グラフの作成に至るまで，全てを児童のタブレットで実行させるとよい。発表が難しい場合は，それらを全体で共有すればよい。

発表について　発表時間７～８分

発表すること

❶ 何について調べたのか
❷ 調べようと思った理由
❸ どのような調べ方をしたのか
❹ 調べた結果とぼうグラフの大まかなせつ明
❺ ぼうグラフにしてみて，わかったこと
（❹で話してもいい）
❻ ぼうグラフのけっかから考えられること
❼ 意見（いけん）やしつ問を聞く（３人まで）

有効な活用について知るよい機会です。

3 調べたことを表にまとめて棒グラフに表そう

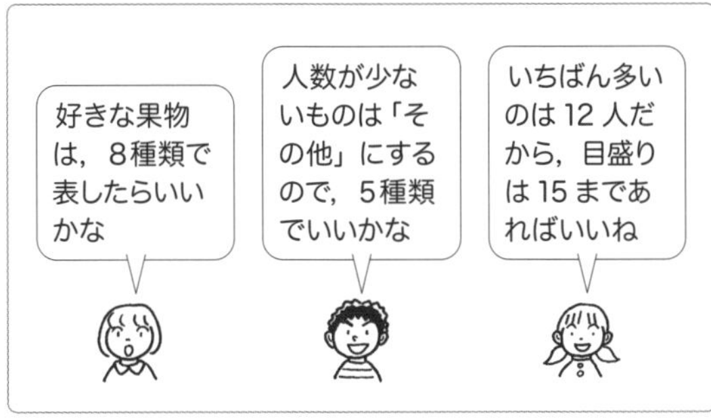

好きな果物は，８種類で表したらいいかな
人数が少ないものは「その他」にするので，５種類でいいかな
いちばん多いのは 12 人だから，目盛りは 15 まであればいいね

C　棒グラフの色を変えてわかりやすくしよう。果物のイラストもかいたらどうかな。

T　グループ内で，それぞれの分担を決めて取り掛かりましょう。

グラフをかくときに，１目盛りの大きさや項目の数や順番などを決める必要がある。これまでの学習を振り返って話し合うようにする。できるだけ，子ども主体で進め，教師は助言程度にできるとよい。

4 発表会の準備をして，グループで調べたことを発表しよう

T　棒グラフができたら，それを使って発表ができるように準備と練習をしましょう。発表時間は１グループ７～８分を目安にします。

発表の仕方を説明し，発表の準備と練習の時間を取る。

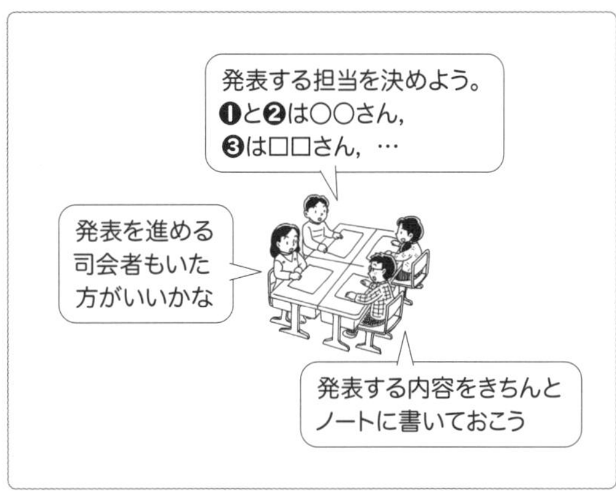

発表する担当を決めよう。
❶と❷は○○さん，
❸は□□さん，…
発表を進める司会者もいた方がいいかな
発表する内容をきちんとノートに書いておこう

各グループで順番に発表する。

第２時　ふりかえりシート

名前 ____________________

● 下の表は，すきな動物を調べたものです。
グラフに表しましょう。

すきな動物調べ

動　物	人数（人）
ゾ　ウ	8
ライオン	5
ト　ラ	6
キリン	11
サ　ル	3
合　計	33

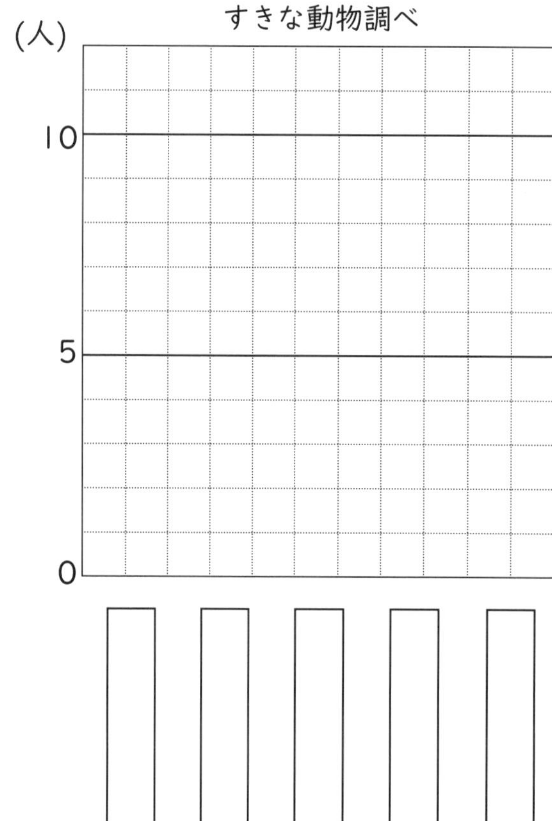

第３時　ふりかえりシート

名前

● 次のグラフを見て答えましょう。

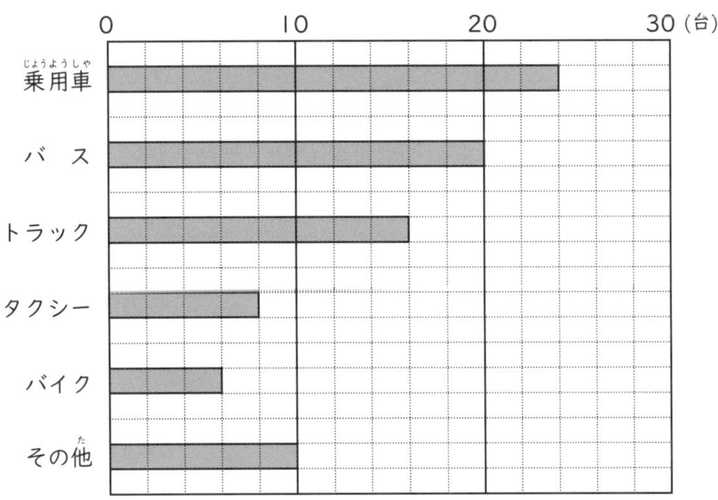

① グラフの１めもりは，何台を表していますか。

② 車の台数を右の表にまとめましょう。

しゅるい	台数（台）
乗用車	
バス	
トラック	
タクシー	
バイク	
その他	
合　計	

③ 乗用車の台数は，バスの台数よりも何台多いですか。

④ 乗用車の台数は，タクシーの台数の何倍ですか。

あまりのあるわり算

全授業時数８時間

◎ 学習にあたって ◎

＜この単元で大切にしたいこと＞

あまりのあるわり算は，ぴったりわり切れないため，どの九九を使えばよいか迷ってしまう児童もいます。はじめは，全員に九九表を持たせて商の見つけ方を理解させます。九九に迷ってわり算ができなくなるより，九九表を見てわり算が理解できた方が，九九を覚える意欲につながるからです。また，計算の中にひき算があるのもつまずきの要素の１つです。そこで，ひき算を暗算ではなくひき算の部分を筆算でできるようにしました。

```
 １４÷４＝３あまり２
－１２
   ２
```

本書の計画では，第８時で「わり算の筆算」を扱っていますが，第３時で筆算を扱い，単元全体の計算を「わり算の筆算」で通した方が４年生以降の学習にも有効です。

＜数学的見方考え方と操作活動＞

あまりのあるわり算の意味も，わり切れるわり算と同じように，算数ブロックの操作活動を通して理解できるようにします。等分除と包含除の違いも，３段表をもとにすると「１あたりを求めるわり算」と「いくつ分を求めるわり算」があることがよくわかります。

＜個別最適な学び・協働的な学びのために＞

文章問題を３段表に書くことができると，わり算に立式した理由が説明できます。かけ算とわり算の違いも明らかになってきます。難しい課題として，あまりの処理の仕方があります。どんなときにあまりを切り上げ，どんなときに切り捨てるのかを，具体的な場面と対応させながら，あまりの処理の必然性や仕方について話し合いながら，理解を深めます。場面の理解が難しい児童には，算数ブロック操作で確かめます。

板書用絵カード，
お金カード

◎ 評　価 ◎

知識および技能	あまりのある除法のあまりの意味や処理の仕方がわかり，その計算ができる。
思考力，判断力，表現力等	あまりのある除法の場面をとらえ，具体物や図，式や言葉で表現できる。
主体的に学習に取り組む態度	あまりのある場合もわり算ができることに気づき，わり算を進んで用いようとする。

◎ 指導計画　8 時間 ◎

時	題	目　標
1	あまりのあるわり算 (等分除)	あまりのあるわり算の意味を理解し，立式することができる。 (等分除)
2	あまりのあるわり算 (包含除)	あまりのあるわり算の意味を理解し，立式することができる。 (包含除)
3	あまりのあるわり算の計算の仕方	あまりのあるわり算の計算の仕方を理解し，計算することができる。
4	わる数とあまりの数の関係	わる数とあまりの数の関係を理解する。答えの確かめ方を理解する。
5	2つ意味のわり算 (等分除と包含除)	等分除と包含除の文章問題の意味の違いがわかり，解くことができる。
6・7	あまりを考える問題	あまりの処理の仕方について，2 つの場面を対比して，理解を深める。
8	わり算の筆算	わり算の筆算の仕方がわかり，計算ができる。

第1時
あまりのあるわり算（等分除）

本時の目標　あまりのあるわり算の意味を理解し，立式することができる。（等分除）

板書例

たこやきを同じ数ずつ分けよう

1 18こを3人で分ける

全部	18こ
いくつ分	3人
1人分	□こ

式　18÷3＝6

答え　6こ

わりきれる

あまりがない

2 14こを3人で分ける

3 式　14÷3＝4あまり2

答え　1人分は4こになって，2こあまる。

わりきれない

あまりがある

POINT　楽しいお話の絵でわり算を振り返り，「わり切れる」場面と「わり切れない」場面をしっかり捉えましょう。

1 18個のたこ焼きを3人で同じ数ずつ分けると，1人分は何個かな

QR お話の絵1，2を読む。
ワークシートを使って学習する。

同じ数ずつ分けるからわり算だね
3段表に整理してみよう。「1つ分の数」を求めるわり算だ
式は，18÷3＝6で，答えは6個になります

T　算数ブロックを使って答えを確かめましょう。

黒板に18個の算数ブロックと3人の子どもの顔を貼り，お皿をかいて分ける操作をする。わり切れるわり算の復習をする。

2 14個のたこ焼きを3人で同じ数ずつ分けると，1人分は何個かな

QR お話の絵3，4を読む。

C　1人分の数を求めるから，これもわり算だね。

C　式は14÷3だけど，…3×□＝14になる九九はないよ。

T　算数ブロックを使って考えてみましょう。

14個のたこ焼きを3人に分けると，1人に4個ずつ配れるけど…2個残りました。

あと1個あれば，1人5個ずつで分けられるのだけど…

このあまった2個はどうしたらいいのかな

各自で算数ブロックを操作して答えを考える。

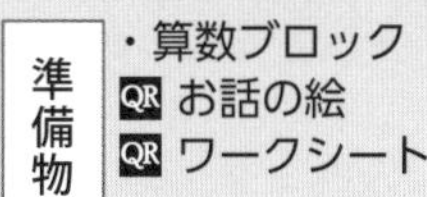

準備物
- 算数ブロック
- QR お話の絵
- QR ワークシート

ICT たこ焼きなど，実際に分けている様子を動画で撮影し，「わり切れる」場合と「わり切れない」場面を具体的に紹介すると，その後の理解が深まる。

① 10 ÷ 3

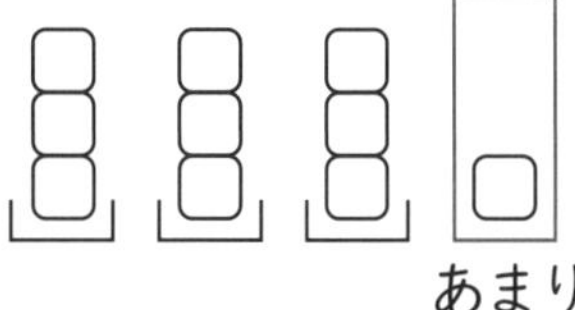

3 ずつで 1 あまる

② 11 ÷ 4

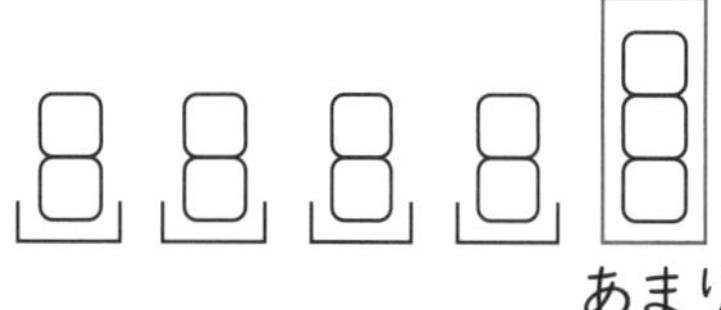

2 ずつで 3 あまる

あまりがあるときも，わり算の式で表（あらわ）すことができる。

3 あまりの2個について考えよう

QR お話の絵5，6を読む。黒板で算数ブロックを操作する。

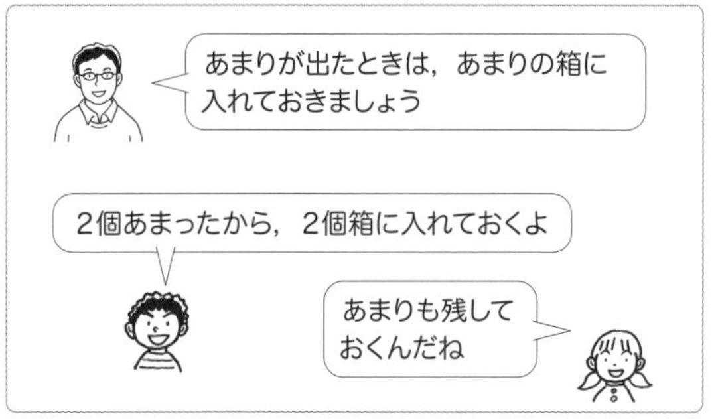

あまりが出たときは，あまりの箱に入れておきましょう
2個あまったから，2個箱に入れておくよ
あまりも残しておくんだね

T　これが 14 ÷ 3 の答えになります。ブロック操作した図を言葉で表してみましょう。

C「14 個のブロックを 3 人で分けると，1 人分は 4 個で，あまりは 2 個」です。

T　式は，14 ÷ 3 = 4 あまり 2 となり，答えは「1 人分は 4 個になって 2 個あまる」となります。あまりの数も忘れずに答えます。

4 あまりのあるわり算をやってみよう

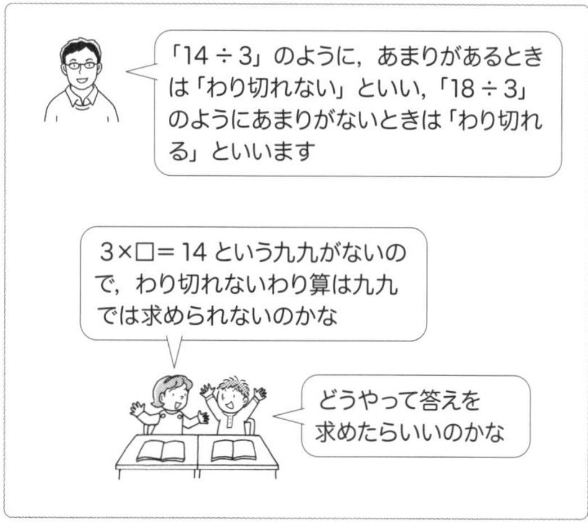

「14 ÷ 3」のように，あまりがあるときは「わり切れない」といい，「18 ÷ 3」のようにあまりがないときは「わり切れる」といいます
3×□= 14 という九九がないので，わり切れないわり算は九九では求められないのかな
どうやって答えを求めたらいいのかな

「18 ÷ 3」と「14 ÷ 3」の図を比べて学習のまとめをする。

わり切れないわり算の問題（10 ÷ 3，11 ÷ 4 など）を練習する。ブロック操作で答えを求めて，答えが「○ずつで□あまる」になることを理解する。

第2時
あまりのあるわり算（包含除）

本時の目標　あまりのあるわり算の意味を理解し，立式することができる。（包含除）

板書例

何人（いくつ）に分けられるかな

1 13このあめを1人に4こずつ分けると，何人に分けられますか。

全部	13こ
いくつ分	□人
1人分	4こ

2
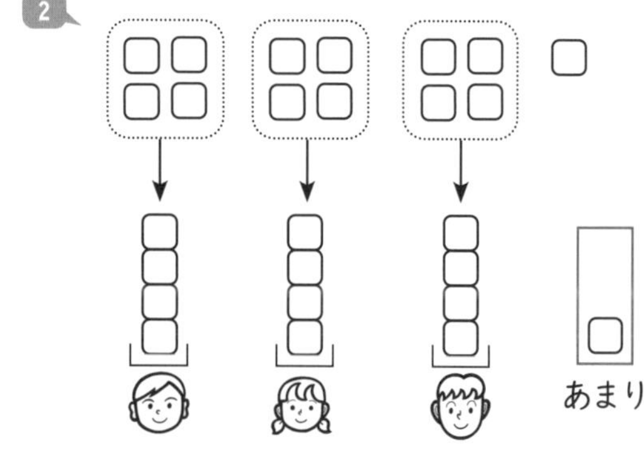

2 式

13 ÷ 4 = 3 あまり 1

答え　3人に分けられて，1こあまる。

POINT　3段表を使って「いくつ分」を求めるわり算であることを確かめます。ブロック操作をしていくと，いくつに分けられるか

1 13個のあめを1人に4個ずつ分けると，何人に分けられますか

ワークシートを使って学習する。

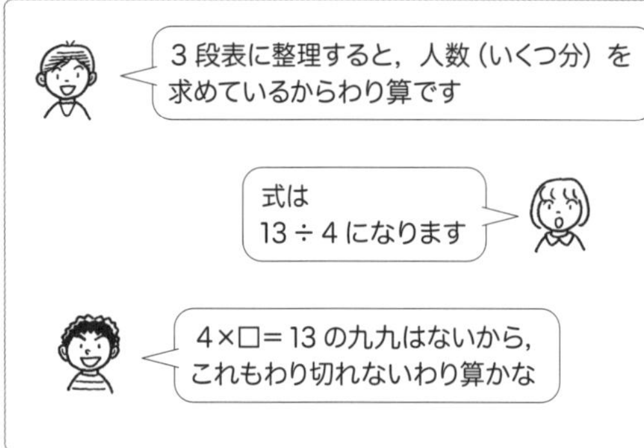

3段表に整理すると，人数（いくつ分）を求めているからわり算です
式は 13 ÷ 4 になります
4×□= 13 の九九はないから，これもわり切れないわり算かな

T　算数ブロックを使って考えてみましょう。

C　1人に4個ずつ分けたら，3人に分けられたよ。1個あめが残ったぞ。

C　わり切れないわり算だね。

各自で算数ブロックを操作して答えを考える。

2 算数ブロックを操作して確かめよう

黒板に13個の算数ブロックと3人の子どもの顔を貼り，お皿とあまりの箱をかいて分ける操作をする。

T　あまりはあまりの箱に入れておきます。

T　これが13 ÷ 4の答えになります。このブロック操作した図を言葉で表してみましょう。

いくつ分を答えるから「3人に分けられる」だね
あまりの数も忘れずに答えないといけなかったね
「13個を1人4個ずつ分けると，3人に分けられて，あまりは1個です」

T　式は，13 ÷ 4 = 3 あまり 1 になり，答えは「3人に分けられて，1個あまる」となります。

準備物

・算数ブロック
QR ワークシート
QR ふりかえりシート

ICT

飴など，実際に分けている様子を動画で撮影し，「きちんと平等に分けられている」場合と，「あまりが出た」場合を具体的に紹介すると，その後の理解が深まる。

3

くりが17こあります。
1人に5こずつ分けると，何人に分けられて，何こあまりますか。

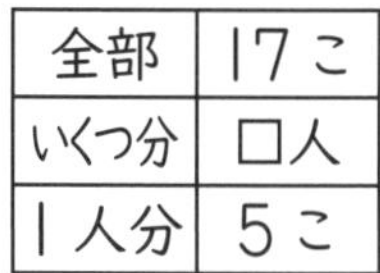

全部	17こ
いくつ分	□人
1人分	5こ

式
17÷5＝3あまり2

答え　3人に分けられて，2こあまる。

4

くりが17こあります。
1ふくろに6こずつ入れると，何ふくろできて，何こあまりますか。

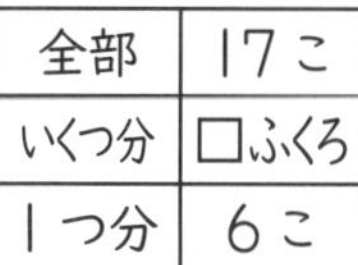

全部	17こ
いくつ分	□ふくろ
1つ分	6こ

式
17÷6＝2あまり5

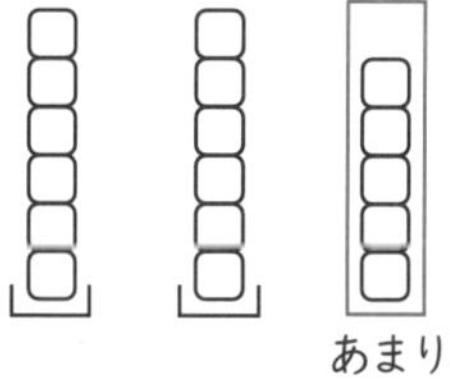

答え　2ふくろできて，5こあまる。

を予想できるようになってくるでしょう。

3 17個の栗を1人に5個ずつ分けると，何人に分けられて，何個あまりますか

C　これもいくつ分を求めるわり算だね。式は17÷5になります。

C　17個を5個ずつだから，答えは3人くらいかな。

各自で算数ブロックを操作して答えを見つける。

3人に分けることができたよ
残ったブロックは2個だから，もうこれ以上は分けられないね
2個のあまりは，あまりの箱に入れるよ

C　式は17÷5＝3あまり2になり，答えは「3人に分けられて，2個あまる」になります。

17÷5＝2あまり7など，まだ分けることができないかを確認する。

4 17個の栗を6個ずつ袋に入れると，何袋できて，何個あまりますか

C　これもいくつ分を求めるわり算で，式は17÷6になります。

各自で算数ブロックを操作して答えを見つける。

6個ずつ分けていくと，2袋はできるよ

あと1個あれば3袋ちょうどになるんだけど，…あまりは5個

C　式は17÷6＝2あまり5になり，答えは「2袋できて，5個あまる」になります。

「わり算」の単元で，2つのわり算（等分除と包含除）について学習しているが，ここでも3段表を用いて違いをはっきりと理解させておくとよい。

学習のまとめをする。ふりかえりシートも活用する。

第 3 時 あまりのあるわり算の計算の仕方

本時の目標 あまりのあるわり算の計算の仕方を理解し，計算することができる。

板書例

九九を使(つか)って答えをもとめよう

1

えんぴつが 14 本あります。
1 人に 4 本ずつ分けると，
何人に分けられて，何本あまりますか。

式　14 ÷ 4 = 3 あまり 2

2

4 × □ = 14　九九にない

1 人分		いくつ分		全部の数	
4	×	1	=	4	
4	×	2	=	8	
4	×	3	=	12	○
4	×	4	=	16	×

わられる数の 14 をこえない

答え　3人に分けられて，2本あまる。

POINT 第 8 時で紹介している「わり算の筆算」を本時に教えて使えるようにしておくととても便利です。

1 何人に分けられて，何本あまりますか。答えの求め方を考えよう

ワークシートを使って学習する。

C　式は 14 ÷ 4 です。わり切れないわり算です。

T　あまりのあるわり算も，九九を使って答えが求められないでしょうか。

わり算のときに「わる数」の段の九九で計算したよ。同じように4の段で考えられないかな

4×□＝14という九九はないけど…，
4×1から考えてみよう。
1人だと，4×1＝4で4本，
2人だと，4×2＝8で8本，
3人だと，4×3＝12で12本，
4人だと，4×4＝16で16本

鉛筆は 14 本だから，
3人にしか分けられないね

各自で考える時間を取る。

2 算数ブロックを操作して答えを確かめよう

黒板で 14 個の算数ブロックを 1 人から 4 人まで順に分ける操作をする。

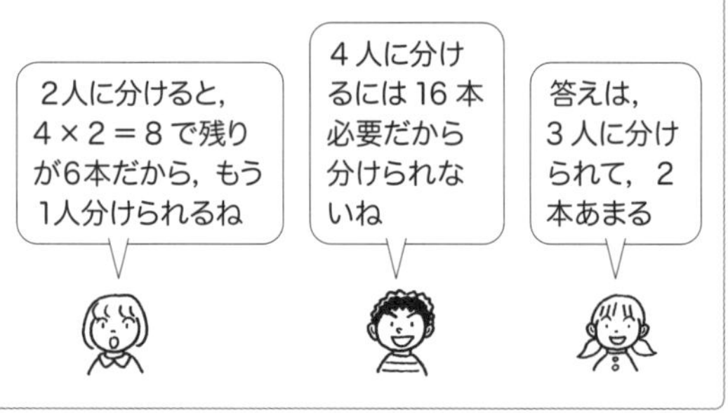

2人に分けると，4×2＝8で残りが6本だから，もう1人分けられるね
4人に分けるには 16 本必要だから分けられないね
答えは，3人に分けられて，2本あまる

C　4 × 3 = 12 の九九を使って計算するといいね。

C　4 × 4 = 16 のように，答えが 14 を超えたらだめだね。

T　わり切れないわり算もわる数の段の九九を使って計算します。九九の答えが，わられる数の 14 を超えないように気をつけましょう。

わり切れないわり算の答えの見つけ方を確認する。

準備物	・算数ブロック QR ワークシート QR ふりかえりシート

ICT	計算の仕方を，黒板のみで説明するのではなく，黒板の画像を撮影したり，説明している様子を動画撮影し，共有しておくと，児童のペースで再学習ができる。

えんぴつが 23 本あります。1 人に 6 本ずつ分けると，何人に分けられて，何本あまりますか。

式　23 ÷ 6 ＝ 3 あまり 5

6 × 2 ＝ 12
6 × 3 ＝ 18　○　23 にいちばん近い数
6 × 4 ＝ 24　×
23 をこえない

23 ÷ 6 ＝ 3 あまり 5
－ 18（6 × 3）
5

答えは，これまでのわり算と同じようにわる数のだんの九九を使ってもとめる。わられる数をこえないようにする。

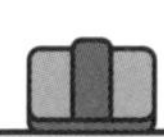

3　23 本の鉛筆を 1 人に 6 本ずつ分けると，何人に分けられて，何本あまりますか

各自で，かけ算九九を使って計算する。

C　式は 23 ÷ 6，6 の段の九九で考えるよ。
C　…，6 × 3 ＝ 18，6 × 4 ＝ 24，鉛筆は 23 本だから 24 本になる 4 人には分けられない。

23 ÷ 6 の答えを算数ブロックと対応させながら確かめる。

1 人　6 × 1 ＝ 6
2 人　6 × 2 ＝ 12
3 人　6 × 3 ＝ 18
4 人　6 × 4 ＝ 24

わる数の段の九九で，九九の答えが
① 23（わられる数）を超えない
② 23（わられる数）にいちばん近い数になります

あまりを求める計算の間違いも多い。右のように，あまりを筆算で求めると間違いも少なくなる。

23 ÷ 6 ＝ 3 あまり 5
－ 18（6 × 3）
5

4　練習問題を九九を使ってやってみよう

T　注意することは，「九九の答えがわられる数を超えない」「あまりを求めるひき算を間違えない」です。
C　わられる数を超えない，わられる数にいちばん近い数を見つけたらいいね。

42 ÷ 9 の答えは，9 の段の九九で探します。九九の答えが，わられる数の 42 を超えずに，42 にいちばん近い数は，9 × 4 ＝ 36 です。42 − 36 ＝ 6 だから，答えは 4 あまり 6 になります

計算の仕方を隣同士で説明し合うのもよい。何問かしていくうちに，求め方のパターンが掴めてくる。
第 8 時で紹介する「わり算の筆算」を早く教えてもよい。
学習のまとめをする。ふりかえりシートも活用する。

第4時
わる数とあまりの数の関係

本時の目標　わる数とあまりの数の関係を理解する。答えの確かめ方を理解する。

板書例

わる数とあまりの数の大きさを調べよう

1

くりが □ こあります。|つのお皿に4こずつ入れていきます。
4こ入りのお皿は何まいできて，くりは何こあまりますか。

くりの数		1皿分の数		皿の数	あまり
8	÷	4	=	2	
9	÷	4	=	2	あまり1
10	÷	4	=	2	あまり2
11	÷	4	=	2	あまり3
12	÷	4	=	3	
13	÷	4	=	3	あまり1
14	÷	4	=	3	あまり2
15	÷	4	=	3	あまり3
16	÷	4	=	4	

2

くりの数		1皿分の数		皿の数	あまり
□	÷	4			
1	÷	4	=	0	あまり1
2	÷	4	=	0	あまり2
3	÷	4	=	0	あまり3
4	÷	4	=	1	

あまり < わる数

POINT　答えが「0あまり□」になるわり算も扱っておきます。4年生で学習する商が2桁になるわり算で役立ちます。

1　あまりの数がどう変わっていくか調べよう

ワークシートを使って学習する。

T　栗の数を8個，9個，10個，…と1個ずつ増やしていくと，答えはどうなるでしょう。

栗の数が16個の場合まで順に計算して，気づいたことを交流する。

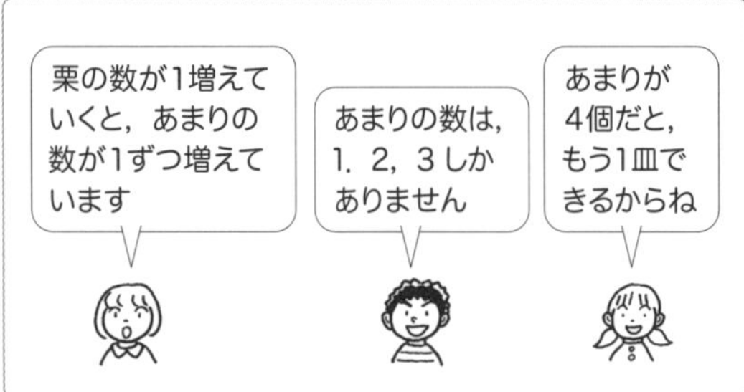

栗の数が1増えていくと，あまりの数が1ずつ増えています
あまりの数は，1，2，3しかありません

T　4でわる場合，あまりの数は4より小さい1，2，3になります。あまりの数は，わる数より必ず小さくなります。

2　栗の数が1個のときの答えを考えよう

C　1個を4個ずつお皿に分ける…式は1÷4になるけど，答えはどうなるのかな。

C　4個ないのでお皿はできません。1÷4は0皿で，あまり1個になります。

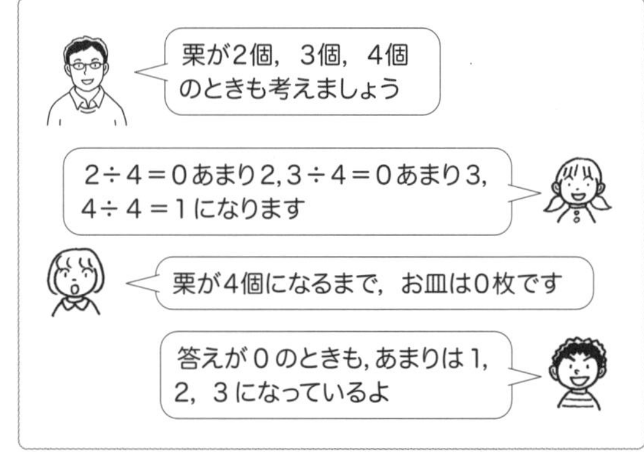

栗が2個，3個，4個のときも考えましょう
2÷4＝0あまり2, 3÷4＝0あまり3, 4÷4＝1になります
栗が4個になるまで，お皿は0枚です
答えが0のときも，あまりは1，2，3になっているよ

答えが「0あまり□」になるわり算を扱っていない教科書もあるが，4年生で「61÷3」のわり算などのときに「1÷3」の計算が必要になる。この段階で触れておくとよい。

準備物
・算数ブロック
QR ワークシート
QR ふりかえりシート

ICT
栗などを分けている様子を実際に動画で撮影し，児童と共有しながら説明をすると，実感がわき，理解しやすくなる。

3

くりが 22 こあります。１つのお皿に５こずつ入れていきます。
５こ入りのお皿は何まいできて，くりは何こあまりますか。

式　22 ÷ 5 = 4 あまり　2

答え　4まいできて，2こあまる。

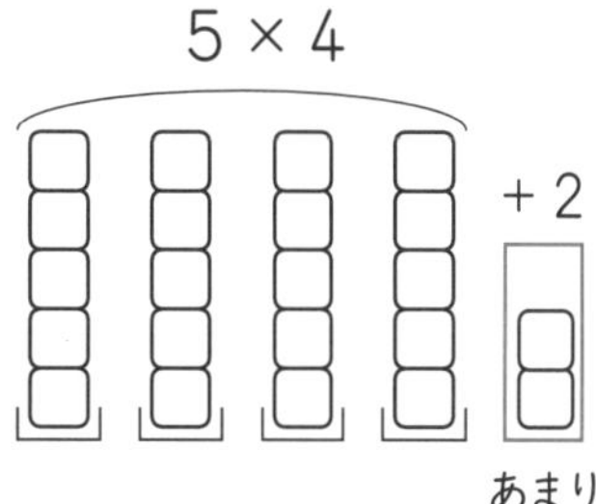

4 <たしかめ算>

22 ÷ 5 = 4 あまり　2

5　×　4　+　2　=　22
わる数　×　答え　+　あまり　=　わられる数

わり算のあまりは，いつもわる数より小さくなる。

3 22 個の栗を５個ずつお皿に入れていくと，お皿は何枚できて，栗は何個あまりますか

各自で，取り組ませる。

C　式は 22 ÷ 5 です。5 の段の九九で計算しよう。

C　5 ×□で，答えが 22 を超えない，22 にいちばん近い数を見つけたらよかったね。

T　計算をしたら，あまりがわる数より小さくなっているか確かめましょう。

5 × 5 = 25，25 だと 22 を超えてしまうから，九九の答えが 20 になる 5 ×④を使うといいね

22 ÷ 5 = 3 あまり 7 になったよ。あまりが 5 より大きいから間違っているな

22 ÷ 5 の答えを算数ブロック操作で確かめる。

4 答えのたしかめをしよう

T　お皿に分けた栗の数と，あまった栗の数をたすと 22 個になるか計算で確かめてみましょう。

栗が 5 個ずつ 4 皿あるので，お皿の栗は 5 × 4 = 20 で 20 個

あまりは 2 個だから，20 + 2 = 22 で全部で 22 個

T　1 つの式にするとどうなりますか。

C　5 × 4 + 2 = 22 になります。

図を使って，たしかめ算の仕組みを説明する。

わり算の練習問題をする。答えのたしかめもする。
学習のまとめをする。

第5時

2つの意味のわり算（等分除と包含除）

本時の目標　等分除と包含除の文章問題の意味の違いがわかり，解くことができる。

板書例

2つのわり算の意味を考えよう

1

㋐ 26まいのクッキーを6人で分けます。1人分は何まいになって，何まいあまりますか。

全部	26まい
いくつ分	6人
1人分	□まい

式
26 ÷ 6 = 4 あまり 2
（まい）（人）（まい）

2

答え　1人分は4まいで，2まいあまる。

1

㋑ 26まいのクッキーを1人に6まいずつ分けます。何人に分けられて，何まいあまりますか。

全部	26まい
いくつ分	□人
1人分	6まい

式
26 ÷ 6 = 4 あまり 2
（まい）（まい）（人）

2

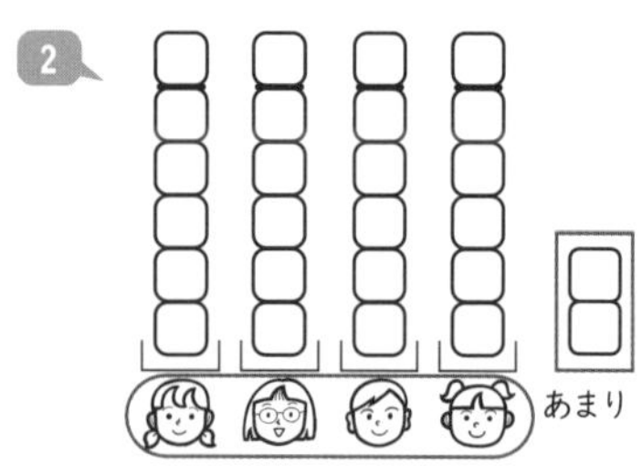

答え　4人に分けられて，2まいあまる。

POINT　3段表を使って数を整理したり，式に単位をつけたりして，「いくつ分」「1つ分」どちらを求めている問題か考えましょう。

1　㋐と㋑の文章題を3段表に整理して，式を立てよう

ワークシートを使って学習する。
各自で考える時間を取る。

C　3段表に整理してみると，㋐は「1人分」，㋑は「いくつ分」を求める問題だ。

C　式は，どちらも 26 ÷ 6 になるよ。

6の段の九九の答えで，26より小さくて，26にいちばん近い数は…

6 × 4 = 24 だから，答えは4あまり2になるね

計算では同じ答えだけど，問いの答えは違うよね

これまでも使用していた3段表を使って数を整理し，求めていることの違いを理解させる。

2　2つのわり算の違いを比べてみよう

T　2つのわり算の違いを説明できますか。答えはどうなるでしょう。

2つのわり算の意味の違いが鮮明になるように，黒板で算数ブロックを操作して，分け方の違いを見せる。

QR 動画「26 ÷ 6」を活用できる。

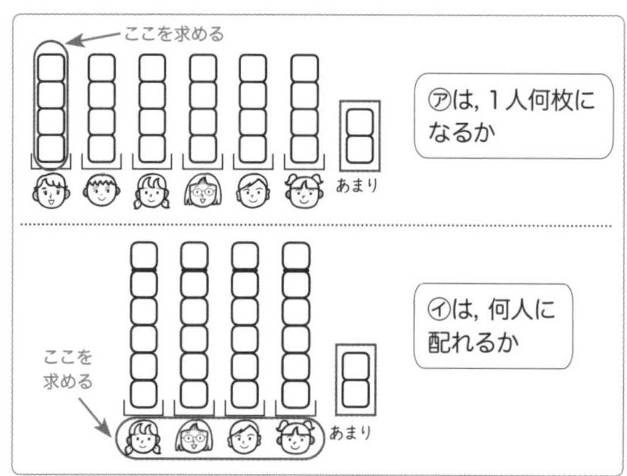

2つの式の数の下に「まい」や「人」を書くことで，さらに違いがはっきりする。

準備物	・算数ブロック QR ワークシート QR ふりかえりシート QR 動画「26 ÷ 6」

ICT	「いくつ分」か「1つ分」，どちらを求めたのか，問題の状況をタブレットのシートに絵に描いて，共有したり，送信したりしながら説明し合うと理解が深まる。

3

㋒ 70 このいちごを１皿に９こずつ分けます。９こ入りのお皿は何まいできて，何こあまりますか。

式　70 ÷ 9 = 7 あまり 7
（こ）（こ）（まい）

答え　7まいできて，7こあまる。

3

㋓ 38 このチョコレートを５まいのお皿に同じ数ずつ分けます。１皿分は何こになって，何こあまりますか。

式　38 ÷ 5 = 7 あまり 3
（こ）（まい）（こ）

答え　１皿分は7こで，3こあまる。

あまりのあるわり算でも，２つの意味のわり算がある。

3 ㋒と㋓の文章題は，どちらの種類のわり算か考えよう

C　3段表に整理すれば，「1つ分」「いくつ分」どちらを求めている問題かがわかるよ。

㋒

全部	70こ
いくつ分	□まい
１皿分	9こ

㋓

全部	38こ
いくつ分	5まい
１皿分	□こ

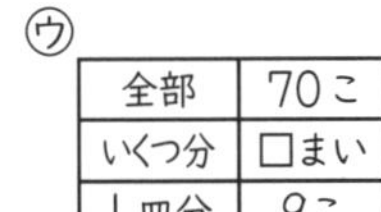

㋒は，「いくつ分」を求める問題だから㋑と同じ。㋓は「1つ分」を求める問題だから㋐と同じ

C　㋒は 70 ÷ 9 = 7 あまり 7 で「7 枚できて，7 個あまる」㋓は 38 ÷ 5 = 7 あまり 3 で「1 皿分は 7 個で，3 個あまる」です。

算数ブロックで分け方の違いを見せて確認する。

4 25 ÷ 7 で 2 つの意味の文章問題を作ろう

C　㋐のように「1 つ分」を求める問題と，㋑のように「いくつ分」を求める問題を作るんだね。

3段表に数を入れてから考えてみよう

㋐

全部	25こ
いくつ分	7人
１人分	□こ

25 個のりんごを 7 人で同じ数ずつ分けると，1 人分は何個になって，何個あまりますか。

㋑

全部	25こ
いくつ分	□人
１人分	7こ

25 個のりんごを 1 人に 7 個ずつ分けると，何人に分けられて，何個あまりますか。

作った問題は，全体で共有する。ひとりで作問できない児童には，教師があらかじめ作成した問題を一部空欄にして，ことばや数をあてはめるものを準備しておいてもよい。

学習のまとめをする。ふりかえりシートを活用する。

第 6・7 時

あまりを考える問題

本時の目標
あまりの処理の仕方について，2つの場面を対比して，理解を深める。

板書例

あまりをどうするか考えよう

1

㋐ 子どもが 14 人います。4 人乗り(の)のボートに分かれて乗ります。みんなが乗るには，ボートは何そうあればいいですか。

式 14（人）÷ 4（人）＝ 3（そう）あまり 2（人）

3 ＋ 1 ＝ 4

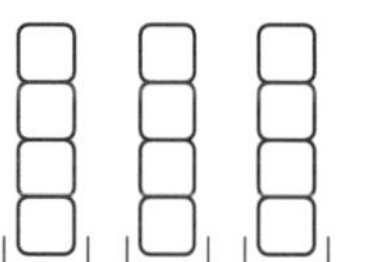

答え 4そう

あまりを 1 とする

2

㋑ おもちゃの車を作るのに，タイヤが 18 こあります。1 台作るのに 4 こタイヤを使い(つか)ます。車は何台作れますか。

式 18（こ）÷ 4（こ）＝ 4（台）あまり 2（こ）

あまり

2こでは
車は
つくれない

答え 4台

あまりは切りすてる

POINT 算数ブロック操作をして，文章題で問われている場面をしっかり捉え，あまりの処理の仕方を考えましょう。

1 14人全員が乗ることができるボートの数は何そうか考えよう

ワークシートを使って学習する。

C　14 ÷ 4 ＝ 3 あまり 2 になります。

C　答えは「3そうで，あまり 2 人」でいいのかな。

黒板で算数ブロックを使って操作する。

やっぱり2人あまります。2人乗れません
でも，「みんなが乗るには」
とあるから，この2人が乗る
ボートも必要だと思います

C　残りの 2 人も乗せるので，ボートはもう 1 そういるよ。答えは 4 そうになります。

「3あまり2」という答えが，なぜ「4」になるのか，ブロックを使って説明する。あまりを切り上げる答え方の場面であることを確認する。

2 18個のタイヤで車は何台作れるか考えよう

C　1 台にタイヤは 4 個必要だから，18 ÷ 4 で答えは 4 あまり 2 になります。

C　答えは 4 台かな，5 台かな？

T　あまりの 2 は何の数を表していますか。

「あまり 2」はタイヤの数です

タイヤは4個ないと車が作れないので，余った2個のタイヤでは，車が作れないね

18 個のタイヤでは，車は4台しか作れません

黒板でブロック操作をして答えを確かめる。

C　この問題の答えは，あまりもいらないし，あまりを 1 としてたす必要もないんだね。

展開 1 の問題の場面と比較して，この問題はあまりを考えない答え方の場面であることを確認する。

準備物	・算数ブロック QR ワークシート QR ふりかえりシート	ICT	考えた問題を，説明や答えも含めて，児童個々のタブレットのシートに書いていく。それを全員に共有すると，クラスのオリジナル問題集ができる。

3

㋒ 荷物(にもつ)が 20 こあります。いちどに 3 こずつ運(はこ)ぶと，何回で全部運ぶことができますか。

式　20 ÷ 3 = 6 あまり 2

6 + 1 = 7

答え　7 回

3

㋓ リンゴが 45 こあります。1 ふくろに 6 こずつ入れます。6 こ入りのふくろは何ふくろできますか。

式　45 ÷ 6 = 7 あまり 3

答え　7 ふくろ

場面によって，「あまりを 1 とする」場合と，「切りすてる」場合がある。

3 ㋒と㋓の問題は，あまりをどう処理したらよいか考えよう

T　あまりをどうすればよいでしょうか。簡単な絵や図などに表してみてもいいですよ。

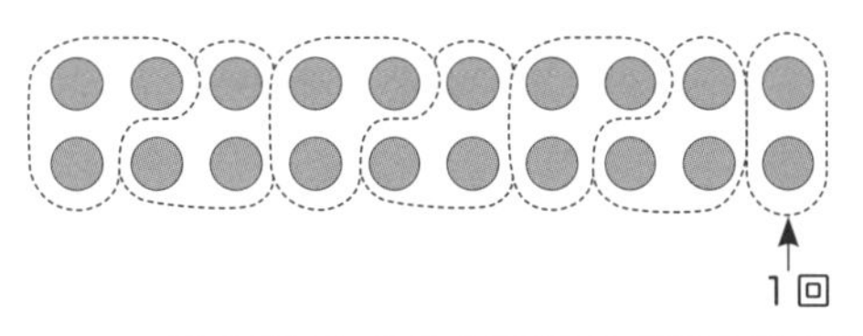

㋒は，20 ÷ 3 = 6 あまり 2　あまり 2 は荷物の数だから，あまった荷物も運ばないといけないね。あまりを 1 として考えるので，答えは 6 + 1 = 7 で 7 回

C　㋓は，45 ÷ 6 = 7 あまり 3 で，あまり 3 はリンゴの数だよ。6 個ないと袋に入れられないので，あまりは考えない問題だね。答えは 7 袋。

ブロック操作でそれぞれの場面を確認する。

4 あまりの意味を考えて 2 つの文章問題を作ろう

C　あまりを 1 とする答え方と，あまりを考えない答え方になる問題を考えるんだね。

㋐ 55dL のジュースを 7dL ずつビンに分けて入れます。全部の量を入れるには，何本のビンがいりますか。
㋑ 55dL のジュースを 7dL ずつビンに分けて入れます。7dL 入りのビンは何本できますか。

㋐は，あまりを入れるビンが必要だから答えは 8 本で，㋑は，あまりを考えないから答えは 7 本だね。

作った問題は，全体で共有する。ひとりで作問できない児童には，教師が個別支援をする。

学習のまとめをする。ふりかえりシートを活用する。

第8時

わり算の筆算

本時の目標　わり算の筆算の仕方がわかり，計算ができる。

板書例

わり算の筆算(ひっさん)をやってみよう

1 <17 ÷ 5の計算をしよう>

17 ÷ 5 = 3 あまり 2
−15
2

17 ÷ 5 = 3 あまり 2

2 <筆算でやってみよう>

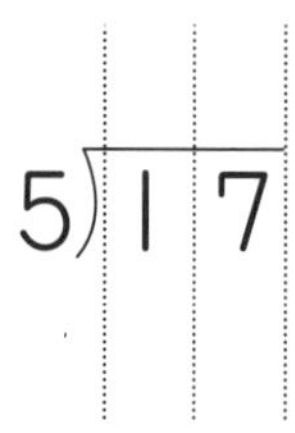

3 筆算のしかた

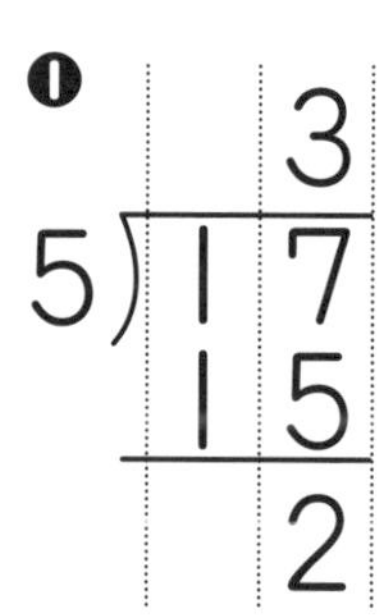

❷ たてる

❸ かける　5 × 3 = 15

❹ ひく　17 − 15 = 2

POINT　3年生の「あまりのあるわり算」の単元で筆算を扱ってみましょう。計算の間違いも減り，4年生の「わり算の筆算」の学

1　17 ÷ 5 を筆算で計算しよう

ワークシートを使って学習する。

T　今日は，わり算を筆算でする方法をみんなに教えます。筆算の書き方を説明する。

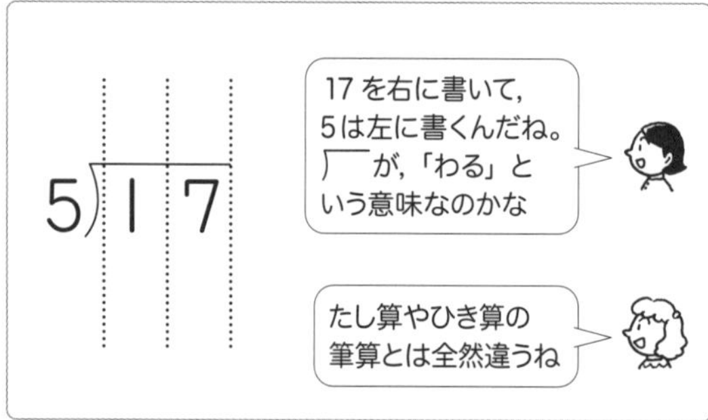

17を右に書いて，
5は左に書くんだね。
⟌が，「わる」という意味なのかな
たし算やひき算の筆算とは全然違うね

T　みんなも筆算を書いてみましょう。

本来，あまりのあるわり算は，筆算で計算する方がわかりやすく，誤答もはるかに少なくなる。第3時「あまりのあるわり算の仕方」で，筆算を教えて使えるようになるととても便利である。

2　17 ÷ 5 の筆算の仕方を確かめよう

T　17 ÷ 5 は何の段を使って求めますか。

C　5の段です。5 × 3 = 15 で，答えは3です。

T　一の位に答えの3を書きます。

T　次に，5 × 3 = 15 の 15 を 17 の下に書きます。

C　これまでの計算の仕方と同じだね。次は，17 − 15 かな。

T　17 − 15 = 2 の 2 は，ひき算の筆算と同じように，そのまま下に書きます。

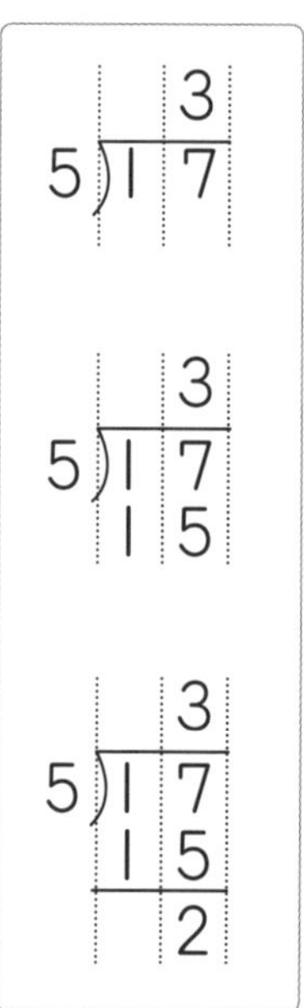

準備物

QR ワークシート
QR ふりかえりシート

ICT

新しい形の計算方法であるので，児童に見慣れさせることが大切。計算方法や過程を画像や動画で撮影しておき，児童のタブレットに送信しておくと，児童のペースで学習し直すことができる。

4 <れんしゅう>

① 31 ÷ 4

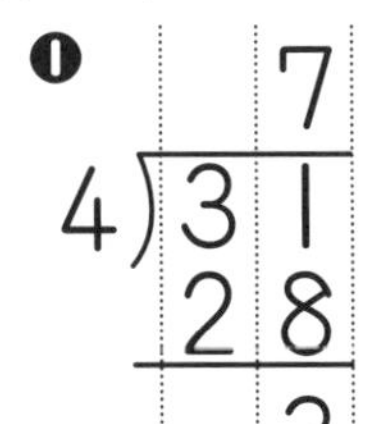

② 17 ÷ 3

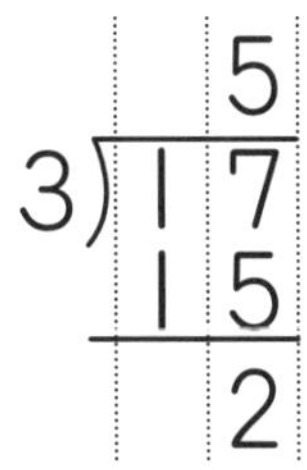

③ 20 ÷ 6

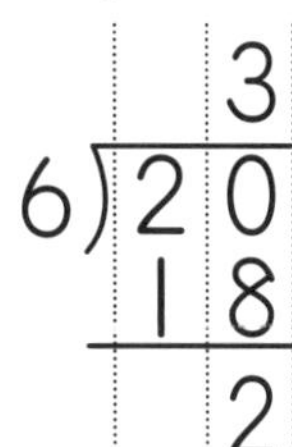

④ 28 ÷ 5

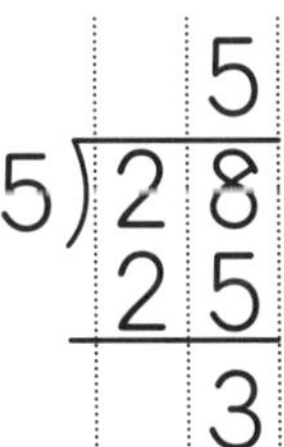

⑤ 71 ÷ 9

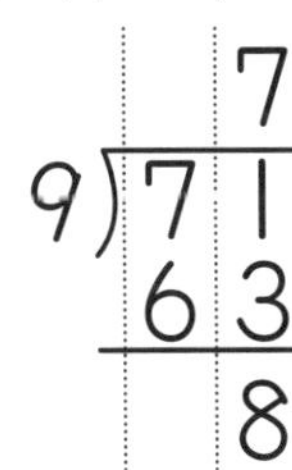

⑥ 63 ÷ 8

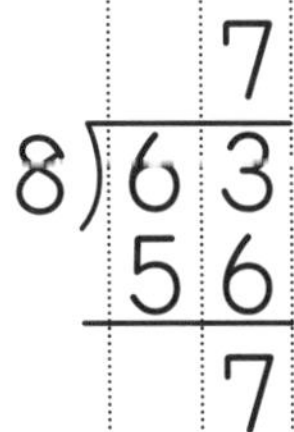

わり算の筆算は，
たてる → かける →
ひく のじゅんにする。

習もスムーズにいくでしょう。

3 「たてる→かける→ひく」でやってみよう

T わり算の筆算は，「たてる→かける→ひく」の順番でやっていきます。みんなで口に出しながらやってみましょう。

黒板で，17 ÷ 5 の筆算を「たてる→かける→ひく」に合わせながらもう一度計算する。

T では，みんなも自分でやってみましょう。

❶ 式を筆算の形になおす
❷ 5の段の九九を使って答えをもとめる
答えの3を一の位に書く（たてる）
❸ 5×3をする（かける）
❹ 17から15をひく（ひく）

C 筆算を使うとあまりの計算が楽だね。

4 わり算の筆算を練習しよう

T 31 ÷ 4 を筆算でします。❶～❹の順に計算してみましょう。「たてる→かける→ひく」と唱えながらやってみましょう。

できたら，隣の人に筆算の仕方を説明しながらやってみましょう

4の段で答えをもとめます。四七 28 で，答えは 7 です。一の位に 7 をたてます。次に4×7＝28 をします。最後に 31 から 28 をひいて，あまりの 3 を書きます

何問か練習問題をしながら，筆算の仕方に慣れていくようにする。筆算を使う方が計算がわかりやすいと子ども自身が感じるようになれば，筆算でこの単元を進めてもよい。

1人
何こ？
おいしい
たこやき
18こ入

18÷3 = 6
やったー!

えー!?
たこやき　18こ入

14÷3＝4
あまり2
4こ…

大きい数のしくみ

全授業時数 10 時間

◎ 学習にあたって ◎

<この単元で大切にしたいこと>

「大きな数」の学習は，1年生で 100 を少し超える程度の数，2年生で1万までの数，3年生で1億までの数，そして，4年生で 1000 兆までの数で終了となります。そこで一貫しているのは，整数の十進位取り記数法です。この整数のもとになる考え方が何よりも大切です。そして，このことは数字だけでは本当に理解できたとはいえません。実感として学習できるような機会をつくることが大切です。また，日本での数の読み方は，一，十，百，千の4桁区切りで数字を読む万進法です。一億の位まででは，この万進法に気づくことは難しいです。もっと大きな位を知りたいという子どもたちの好奇心や探求心からも，軽く千兆の位まで触れながら学習できるとよいでしょう。

<数学的見方考え方と操作活動>

まず，これまで学習してきた十進位取り記数法の考え方から類推して，1億までの数をとらえることが1つです。数の構成や数直線，加減計算などの学習に生かされます。もう1つは，相対的に数をとらえることです。数直線やいろいろな角度から数字を考えることは，加減計算にも生かされます。

<個別最適な学び・協働的な学びのために>

既習事項から類推して，こうなるのではないかと予想を立てて考えることが多い単元です。予想を立てたら，その理由を出し合って話し合うこと，そして予想が適切なものであったかどうかを確かめて話し合うことが深い学びにつながります。また，本書だけでなく，日常生活の中や身近なこと，社会的なことの中に大きな数が使われていることに目を向けて学習と結びつけ，関心をもって大きな数の学習ができるようにしましょう。

また，位取りが苦手な児童には，「位のものさし」を持たせて数を表す練習をするとよいでしょう。

◎ 評　価 ◎

知識および技能	1 億の位までの数の表し方や数の系列，大小を理解して，読み書きや 10 倍，100 倍，1000 倍，$\frac{1}{10}$ にする計算ができる。
思考力，判断力，表現力等	1 億の位までの数の表し方を既習の数の仕組み（十進位取り記数法）から類推したり，数を相対的にとらえたりして考える。
主体的に学習に取り組む態度	十進位取り記数法の有用さに気づき，身のまわりにある大きな数を書いたり読んだりして，生活や学習に用いようとする。

◎ 指導計画　10 時間 ◎

時	題	目　標
1	1万より大きい数の読み書き	1万より大きい数の大きさを知り，大きな数を読んだり書いたりすることができる。
2	1万より大きい数のしくみ	十万，百万，千万の位までの数の仕組みを知り，数を読んだり書いたりできる。
3	世界の国の人口	1 億までの数を知り，位ごとの数の構成について理解する。
4	数の相対的な大きさ	数の相対的な大きさについて理解する。
5・6	数直線	数直線上の大きな数を読んだり，大きな数を数直線上に表したりすることができる。
7	大きい数の大小比較	大きな数の大小を比べる方法を考え，不等号や等号で表すことができる。
8	10 倍，100 倍，1000 倍した数	10 倍すると位が 1 つ，100 倍すると位が 2 つ，1000 倍すると位が 3 つ上がることを理解する。
9	10 でわった数	10 でわると，位が 1 つ下がることを理解する。
10	大きな数のたし算・ひき算	大きな位（十万の位まで）のたし算ひき算ができる。

第1時
1万より大きい数の読み書き

本時の目標　1万より大きい数の大きさを知り，大きな数を読んだり書いたりすることができる。

板書例

10000より大きい数

1 〈1万まいの高さはどのくらい？〉

ア　30cmくらい
イ　50cmくらい
ウ　1mくらい
エ　○○さんの身長くらい
オ　先生の身長くらい

1000が10こで10000（一万）
一万を2こ集めると20000（二万）

2 〈位（くらい）のものさしを作ろう〉

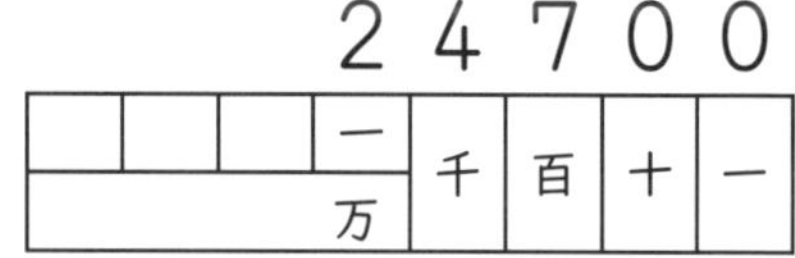

3 〈10000より大きい数を読もう〉

2 4 7 0 0

			一	千	百	十	一
			万				

二万（にまん） 四千（よんせん） 七百（ななひゃく）

POINT　コピー用紙を教卓に1万枚積み上げて見せます。インパクトのある授業の始まりで，子どもたちの意識を集中させましょう。

1 コピー用紙1000枚を10集めると，高さはどのくらいかな

紙を1枚，10枚，100枚と順に見せ，100枚を10集めるとどのくらいになるかを想像させ，1000枚の紙を見せる。

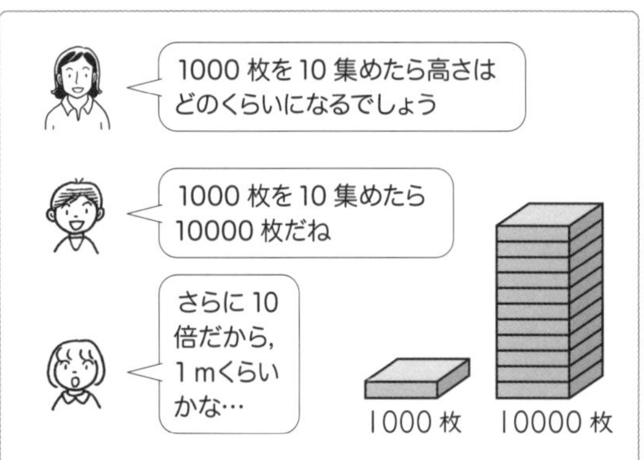

数字だけでなく，1万の実際の量の大きさを子どもたちに見せることから学習を始める。
※コピー用紙は，1包に500枚，1箱に5包（2500枚）入り

T　1000枚が10集まると1万です。そして，この1万を2個集めると2万になります。

2 学習に使う「位のものさし」を作ろう

【位のものさしの作り方】
縦2cm，横8cmの大きさの工作用紙を準備する
（筆箱に入れておくことができる大きさ）

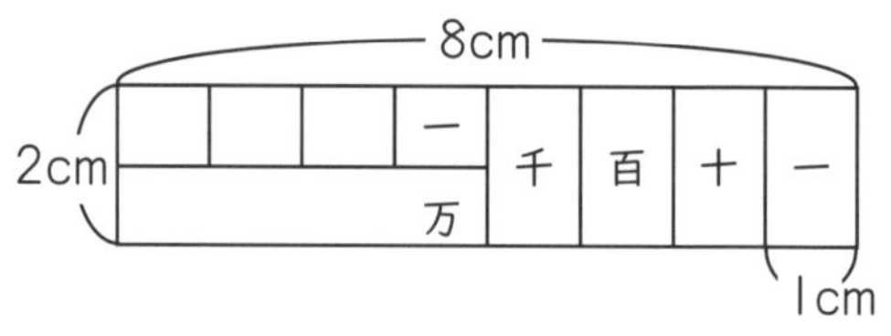

5mm方眼ノートにあわせて使いやすいように1cm幅で作る

千の位の1つ上の位が「一万の位」であることを説明する。

T　大きな数を書いたり，読んだりするときに使うととても便利です。

一万の位より上の位はまだ学習していないため，万，百万，千万は空欄にしておく。第2時で付け足して使用する。

準備物	・コピー用紙（1, 10, 100枚, 500枚入り×20包） ・工作用紙（位のものさし用） ・板書用位のものさし QR ふりかえりシート	ICT	1万よりも大きな数のものを実際に用意することが難しい場合は，大きな数のものを事前に画像や動画で撮影し，児童のタブレットに送信しておくとよい。

〈10000より大きい数を書こう〉

四万八千三百

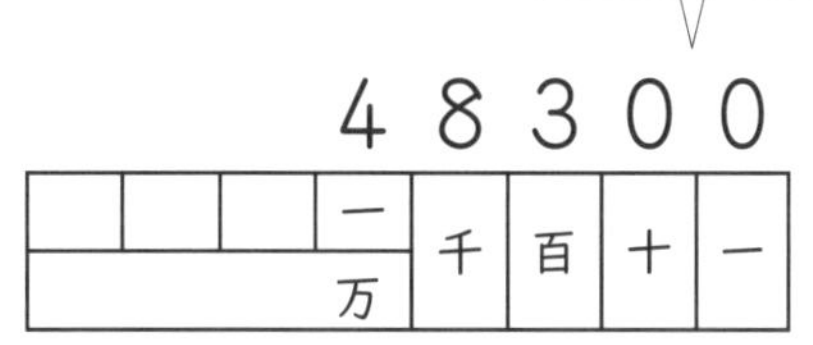

48300は，一万を4こ，千を8こ，百を3こあわせた数

・一万を5こ，千を8こ，百を6こあわせた数

5 8 6 0 0

			一	千	百	十	一
			万				

3 「位のものさし」を使って24700を読んでみよう

T　位のものさしをノートに置いて，その上に24700を位に合わせて書いていきます。

C　一万の位に2を書いて，順に位に1つずつ数字を書いていけばいいね。

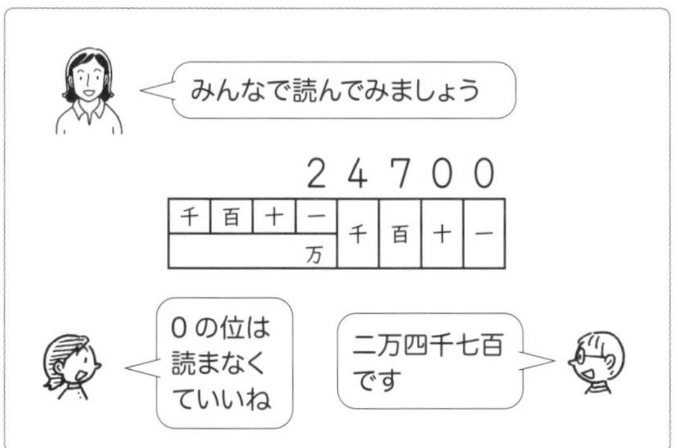

みんなで読んでみましょう
2 4 7 0 0
千
百
十
一
万
千
百
十
一
0の位は読まなくていいね
二万四千七百です

T　24700は，一万，千，百がそれぞれ何個ありますか。

C　位のものさしを見ればすぐにわかるよ。一万が2個，千が4個，百が7個です。

位のものさしを使って大きな数を読む練習をする。

4 「位のものさし」を使って四万八千三百を数字でかいてみよう

同じように，位のものさしをノートに置き，その上に数字を書いていく。

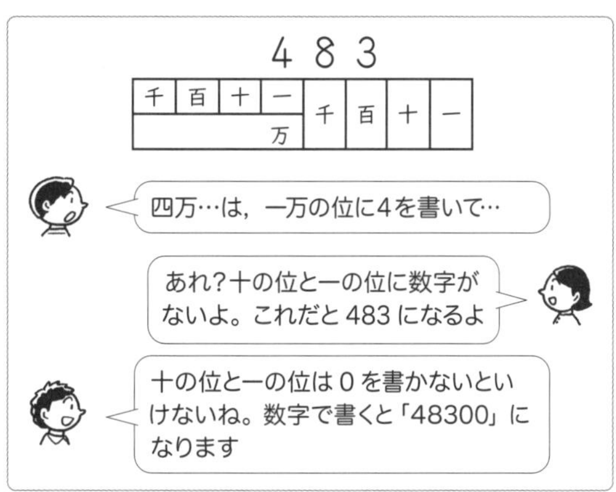

4 8 3
千
百
十
一
万
千
百
十
一
四万…は，一万の位に4を書いて…
あれ？十の位と一の位に数字がないよ。これだと483になるよ
十の位と一の位は0を書かないといけないね。数字で書くと「48300」になります

位のものさしを使って大きな数を書く練習をする。

空位のある数は間違いが多いため注意する。位のものさしを使うと，空位のある数の場合に特に有効である。

ふりかえりシートを活用する。

第2時 1万より大きい数のしくみ

本時の目標　十万，百万，千万の位までの数の仕組みを知り，数を読んだり書いたりできる。

板書例

大きい数のしくみを知ろう

1

1を　10こ　集(あつ)めた数は	十	10
10を　10こ　集めた数	百	100
100を　10こ　集めた数	千	1000
1000を　10こ　集めた数	一万	10000
10000を　10こ　集めた数	十万	100000
100000を　10こ　集めた数	百万	1000000
1000000を　10こ　集めた数	千万	10000000

(各段 10倍)

1万から10倍(ばい)するごとに10万，100万，1000万になる。

POINT　千万の位までの学習ですが，1億，1兆，…と知っている子どもも多いです。位が「一十百千」の繰り返しで続いていく

1　10個集めた数はいくつかな

T　一を10個集めた数は十，十を10個集めた数は百，百を10個集めた数は千ですね。では，千を10個集めた数はいくつですか。
C　千を10個集めた数は一万です。
T　一万を10個集めた数はいくつでしょう。
C　一を10個集めた数が十だから，十万かな。

10万を10個，100万を10個集めた数を順に確かめ，黒板にまとめる。気づいたことを児童が発表する。

「一十百千」を繰り返しているね
10個集めたら位が1つずつ上がります
10倍になったら0が1つずつ増えているよ

2　都道府県の人口を読んでみよう

T　前の時間に作った「位のものさし」を使ってもいいですよ。「十万，百万，千万」を書き足しましょう。

ほかの都道府県の人口も何問か練習する。「十万の位」「百万の位」「千万の位」になる都道府県や，空位がある数のものを選んでおくとよい。
日本地図で，都道府県の位置を確かめながら進める。

準備物	・都道府県別人口データ　・日本地図 ・位の ものさし（板書用，児童用） QR ふりかえりシート　QR 位のまきじゃく QR 動画「千万を数えてみよう」「位の名前を見てみよう」	ICT	動画を児童のタブレットに送信しておくと，児童のペースで動画を視聴することができる。「位のものさし」を画像としてタブレットに送信しておくといつでも使える。

2

〈都道府県の人口を読もう〉

鳥取県　543615 人
　　　五十四万三千六百十五　人

5	4	3	6	1	5
十	一	千	百	十	一
万					

（位のものさし：千 百 十 一（万）｜千 百 十 一）

3

〈人口を書こう〉

秋田県　九十六万五千九百　人

（位のものさし：千 百 十 一（万）｜千 百 十 一）　9 6 5 9 0 0

長野県　百万を 2 こ，十万を 3 こ，
　　　千を 3 こ，百を 1 こ，
　　　十を 6 こあわせた数

2303160　人　（0をわすれない）

それぞれの位の数が何こあるかを見て，数を読んだり書いたりする。

ことに触れておいてもよいでしょう。

3 都道府県の人口を書いてみよう

T　今度は，人口を数字で書いてみましょう。秋田県の人口は，九十六万五千九百 人です。

読み書きで難しいのは，空位のある数，そして「1」という数。「一百」とは読まずに「百」とだけ読むなど，「一」を省略して読むことに気をつける。次に難しいのは「大きな位まである」数。これらを考慮しながら練習問題を進める。

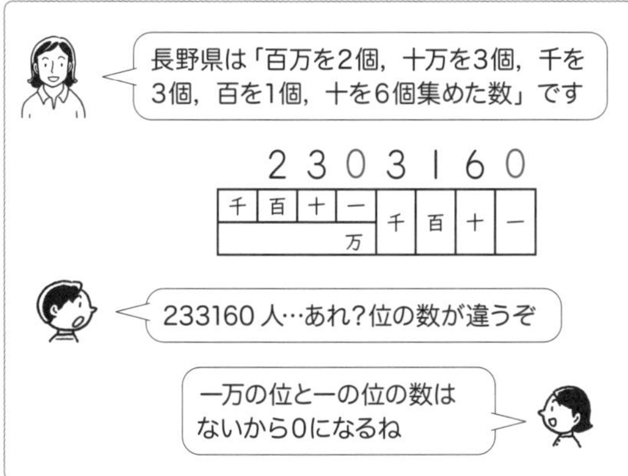

空位のある数では，特に「位のものさし」が有効である。

4 「千万の位」より上の位を調べてみよう

T　みんなは，「千万の位」より上の位を知っていますか。

億，兆，京，…無量大数と，位が続いていくことを紹介する。覚える必要はないが，位の名称の歌などもあり，口ずさめる児童もいる。QR 位の巻尺や QR 動画「位の名前を見てみよう」も活用できる。

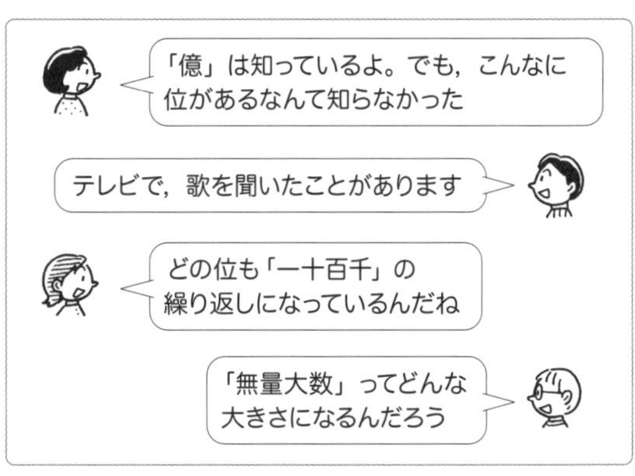

子どもたちから感想や意見を聞く。
学習のまとめをする。ふりかえりシートを活用する。

第3時

世界の国の人口

本時の目標 1億までの数を知り，位ごとの数の構成について理解する。

板書例

いろいろな国の人口を調(しら)べよう

※2020年　総務省統計局

1 ＜フランス＞

6448|0000人

六千四百四十八万　人

千万を6こ
百万を4こ
十万を4こ
一万を8こ　　あわせた数

2 ＜アルゼンチン＞

千万を　4こ
百万を　5こ
一万を　3こ
千を　　6こ　　あわせた数

4	5	0	3	6	0	0	0
千	百	十	一	千	百	十	一
			万				

4503|6000人

四千五百三万｜六千　人

POINT 3年生では，1億までの数の学習になっていますが，続けて世界の人口に触れ，子どもの好奇心や探求心に任せ，千億まで

1 世界の国の人口を調べよう

T　調べてみたい国はありますか。

C　サッカーでよく聞く国を調べてみたいです。フランスやアルゼンチン，ドイツ…。

C　中国の人口が多いとニュースで聞いたことあるから，どれくらいなのか知りたいな。

T　フランスの人口は64480000人です。読んでみましょう。

6448|0000
一,十,百,千,一万,…だから，6は千万の位だね
「一十百千」と繰り返すから，数字を下から4桁で区切ると読みやすい
間に線をひいてみるとわかりやすいね

世界地図で国の位置を確認しながら進める。

2 64480000は，どんな数か調べよう

T　64480000は，それぞれの位の数を何個あわせた数ですか。

C「位のものさし」に数をあてはめるとよくわかるよ。

T　アルゼンチンの人口も調べましょう。

アルゼンチンの人口は，千万を4個，百万を5個，一万を3個，千を6個あわせた数です
ここで「位のものさし」が大活躍だ
十万の位の数は0だね。気をつけよう
一の位,十の位,百の位も0だ

ほかの国の人口も何問か扱う。ここでも，空位のある数に留意しながら進める。

準備物	・国別人口データ　・世界地図 ・位の ものさし（板書用，児童用） QR ふりかえりシート QR 動画「1 億円を数えよう」

ICT	それぞれの国の様子の画像や動画を用意する。その際，その国の人たちの生活が分かるものがよい。興味をもって学習を進めることができる。

3

〈日本〉

1|2614|6000 人

一億（おく）| 二千六百十四万 | 六千 人

1	2	6	1	4	6	0	0	0
一	千	百	十	一	千	百	十	一
億				万				

一億を 1 こ
千万を 2 こ
百万を 6 こ
十万を 1 こ
一万を 4 こ
千を 6 こ　あわせた数

千万を 10 こ集めた数を 一億 という。

10000000 → 100000000
10 倍

の位に触れてもよいでしょう。

3 日本の人口は何人かな

T　日本の国の人口は 126146000 人です。何人か読めますか。

C　下から 4 桁ずつ区切ると，千万の位を超えます。千万の位の上は「一億の位」だったよ。

前時に，千万の位より上の位について触れたが，ここで，1 億という数についてまとめておく。

T　126146000 は，それぞれの位の数を何個あわせた数ですか。

人口が 1 億を超える国を何問か扱う。（アメリカ合衆国，インドネシア，バングラデシュなど）

4 世界でいちばん人口が多い中国の人口は何人かな（2020 年 統計）

T　中国の人口は 1424930000 人です。何人でしょう。また，全世界の人口は何人くらいか予想できますか。

1	4	2	4	9	3	0	0	0	0
十	一	千	百	十	一	千	百	十	一
	億				万				

T　全世界の人口は 7840953000 人です。

「位のものさし」や「位の巻尺」を使って確かめる。
学習のまとめをする。ふりかえりシートを活用する。

第4時 数の相対的な大きさ

本時の目標　数の相対的な大きさについて理解する。

板書例

千円さつで買い物をしよう

1 テレビ　52000円

・一万円さつ　5まい
　千円さつ　2まい

<千円さつだけで買い物>

一万円は 千円さつが　10まい

50000	1000が	50
2000	1000が	2
52000	1000が	52（まい）

52000

千	百	十	一	千	百	十	一
			5	2	0	0	0
万							

2 れいぞうこ　76000円

<千円さつで>

70000	1000が	70
6000	1000が	6
76000	1000が	76（まい）

76000

千	百	十	一	千	百	十	一
			7	6	0	0	0
万							

POINT　数だけの抽象的な学習ではなく，買い物という場面を設定し，具体的に楽しく考えられるようにするとよいでしょう。

1 52000円のテレビを買うときのお金の払い方を考えよう

T　おつりが出ない払い方を考えましょう。
C　一万円札5枚と千円札2枚を出せば，おつりは出ないよね。
C　千円札で52000円払ってもおつりは出ないけど，千円札だと何枚になるのかな。

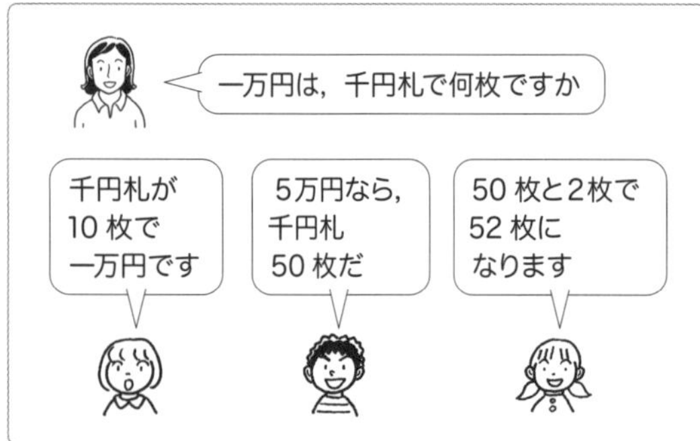

一万円は，千円札で何枚ですか
千円札が10枚で一万円です
5万円なら，千円札50枚だ
50枚と2枚で52枚になります

T　52000は，1000を52個集めた数になります。

位のものさしを使って確認する。
実際に模型のお金（お金カード等）で，5万円が千円札50枚になる操作を見せてもよい。

2 76000円の冷蔵庫をおつりが出ないように買ってみよう

C　一万円札7枚と千円札6枚で払います。
C　千円札だけで払うには…，70000円は千円札で70枚，それに6枚を足して76枚になります。
C　百円玉で全部払うとどうなるのかな。

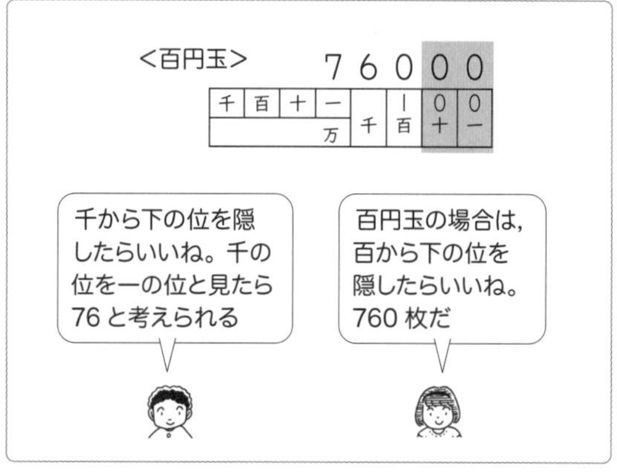

<百円玉>
76000
千 百 十 一 千 百 十 一
万
千から下の位を隠したらいいね。千の位を一の位と見たら76と考えられる
百円玉の場合は，百から下の位を隠したらいいね。760枚だ

※ 硬貨で支払うときは，1種類につき20枚までと法律で定められている。

準備物	・位のものさし（板書用，児童用） QR ふりかえりシート QR 板書用お金カード

ICT	実際に，おもちゃや画用紙に書いた1000円札を数十枚用意し，それが48枚では，いくらになるのか，撮影し，全体で共有して説明するとよい。

3

〈千円さつ 48 まいは何円かな〉

千円さつ　10 まいで　一万円

1000 が　40 で　40000
1000 が　 8 で　 8000
1000 が　48 で　48000（円）

0 を 3 こ つける

					4	8	0	0	0
千	百	十	一 万	一 千	0 百	0 十	0 一

4

〈240000 は，1000 を何こ集（あつ）めた数かな〉

・240000 は 1000 を（ 240 ）こ集めた数

・240000 は 10000 を（ 24 ）こ集めた数

0 を 3 こ かくす

		2	4	0	0	0	0
千	百	十	一 万	一 千	0 百	0 十	0 一

3 千円札 48 枚はいくらになりますか

C　さっきみたいに，お金で考えてみよう。

千円札が 10 枚で 1 万円だから，40 枚で4万円になる。それに千円札 8 枚を足すと，48000 円になるよ
お金で考えるとわかりやすいね

C　位のものさしを使って考えてみます。千の位を一の位と見て 48 を書きます。

T　1000 を 48 個集めた数は 48000 になります。

C　1000 を○個集めた数を考えるとき，その数字に 0 を 3 個つけたらいいんだね。

4 240000 は 1000 を何個集めた数か考えよう

お金を使わずに考えてみる。

C　位のものさしを使えば，大きい数になっても同じように考えることができます。

C　240000 の 0 を下から 3 個隠せばできます。

T　では，240000 は 10000 を何個集めた数ですか。

C　一万の位を一の位として見ると，24 個です。

C　0 を下から 4 個隠したらわかります。

練習問題をする。

① 1000 を 28 こ集めた数は（　　　　）

② 1000 を 160 こ集めた数は（　　　　）

③ 86000 は 1000 を（　　　）こ集めた数

④ 650000 は 1000 を（　　　）こ集めた数

学習のまとめをする。ふりかえりシートを活用する。

第5·6時 数直線

本時の目標 数直線上の大きな数を読んだり，大きな数を数直線上に表したりすることができる。

板書例

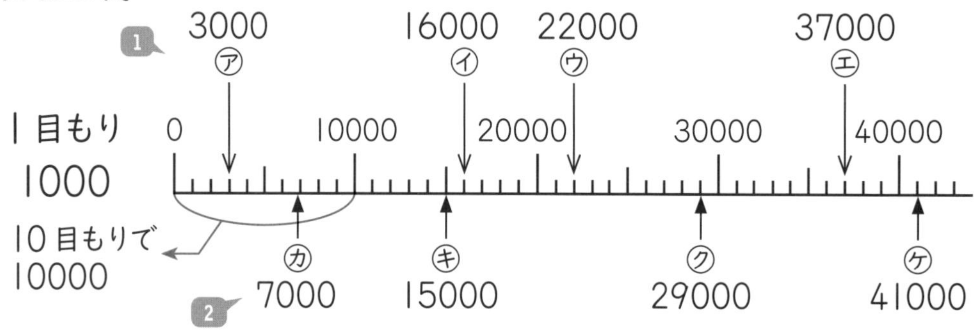

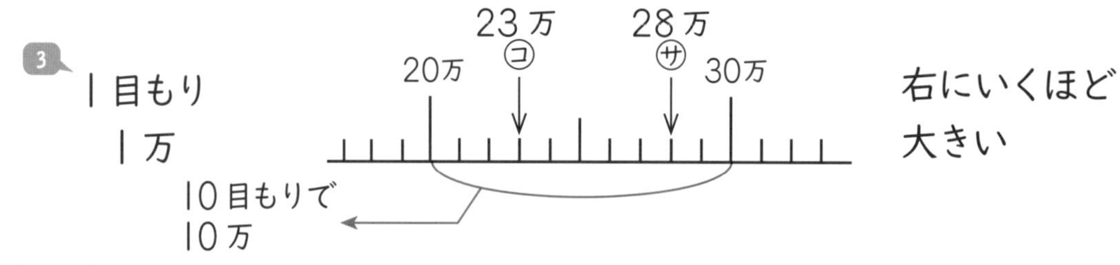

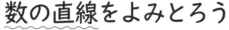

POINT 1目盛りの大きさが次々と変化する数直線が出てきます。数直線のポイントは「1目盛りの大きさ」です。1目盛りの大き

1 数直線の目盛りを読もう

ワークシートを使って学習する。
黒板に数直線を掲示して，0，10000，20000を記入する。

T （30000の目盛りを指す）ここの数は何ですか。

C 30000です。（40000も同じように確かめる）

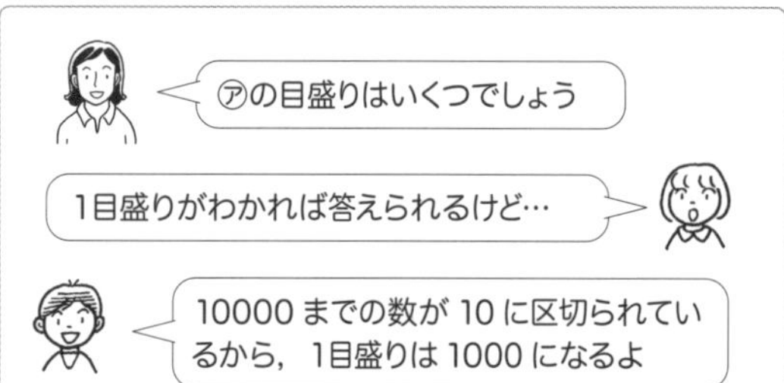

㋐の目盛りはいくつでしょう
1目盛りがわかれば答えられるけど…
10000までの数が10に区切られているから，1目盛りは1000になるよ

0から順に1000，2000，…10000まで目盛りを読み，右にいくほど1000ずつ数が大きくなることを確認する。

T このような数を表す直線のことを数直線といいます。数直線を読み取るのに，まず，1目盛りの大きさを見つけることが大切です。

数直線上の㋑，㋒，㋓の目盛りの数も確認する。

2 数直線に↑を書きこもう

T ㋕〜㋘の数が表す目盛りはどこでしょう。

C 1目盛りが1000だから，1000，2000，…と数えていくとわかるよ。

C 5000のところの目盛りが少し長くなっているのも使うと便利だね。

<板書用数直線を作っておくと便利>

授業が始まってから黒板に線を引いて目盛りをかくのでは時間がかかるため，数直線の線だけが引いてあるものを数種類作っておき丸めておく。それをくるくると伸ばしながら掲示し，数字を記入する。

準備物
・板書用数直線
・板書用矢印
QR ワークシート
QR ふりかえりシート

ICT
色々な大きさの数直線を画像にして，児童のタブレットに送信しておく。自分たちで問題を解く時に，タブレットに直接書き込んで考えることができる。

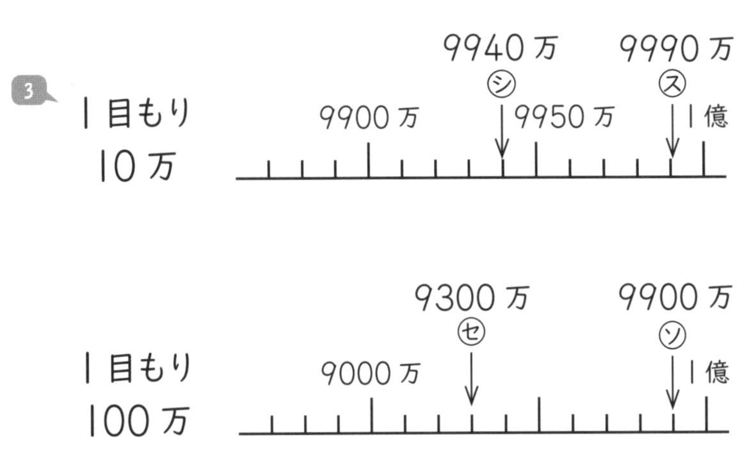

1目もりの大きさを見つけて，数直線の目もりを読むとよい。

ささえ掴めば読み取ることができます。

3 いろいろな目盛りの数直線を読んでみよう

ワークシートにある㋙〜㋞の目盛りを読んでいく。

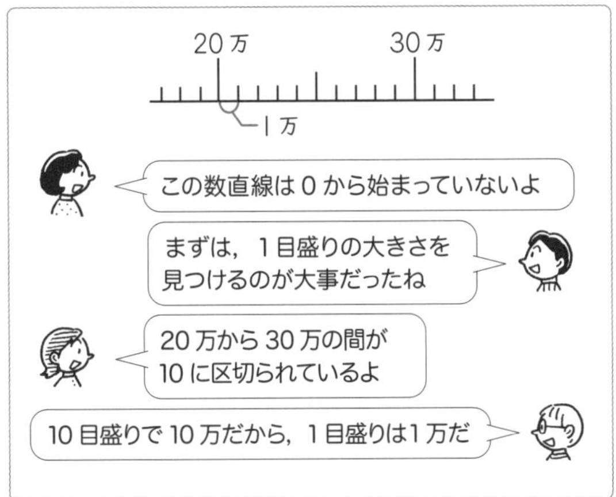

20万
30万
1万
この数直線は0から始まっていないよ
まずは，1目盛りの大きさを見つけるのが大事だったね
20万から30万の間が10に区切られているよ
10目盛りで10万だから，1目盛りは1万だ

同じように，まずは，数直線の1目盛りの大きさを求めてから数直線を読むようにする。2つの数の間がいくつに区切られているかを確かめて1目盛りの大きさを求める。

ワークシートでは，1目盛りが1000，1万，10万，100万を扱う。（0スタートではないものも扱う）

4 自分で数直線をかいてみよう

T　0から始まって，1目盛りの大きさが1000万の数直線をかいてみましょう。

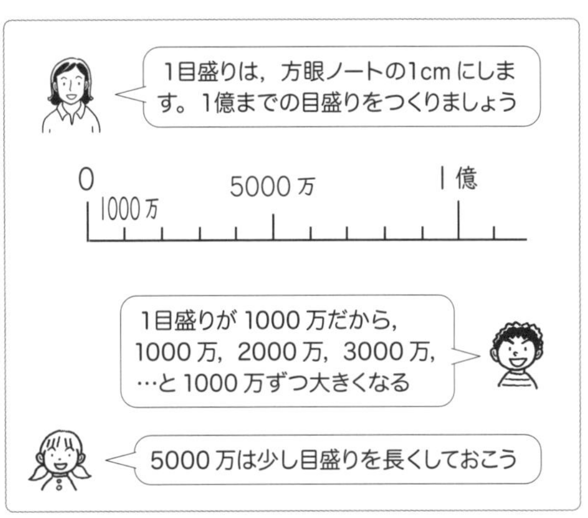

1目盛りは，方眼ノートの1cmにします。1億までの目盛りをつくりましょう
0
1000万
5000万
1億
1目盛りが1000万だから，1000万，2000万，3000万，…と1000万ずつ大きくなる
5000万は少し目盛りを長くしておこう

数直線を自分でかくことで，仕組みをより理解することができる。

学習のまとめをする。ふりかえりシートを活用する。

第7時

大きい数の大小比較

本時の目標　大きな数の大小を比べる方法を考え，不等号や等号で表すことができる。

板書例

数の大きさくらべをしよう

＜どちらが大きいかな＞

1

「フトウゴウくん」は大きい数が好きだから，大きい数の方に大きな口を開けるよ

㋐ 1234567 ＞ ㋑ 987654

百万の位（くらい）
7けたの数

十万の位
6けたの数

けた数でくらべる

不等号（＞，＜）

大 ＞ 小

小 ＜ 大

等号（＝）

同じなら
正面をむく

2

㋒ 245823 ＞ ㋓ 245283

けた数が同じ
上の位からじゅんにくらべる

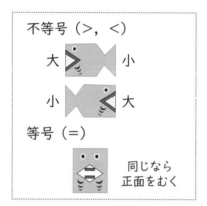

	千万	百万	十万	一万	千	百	十	一
㋒			2	4	5	8	2	3
㋓			2	4	5	2	8	3

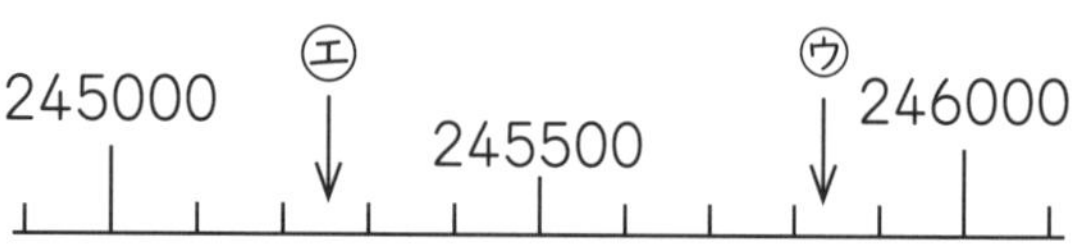

POINT 「フトウゴウくん」という教具や，数の大きさを比べるゲームを通して，楽しく授業を進めていきましょう。

1 「1234567」と「987654」の大きさを比べよう

T　どうやって大きさを比べたらいいですか。

C　「1234567」は7桁の数で，「987654」は6桁の数だから，「1234567」の方が大きい。

T　2つの数の大きさを「フトウゴウくん」が表してくれます。

「フトウゴウくん」を使って，不等号・等号の説明をする。

2 「245823」と「245283」の大きさを比べよう

C　今度は，どちらも同じ6桁の数だね。

C　そんな時は，上の位から順に大きさを比べていけばよかったよ。

位のものさしを使って調べてみよう
十万の位，一万の位，千の位の数は同じだから，百の位の数で比べるよ
「8」と「2」だから，㋒の方が大きいです

数直線でも㋒と㋓を比べる。
数の大小の比べ方をまとめる。

準備物	・ゲーム用カード（5cm×8cm 程度 児童数×6枚） QR ふりかえりシート QR 動画「フトウゴウくん」 QR 資料「どっちの位でショーゲーム」	ICT	フトウゴウくんなど，教師自身が考え出したオリジナル不等号キャラをイラスト化し，タブレット上で，説明しながら活躍させると盛り上がる。

〈ハイアンドローゲーム〉

ルール

❶ カードをよくまぜて，数が見えないように重（かさ）ねる。

❷ カードを１まいめくって，数を読む。

❸ ２まいめのカードをめくる前に数をよそうする。
２まいめのカードの数が，１まいめの数より大きい　→　「ハイ」
２まいめのカードの数が，１まいめの数より小さい　→　「ロー」

❹ ２まいめのカードをめくって，数を読む。
よそうが当たっていたら，２まいのカードをゲットできる。
カードをたくさんゲットできた人が勝（か）ち。

数の大小は，まずけた数をくらべる。けた数が同じなら，上の位からじゅんにくらべる。

3 「ハイアンドローゲーム」で数の大きさをくらべよう

T　グループ（4～5人）に分かれてゲームをします。机をグループで合わせましょう。

【ゲームの準備】

① １人にカードを６枚ずつ配る。

② 配ったカードに，１万から１億までの数を６つ選んで書く。
グループ内で同じ数にならないように声を掛け合いながら書く。

カードに書く数は，どの位も満遍なく入るよう心掛ける。
黒板に書いたゲームのルールを説明する。

T　予想が当たらなかった場合は，カードを混ぜて重ねます。数を間違って読んでしまった場合は，カードはゲットできません。注意しましょう。

１回ゲームが終わると，メンバーを交代する。
雨の日の休み時間などいつでも使えるよう準備しておくとよい。
QR「どっちの位でショー」のゲームも活用できる。

ふりかえりシートを活用する。

第 8 時
10 倍, 100 倍, 1000 倍した数

本時の目標　10 倍すると位が 1 つ, 100 倍すると位が 2 つ, 1000 倍すると位が 3 つ上がることを理解する。

板書例

× 10, × 100, × 1000 してみよう

1 1 こ 20 円のあめを 10 こ買うと, 代金（だいきん）は何円になりますか。

式　20 × 10

⑩⑩⑩⑩⑩⑩⑩⑩⑩⑩ ⇒ (100)
⑩⑩⑩⑩⑩⑩⑩⑩⑩⑩ ⇒ (100)

10 こ分

答え　200 円

百	十	一
	2	0
2	0	0

2 1 こ 25 円のあめを 10 こ買うと, 代金は何円になりますか。

式　25 × 10

⑤⑤⑤⑤⑤⑤⑤⑤⑤⑤ ⇒ (50)
⑩⑩⑩⑩⑩⑩⑩⑩⑩⑩ ⇒ (100)
⑩⑩⑩⑩⑩⑩⑩⑩⑩⑩ ⇒ (100)

10 こ分

答え　250 円

百	十	一
	2	5
2	5	0

POINT　お金を 10 個分並べることで, 10 をかけることが具体的に見えるようにします。

1　1 個 20 円のあめ 10 個分ではいくらになりますか

T　式はどうなりますか。

C　式は 20 × 10 です。20 円の 10 個分だからです。

お金カードを使って, 黒板に 20 円を 10 個分並べる。20 × 10 になることを目に見えるようにする。

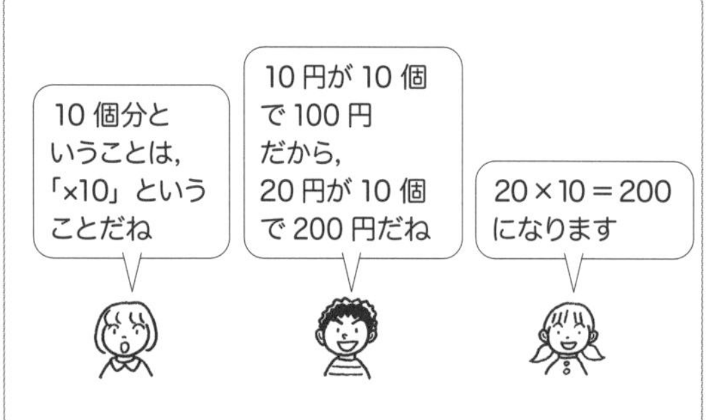

＜ 10 倍について＞

厳密にいうと, 10 倍と 10 個分は違うが, どちらも「× 10」で表すことができる。ここでは, 『「× 10」は, 10 倍ということである』と触れておく。

2　1 個 25 円のあめ 10 個分ではいくらになりますか

C　25 円の 10 個分だから, 25 × 10 になります。

お金カードを使って答えを確かめる。

C　5 円が 10 個で 50 円, 20 円が 10 個で 200 円だから, 答えは 250 円になります。

T　20 × 10 ＝ 200 と, 25 × 10 ＝ 250 から気づいたことはありませんか。

位取り表に数を書いて, 数を 10 倍（× 10）すると, 位が 1 つずつ上がり, 数の最後に 0 が 1 つつくことをまとめる。

準備物
QR ふりかえりシート
QR 板書用お金カード

ICT
実際には，100 倍，1000 倍は，イメージの世界でしかないが，タブレットを使い，コピペすることで，100 倍，1000 倍の画像を作成することできる。

3

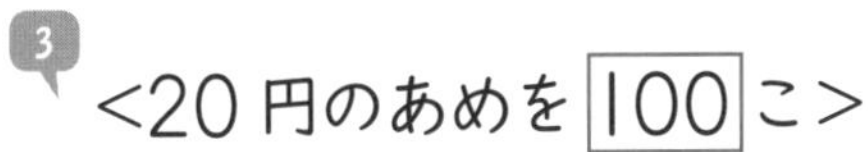

<20 円のあめを 100 こ>

式　20 × 100 = 2000

答え　2000 円

4

<20 円のあめを 1000 こ>

式　20 × 1000 = 20000

答え　20000 円

一万	千	百	十	一
			2	0
		2	0	0
	2	0	0	0
2	0	0	0	0

×100　×1000　×10　×10　×10

100倍　1000倍　10倍　10倍　10倍

× 10（10 倍）すると，位(くらい)が 1 つ上がる。
× 100（100 倍）すると，位が 2 つ上がる。
× 1000（1000 倍）すると，位が 3 つ上がる。

3　1 個 20 円のあめ 100 個分ではいくらになりますか

C　20 円の 100 個分だから，20 × 100 になります。
C　20 円を 100 個分並べるのは大変だね…
T　100 個分は，10 個分の 10 個分と考えましょう。

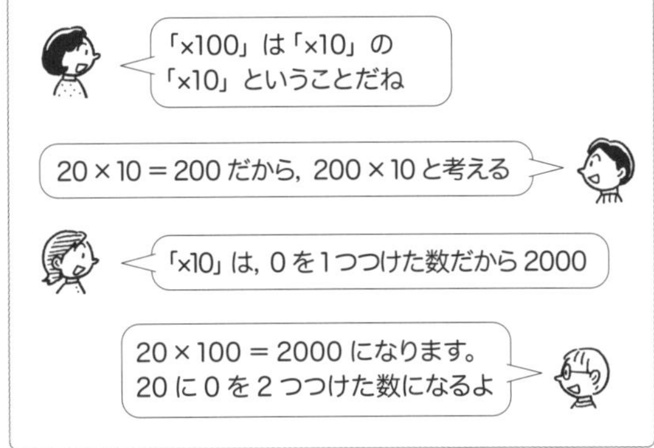

「×100」は「×10」の「×10」ということだね
20 × 10 = 200 だから，200 × 10 と考える
「×10」は，0 を 1 つつけた数だから 2000
20 × 100 = 2000 になります。20 に 0 を 2 つつけた数になるよ

位取り表に数を書き，数を 100 倍（× 100）すると，位が 2 つずつ上がり，数の最後に 0 が 2 つつくことをまとめる。

10 倍の 10 倍を 20 倍と考える児童もいる。お金を使った図で納得できるようにする。

4　1 個 20 円のあめ 1000 個分ではいくらになりますか

C　20 円の 1000 個分だから，20 × 1000 です。
C　1000 個分の代金は，100 個分の 10 個分と考えたらいいね。

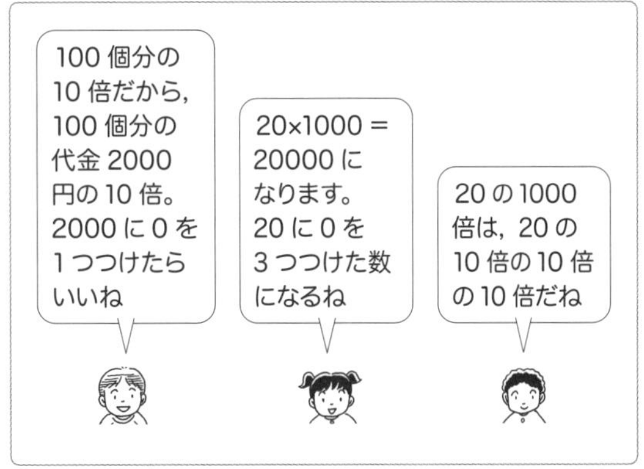

位取り表に，数を 10 倍，100 倍，1000 倍していったときの数をまとめる。

ふりかえりシートを活用する。

第 9 時
10 でわった数

本時の目標　10 でわると，位が 1 つ下がることを理解する。

板書例

÷ 10 を してみよう

1

10 こで 200 円のあめがあります。
あめ 1 こは何円になりますか。

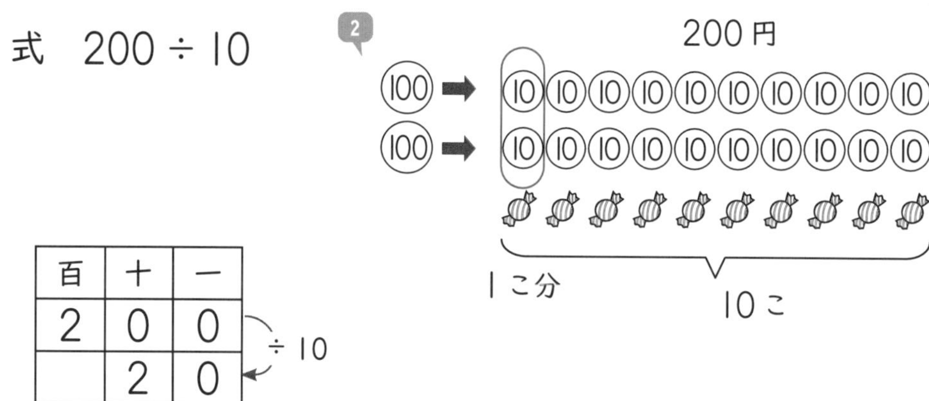

百	十	一
2	0	0
	2	0

答え　20 円

POINT　本時もお金を使って，具体的に操作しながら「10 でわる」意味を確かめます。

1　10 個で 200 円のあめがあります。あめ 1 個分はいくらになりますか

児童に答えを予想させる。

C　式は 200 ÷ 10 です。20 × 10 = 200 だったから，200 ÷ 10 = 20 だよ。

C　「× 10」では，0 を 1 つつけたから，「÷ 10」は，その反対になると思うよ。

黒板にカード（百円玉 2 枚とあめ 10 個）を掲示する。

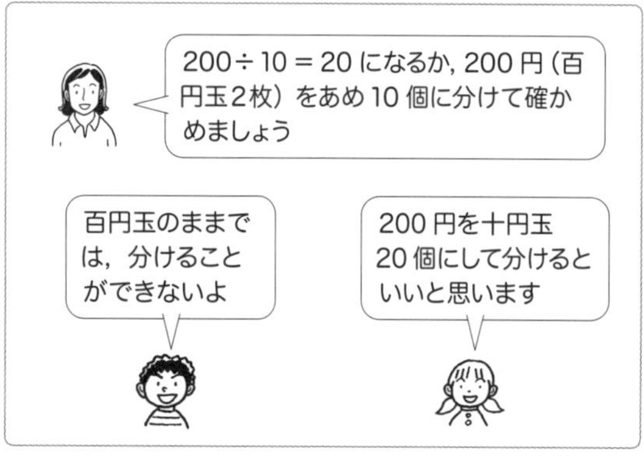

2　200 円をあめ 10 個に等しく分けてみよう

百円玉 2 枚を十円玉 20 枚に変えたものを掲示する。

C　十円玉 20 枚を 10 に分けてみよう。

C　やっぱり，1 個分の代金は 20 円です。

T　数を 10 倍する（10 をかける）と，位が 1 つずつ上がり，数の最後に 0 を 1 つつけた数になりました。

位取り表に書いてまとめる。

準備物	QR ふりかえりシート QR 板書用お金カード

ICT	本物のお金を用意することが困難な場合は，お金のイラストを児童のタブレットに送信し，シート上で自由に操作しながら考えさせる。

10 こで 230 円のあめがあります。
あめ 1 こは何円になりますか。

式　230 ÷ 10

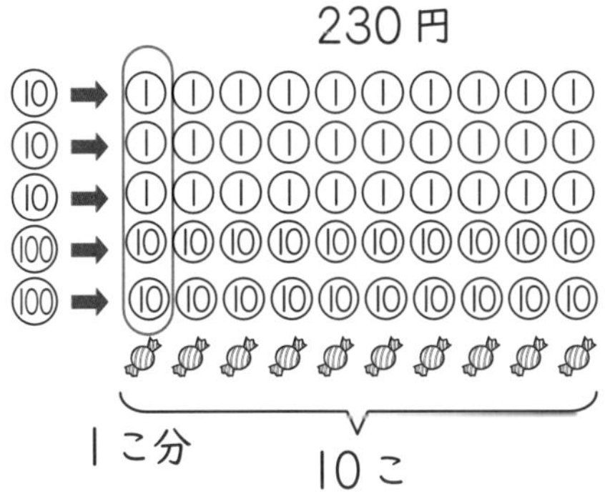

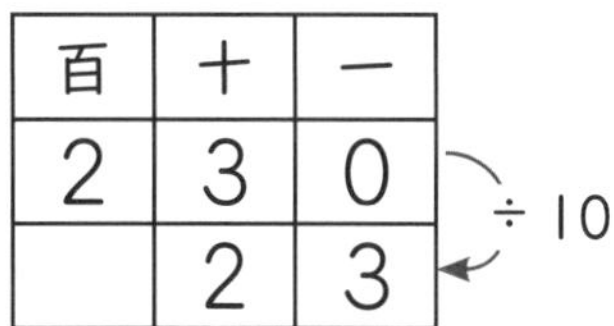

百	十	一
2	3	0
	2	3

答え　23 円

10 でわると，位が 1 つ下がる。一の位の 0 をとった数になる。

3　10 個で 230 円のあめがあります。あめ 1 個分はいくらになりますか

C　式は 230 ÷ 10 で，答えは 23 円になります。なぜかというと，「÷ 10」をすると，位が 1 つ下がります。一の位の 0 をとった数になるからです。

T　では，実際に 230 円を 10 に分けてみましょう。

まず，百円玉 2枚は，十円玉 20 枚に両替えしないといけないね
十円玉3枚もこのままでは分けれないよ
一円玉 30 枚にすれば分けることができるね

T　あめ 1 個分は，20 円と 3 円で，合わせて 23 円になります。考えた通りでした。

位取り表に書いてまとめる。

4　数を 10 倍，100 倍，1000 倍，÷ 10 をしてみよう

練習問題をする。

① 300　② 560　③ 700　④ 3090　⑤ 2000

2000 を 1000 倍した数など，0 が多くなるものには注意する。

【発展】「300 ÷ 100 はいくつになるでしょう」

かける方は，100 倍，1000 倍まで扱うが，わる方は ÷ 10 までの学習である。小数にならない数であれば，状況をみて，÷ 100，÷ 1000 も続けて扱ってみてもよい。

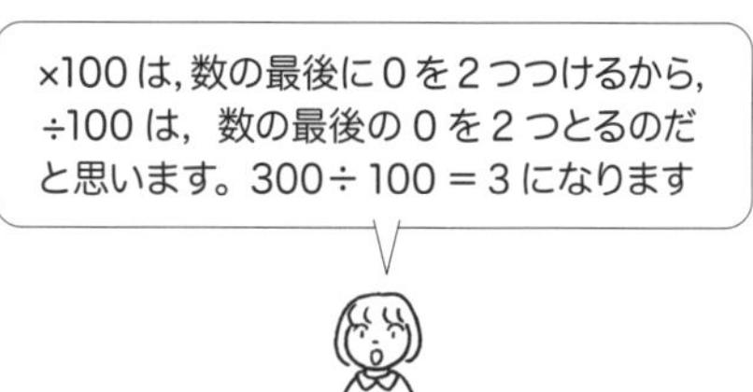

×100 は，数の最後に 0 を 2 つつけるから，÷100 は，数の最後の 0 を 2 つとるのだと思います。300 ÷ 100 ＝ 3 になります

学習のまとめをする。ふりかえりシートを活用する。

第10時

大きな数のたし算・ひき算

本時の目標　大きな位（十万の位まで）のたし算ひき算ができる。

板書例

代金のはらい方を考えよう

1 ドライヤー　14000円

〈14000はどんな数？〉

㋐ 一万円さつと千円さつ
10000と1000を4こ
あわせた数

㋑ 一万円さつだけ
20000円で6000円おつり
20000より6000小さい数

㋒ 千円さつだけ
千円さつ　14まい
1000を14こ集（あつ）めた数

2 電気ストーブ　18000円

〈何円高い〉

100の何こ分かで考える

式　18000 − 14000 = 4000

答え　電気ストーブが4000円高い。

〈あわせて何円〉

式　18000 + 14000 = 32000

答え　32000円

POINT　数を相対的に見る学習を生かせば，大きな数でも2桁の加減計算と同じように計算できることに気づくでしょう。

1 ドライヤーの代金の払い方を考えよう

T　14000円を支払うには，どんな払い方がありますか。㋐～㋒の場合で考えましょう。
- ㋐　一万円札と千円札で払う場合
- ㋑　一万円札だけで払う場合
- ㋒　千円札だけで払う場合

14000という数を代金の支払いという具体的な場面でいろいろな角度から見ていく。㋐は1000と4000を合わせた数，㋑は20000よりも6000小さい数，㋒は1000を14集めた数とまとめる。

2 電化製品の代金の差や合計を求めよう

T　電気ストーブは，ドライヤーより何円高いですか。また，両方買うと何円になりますか。

C　差を求めるにはひき算です。18000 − 14000 = 4000で，電気ストーブが4000円高いです。

C　合計は，18000 + 14000で，32000円です。

T　どうやって計算しましたか。

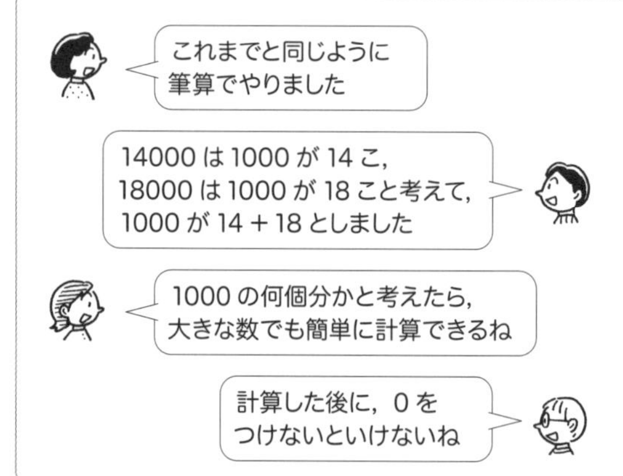

準備物	・数字カード（計算クイズ用） QR ふりかえりシート

ICT	ドライヤーなどの実際の品物を画像にし，児童のタブレットに送信する。問題を解く時，その画像を提示，共有しながら考えさせると，生活感がわく。

3

テレビ　35 万円
れいぞうこ　28 万円

〈何円高い〉

式

（1 万の何こ分かで考える）

35 万円－ 28 万円 ＝ 7 万円

答え　テレビが 7 万円高い。

〈あわせて何円〉

式

35 万円＋ 28 万円＝ 63 万円

答え　63 万円

大きい数になっても，これまでのたし算・ひき算のように位（くらい）をそろえて計算する。

3 大きな数の計算をしよう

T　今度は，テレビと冷蔵庫の代金を計算しましょう。2つの値段の違いは何円ですか。また，両方買うと何円になりますか。

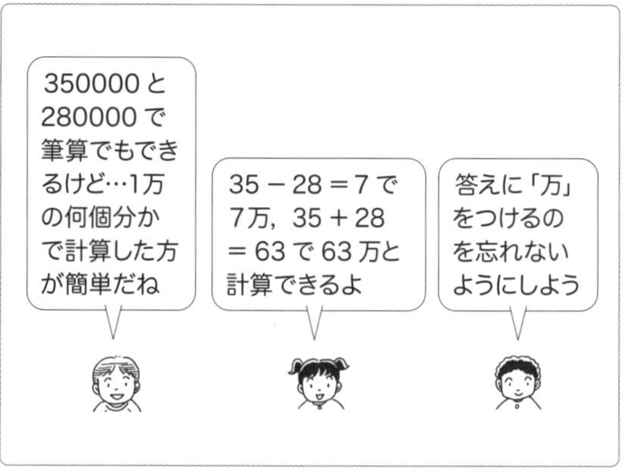

350000 と 280000 で筆算でもできるけど…1万の何個分かで計算した方が簡単だね
35 − 28 ＝ 7 で 7万，35 ＋ 28 ＝ 63 で 63 万と計算できるよ
答えに「万」をつけるのを忘れないようにしよう

1000 や 1 万をもとにした計算練習をする。

4 計算クイズをしよう

T　0 〜 9 の 10 枚のカードから 8 枚を使って 4 桁の数を 2 つ作り，「㋐答えがいちばん大きくなるたし算」と「㋑答えがいちばん小さくなるひき算」を作りましょう。

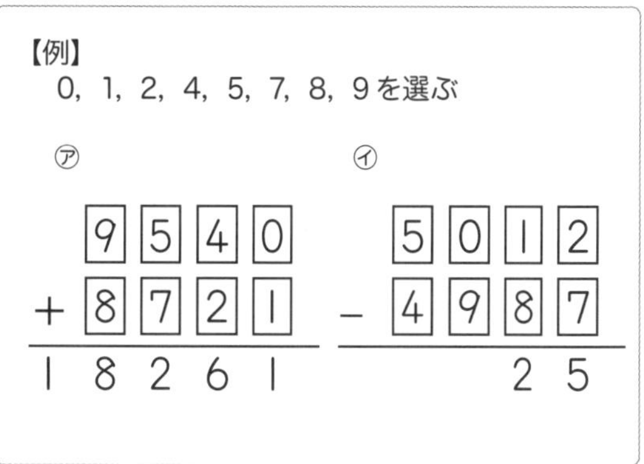

学習のまとめをする。ふりかえりシートを活用する。

かけ算の筆算（1）

全授業時数 10 時間

◎ 学習にあたって ◎

<この単元で大切にしたいこと>

本単元のねらいは，乗法の九九を活用し，位取りを意識した筆算ができるようになることです。ややもすると，数字の計算だけが前面に出てしまいがちですが，現実の場面との関連性を意識しながら学習できるように工夫することも重要です。そして，数字だけでなく半具体物（ブロック）を使って，位取りを意識した乗法の筆算の仕方を考えることや，計算が正しくできているかを半具体物操作を通して確かめることが大切です。また，本単元では筆算の仕方を言葉でまとめるなどを通して表現する力を伸ばすとともに，かけ算九九やたし算でつまずいている児童には，それを補う良い機会ととらえて指導します。

<数学的見方考え方と操作活動>

それぞれのタイプの計算は，どれも既習の数の構成や十進位取り記数法，乗法九九などの基本的な計算を基にしてできています。ですから，どれも既習の内容を活用して解決することができます。そして，その数の構成や十進位取り記数法を目で見てよくわかる半具体物（ブロック）を活用して説明することができます。

<個別最適な学び・協働的な学びのために>

既習を生かして解決できる内容であっても，自信がもてなかったり，間違ってしまうことも当然あります。そんなときこそが学び合うチャンスです。学級のみんなで話し合い，考えることを大切にします。そして，半具体物操作を通して確かめるようにします。学習の導入の多くは文章問題から入ります。そして，学習の終わりの多くは文章問題作りをするようにします。計算と現実の場面とを関連させておくことで学びが確かになり，深まります。個別指導ができる時間を確保して，その時間に学習内容が身につくようにします。また，進んで発展的に学習に取り組めるような課題も準備しておくようにします。計算ゲームも取り入れて，計算練習も人と人との関わりを大切にしながら学習できるようにします。

◎ 評　価 ◎

知識および技能	2・3 位数× 1 位数の筆算の仕方を理解し，筆算をして答えを求めることができる。
思考力，判断力，表現力等	2・3 位数× 1 位数の筆算の仕方を，数の構成や十進位取り記数法，乗法九九などの基本的な計算を基にして考えて表現することができる。
主体的に学習に取り組む態度	2・3 位数× 1 位数の筆算の仕方がこれまでの基本的な計算を基にできていることのよさに気づき，学習や身近な生活と関わらせて生かそうとしている。

◎ 指導計画　10 時間 ◎

時	題	目　　標
1	何十，何百 ×１位数	何十 ×1位数，何百×1位数の意味を理解し，その計算ができる。
2・3	2位数 ×1位数 (繰り上がりなし)	2位数 ×1位数 （ 繰り上がりなし ） の筆算の仕方を理解し，その計算ができる。
4	2位数 ×1位数 (十の位に繰り上がり)	2位数 ×1位数で，十の位に繰り上がる筆算の仕方を理解し，その計算ができる。
5	2位数 ×1位数 (百の位に繰り上がり)	2位数 ×1位数で，百の位に繰り上がる筆算の仕方を理解し，その計算ができる。
6	2位数 ×1位数 (積の和で繰り上がり)	2位数 ×1位数で，積の和で繰り上がる筆算の仕方を理解し，その計算ができる。
7	3位数 ×1位数 (繰り上がりなし・繰り上がり1回)	3位数 ×1位数の筆算の仕方を理解し，その計算ができる。
8・9	3位数 ×1位数 (繰り上がり1回・2回)	3位数 ×1位数で，繰り上がりがある筆算の仕方を理解し，その計算ができる。
10	3位数 ×1位数 (繰り上がり3回・空位あり)	3位数 ×1位数で，繰り上がりが3回以上や，空位がある筆算の仕方を理解し，その計算ができる。

第1時

何十，何百×1位数

本時の目標　何十×１位数，何百×１位数の意味を理解し，その計算ができる。

板書例

答えのもとめ方を考えよう

1

チョコレートが１はこに20こずつ入っています。
はこが，3はこあります。
チョコレートはぜんぶで何こありますか。

2

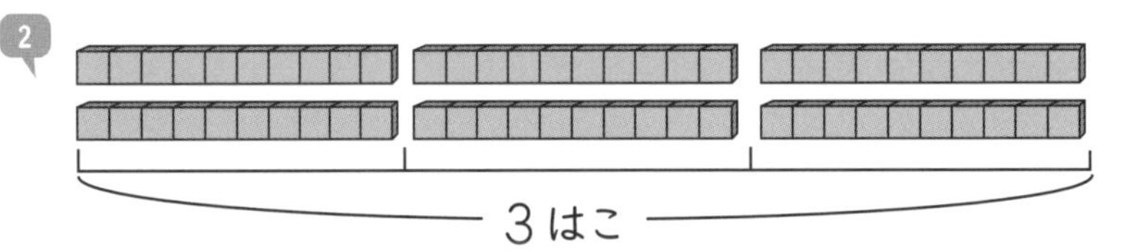

20×3は
10が（2×3）こ
6

１はこのこ数 × はこの数 ＝ ぜんぶのこ数

式　20 × 3 ＝ 60

答え　60こ

POINT　大きい数を10や100のかたまりで表すことで，大きな数のかけ算も九九を使って求められることに気づくでしょう。

1 チョコレートは何個あるか，図をかいて求めよう

問題文を提示する。

1箱に20個入っていて，それが3箱。20＋20＋20で全部で60個になるよ

10個ずつまとめたら，10のまとまりが6本で60個になります

T　式はどうなりますか。

C　1箱に5個ずつだったら，5×3＝15とかけ算になるので，式は20×3＝60になります。

C　かけ算だけど，九九で答えが求められない。

算数ブロックで，10のまとまりを「2×3」掲示する。

C　10をまとまりにして考えると，「2×3」で求めることができるんだね。10が，2×3＝6（本）で60になります。

2 10のまとまりを考えて計算しよう

T　「30×3」の答えの求め方を考えましょう。

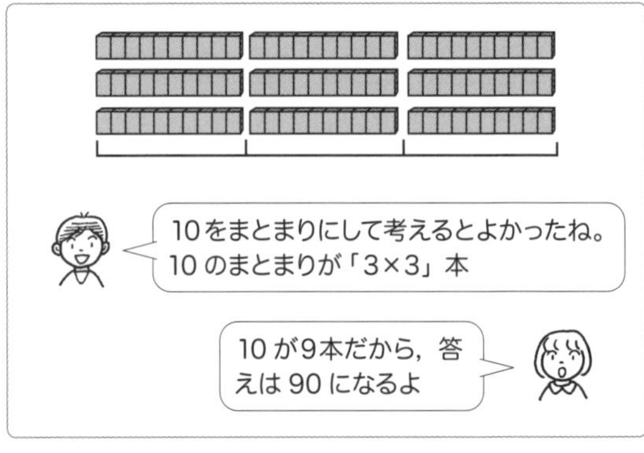

10をまとまりにして考えるとよかったね。10のまとまりが「3×3」本
10が9本だから，答えは90になるよ

算数ブロックで，10が（3×3）を掲示して確認する。

T　20×3は10が（2×3）こ，30×3は10が（3×3）こです。同じように練習問題をしましょう。

練習問題　①60×8　②40×5　③80×9

準備物
・算数ブロック
QR ふりかえりシート

ICT
まずは，実際の生活に即していることを意識させることが大切である。問題文の内容を画像やイラストにして，児童のタブレットに送信しておくとよい。

おり紙が１ふくろに 200 まいずつ入っています。
ふくろが，４ふくろあります。
おり紙はぜんぶで何まいありますか。

式　200 × 4 = 800

4

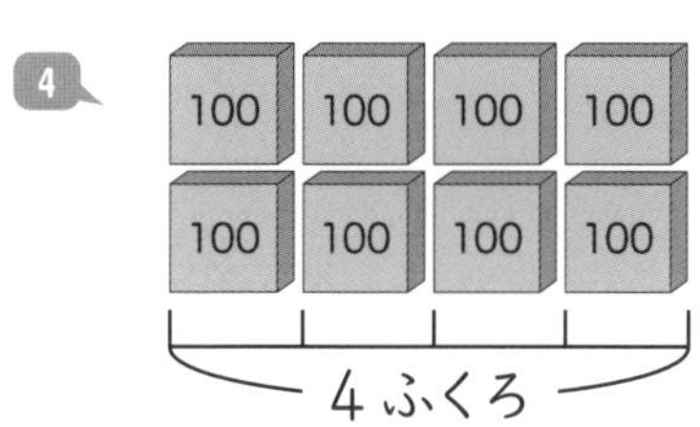

200 × 4 は
100 が（2 × 4）こ
8

答え　800 まい

何十×何は 10 のまとまりで，何百×何は 100 のまとまりで考えると計算できる。

3 折り紙は全部で何枚あるか考えよう

問題文を提示する。

C　1 袋に 200 枚ずつ 4 袋あるから，式は 200 × 4 になるよ。これもかけ算九九では答えられないね。

C　さっきは，10 のまとまりで考えたから，同じように考えられないかな。

図をかいて考えましょう。
かけ算を使って求められるかな
100 枚の袋がいくつあるかで考えよう
100 が「2 × 4」袋になるよ。100 が 8 だから 800 だね

C　何百のかけ算は，100 のまとまりで考えたら計算できるね。100 が（2 × 4）こで 800 です。

4 100 のまとまりを考えて計算しよう

T　「300 × 4」の答えの求め方を考えましょう。

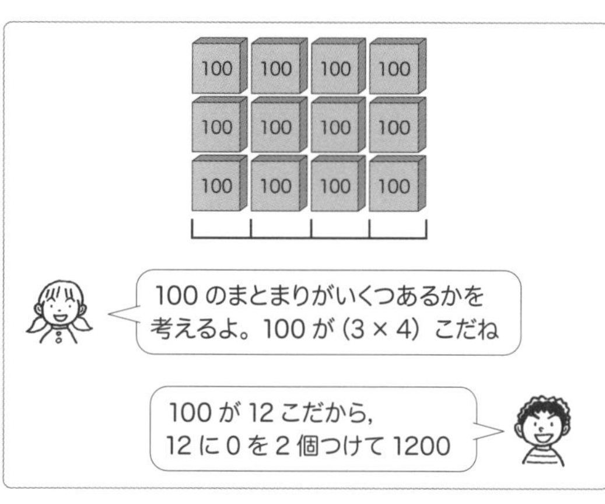

100
100 のまとまりがいくつあるかを考えるよ。100 が（3 × 4）こだね
100 が 12 こだから，12 に 0 を 2 個つけて 1200

C　何十（何百）×何の計算のときは，0 はないものとして計算して，後から 0 をつけるといいね。

練習問題をする。
① 200 × 7　② 600 × 6　③ 500 × 8
学習のまとめをする。ふりかえりシートを活用する。

第2・3時

2位数×1位数
繰り上がりなし

本時の目標　2位数×1位数（繰り上がりなし）の筆算の仕方を理解し，その計算ができる。

板書例

かけ算の筆算（ひっさん）をやってみよう

1

|はこにあめが21こずつ入っています。
はこが，3はこあります。
あめはぜんぶで何こありますか。

式　21×3

2

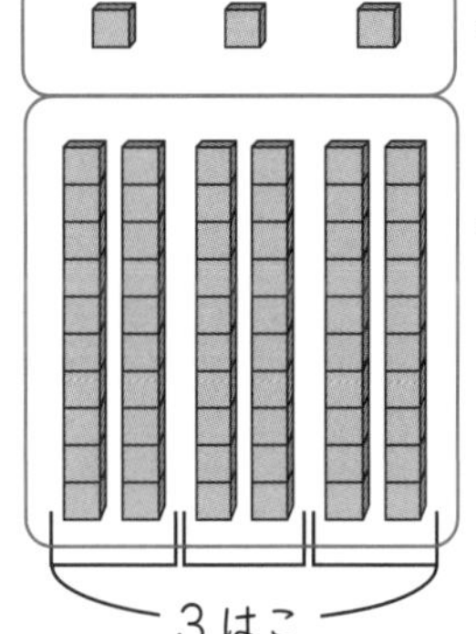

…㋐　1×3＝3

…㋑　10が
2×3＝6
だから60

$$\begin{array}{r} 21 \\ \times\ \ 3 \\ \hline 3 \\ 60 \\ \hline 63 \end{array}$$

3 ……㋐
60 ……㋑

答え　63こ

POINT　かけ算の筆算と図を関連させて，筆算の答えは，位ごとのかけ算九九の答えを合わせたものと理解できるようにします。

1 あめは全部で何個になるか考えよう

C　式は，「1箱分の数×箱の数＝全部の数」だから，21×3のかけ算になります。

T　図をかいて答えを求めてみましょう。

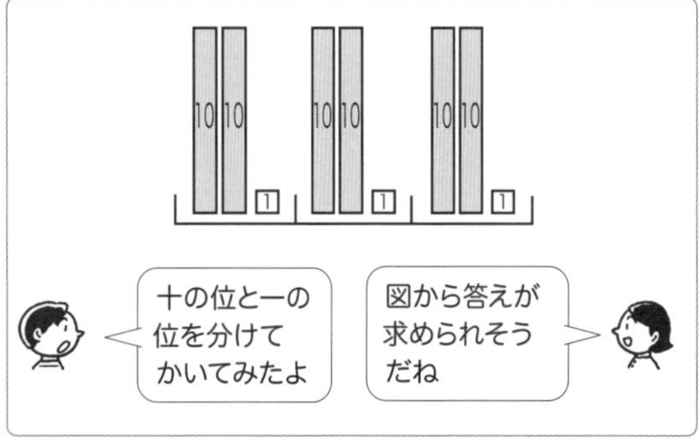

10
10
1
十の位と一の位を分けてかいてみたよ
図から答えが求められそうだね

C　一の位は，1×3で3，十の位は，10が（2×3）で60，合わせて答えは63になったよ。

C　1×3と，20×3の答えを合わせた数だね。

T　一の位と十の位を分けて計算したらできそうですね。

2 「21×3」の筆算のしくみを考えよう

ブロック図と照らし合わせながら進める。

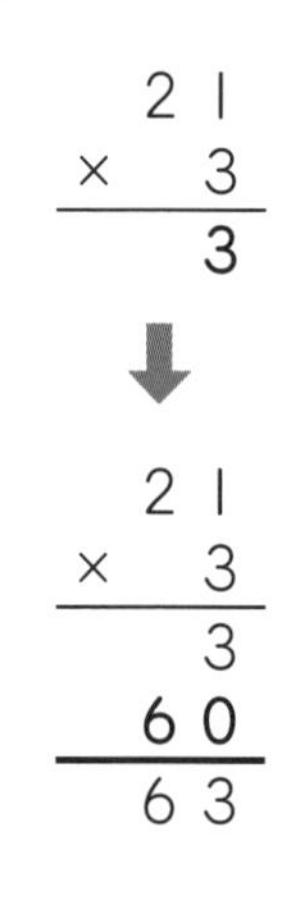

$$\begin{array}{r} 21 \\ \times\ \ 3 \\ \hline 3 \end{array} \quad \Downarrow \quad \begin{array}{r} 21 \\ \times\ \ 3 \\ \hline 3 \\ 60 \\ \hline 63 \end{array}$$

T　21×3を筆算の形に書きます。はじめに1×3をします。1×3＝3の3は図のどこにありますか。

C　㋐です。

T　3個なので，一の位に書きます。

T　次に，20×3です。
20×3＝60の60は図のどこにありますか。

C　㋑です。

T　60を筆算に書きます。3と60を合わせて，答えは63になります。

準備物
・算数ブロック
QR ふりかえりシート
QR 文章問題作りシート

ICT
「筆算のしかた」を授業中の黒板や教室の掲示物だけでなく，児童のタブレットにも送信しておくと，児童が確認したいときにいつでも見ることができる。

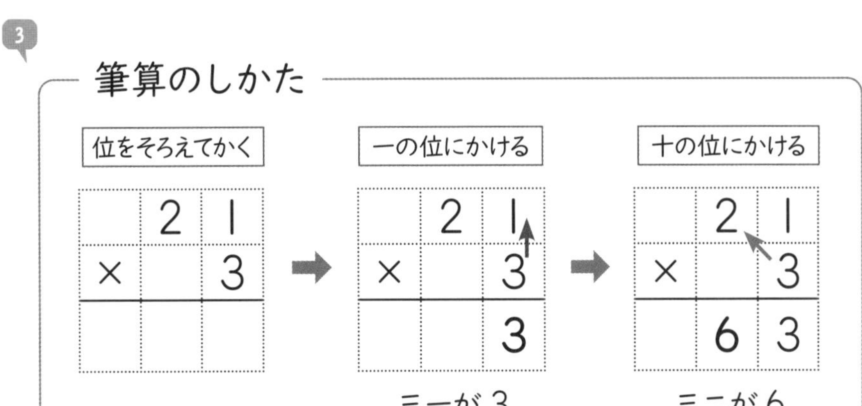

かけ算の筆算は，位(くらい)ごとに分けて計算すれば，九九を使(つか)って答えが求められる。

3 「21 × 3」を筆算でやってみよう

T　筆算の仕方をまとめます。

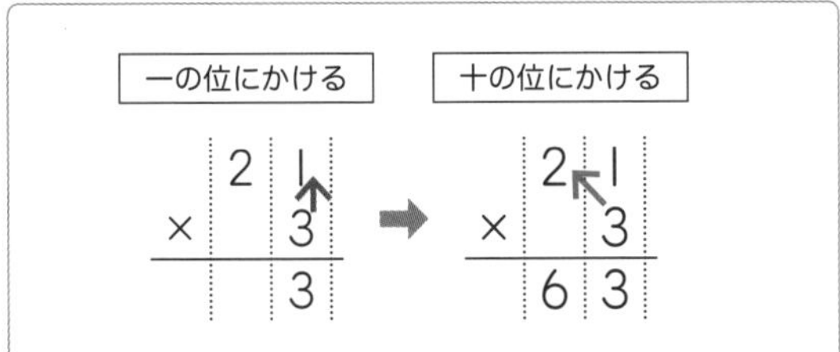

C 「1 × 3」も「3 × 1」も答えが同じだから，3 の段を使って計算するんだね。

C 「2 × 3」も「3 × 2」でできるよ。

C　2 段筆算にしなくてもできるから便利だね。

「位をそろえてかく」については，実際は「21 個」と「3 箱」と異なるもののため揃える必要はありません。以降，「何十をかける計算」や「小数のかけ算」でも位を揃えません。この段階では，児童にわかりやすい表現として使います。

4 筆算の練習をしよう

練習問題をする。

① 34 × 2　② 12 × 4　③ 20 × 3　④ 96 × 1

まずは，筆算の仕方に沿って，黒板を見ながら「位をそろえてかく」「一の位のかけ算」「十の位のかけ算」と言いながら計算する。次は，今書いたものをできるだけ見ないようにしてもう一度計算をする。繰り返して計算のアルゴリズムを身につける。

早くできた児童は，文章問題作りに挑戦する。QR「文章問題作りシート」をたくさん準備しておくとよい。その間に，個別支援をして，この時間につまずいている児童がいないようにする。

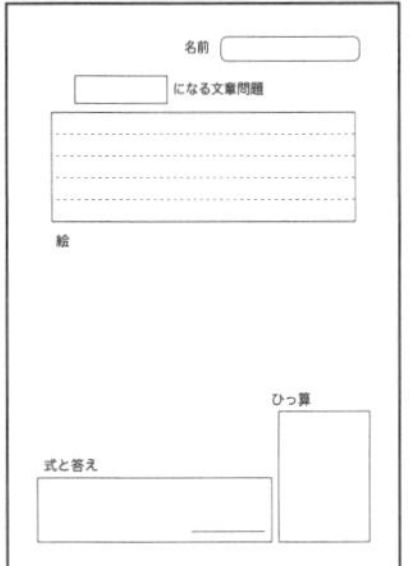

学習のまとめをする。ふりかえりシートを活用する。

第4時
2位数×1位数
十の位に繰り上がり

本時の目標　2位数×1位数で，十の位に繰り上がる筆算の仕方を理解し，その計算ができる。

板書例

筆算(ひっさん)の仕方を考えよう

1

| パックにトマトが 24 こずつ入っています。
3パックあります。
トマトはぜんぶで何こありますか。

式　24 × 3　　答え　72 こ

$$\begin{array}{r} 24 \\ \times\ \ 3 \\ \hline 12 \cdots\cdots ㋐ \\ 60 \cdots\cdots ㋑ \\ \hline 72 \end{array}$$

2

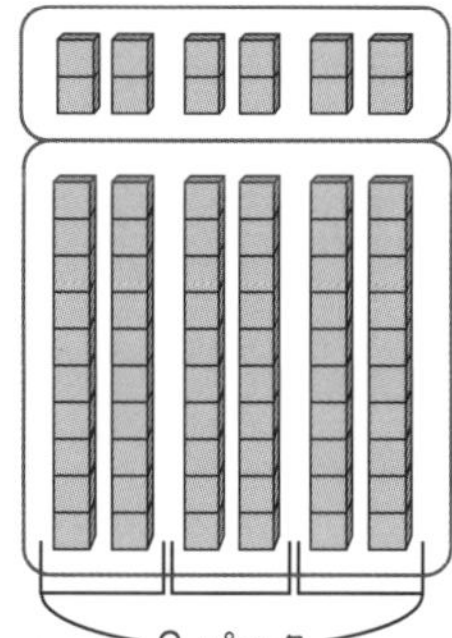

㋐ 4 × 3 = 12

㋑ 10 が
2 × 3 = 6
60

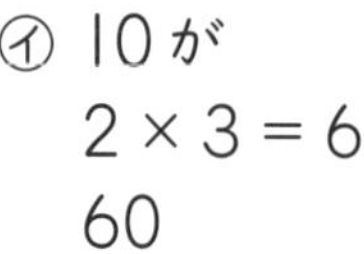

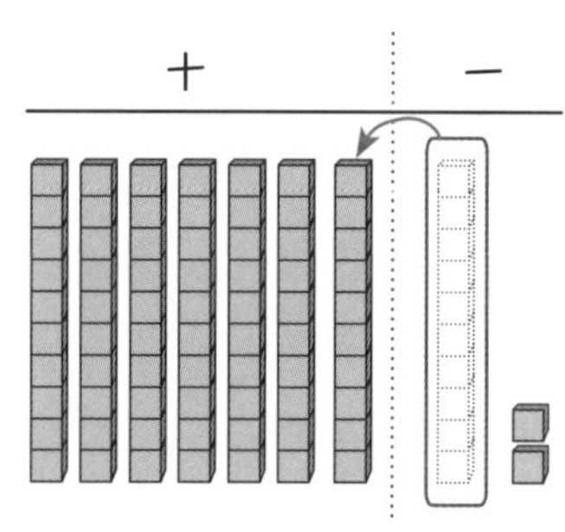

POINT　繰り上がりのある計算も，ブロック図を使って，筆算と図を関連させながら筆算の仕方を説明します。

1　トマトは全部で何個になるか考えよう

C　式は 24 × 3 です。筆算でやってみよう。

	2	4
×		3
6	1	2

	2	4
×		3
	6	12

4 × 3 = 12 で, 1 繰り上がる。この 1 は?
6 を 1 つ上へ繰り上げて書いてみたよ

20 × 3 = 60 だから，6 は十の位に書かないとだめだから…

前時に筆算を学習した児童は，筆算をやってみようとする。まずは，各自で取り組ませ，十の位に繰り上がる「1」をどうすればよいかを考えさせる。

T　答えは何個になるか，図を使って求めてみましょう。

算数ブロックで 72 個になることを確かめる。

2　「24 × 3」の筆算のしくみを考えよう

ブロック図と照らし合わせながら進める。

T　一の位から計算します。4 × 3 = 12 は図のどこにありますか。

C　㋐です。12 個です。

T　10 個はまとめて，十の位に入れましょう。

C　一の位は 2 になりました。

T　次に，十の位の計算です。20 × 3 = 60 は図のどこにありますか。

C　㋑です。10 が 6 本です。

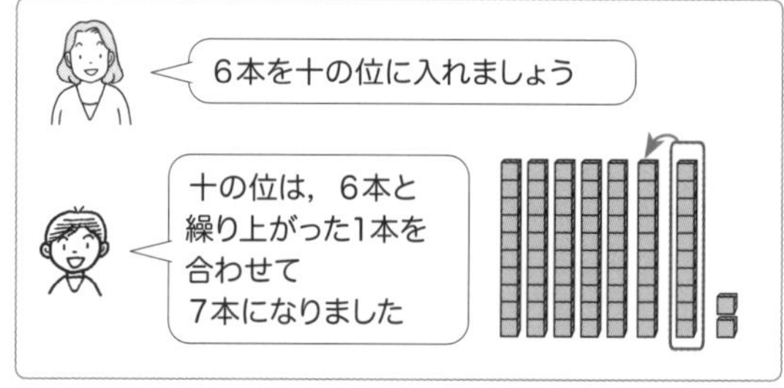

6本を十の位に入れましょう
十の位は，6本と繰り上がった1本を合わせて7本になりました

準備物	・算数ブロック QR ふりかえりシート（補助数字枠あり・枠なし） QR 文章問題作りシート	ICT	ブロックを1個，10個と実際の画像やイラストとして児童のタブレットに送信しておく。タブレットのシート上で操作をして，自由に考え，説明することができる。

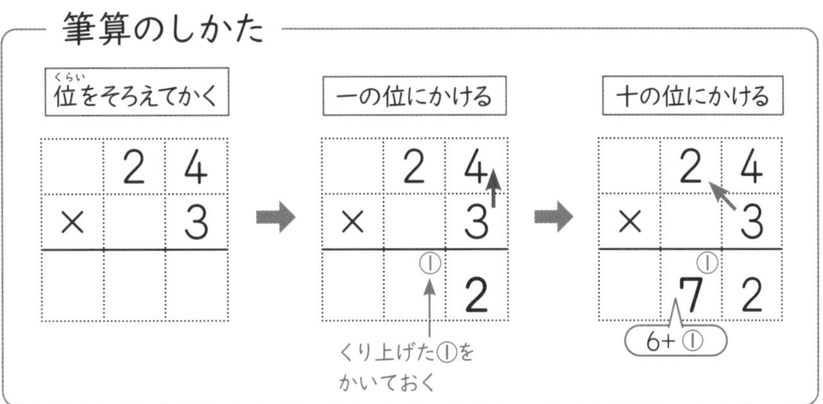

一の位でくり上げた数を十の位でたす。

かけ算の筆算は一の位からする。

3 「24 × 3」を筆算でやってみよう

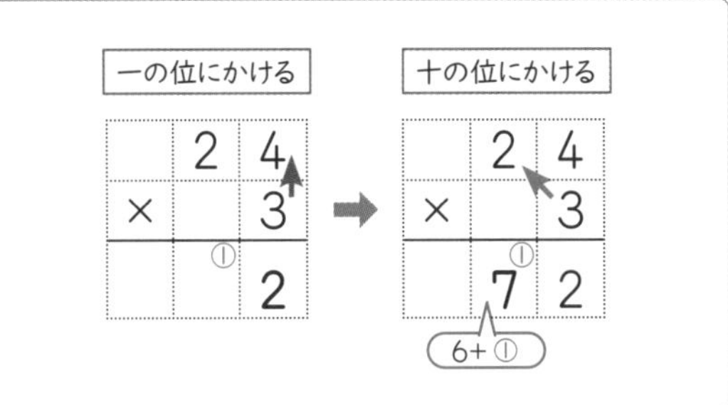

C　繰り上がりがある計算だと，一の位から計算しておいた方がいいね。

C　繰り上げた 1 を足すのを忘れないように，小さく書いておくといいね。

補助数字を書くのか，どう書くのかには，きまりはない。クラス全員でいちばんわかりやすい，納得する方法を決めておくとよい。

24 × 3 の筆算を何度か練習する。

4 お話をしながら筆算の練習をしよう

練習問題をする。

①17 × 5　②27 × 3　③ 49 × 2

④36 × 2　⑤15 × 4

T　17 × 5 をみんなでやってみましょう。

各自で問題に取り組ませる。早くできた児童は，文章問題作りに挑戦する。QR「文章問題作りシート」をたくさん準備しておくとよい。その間に，個別支援をする。

学習のまとめをする。ふりかえりシートを活用する。

第5時 2位数×1位数 百の位に繰り上がり

本時の目標　2位数×1位数で，百の位に繰り上がる筆算の仕方を理解し，その計算ができる。

板書例

筆算(ひっさん)のしかたを考えよう

1 52cm のリボンを 3 本作ります。ぜんぶで何 cm になりますか。

式　52 × 3

答え　156cm

	5	2
×		3
1	5	6

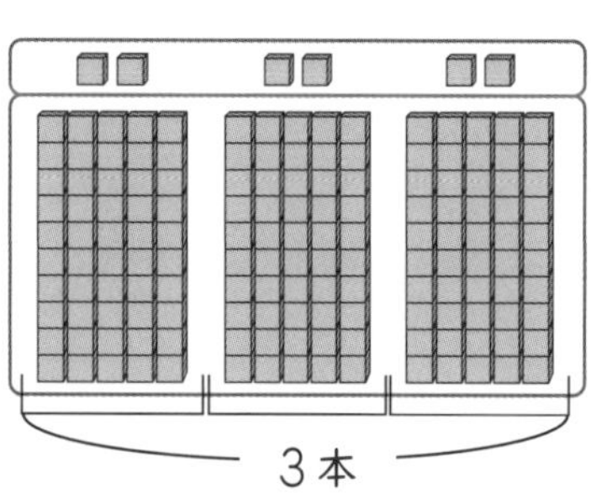

2 × 3 = 6

10 が
5 × 3 = 15
150

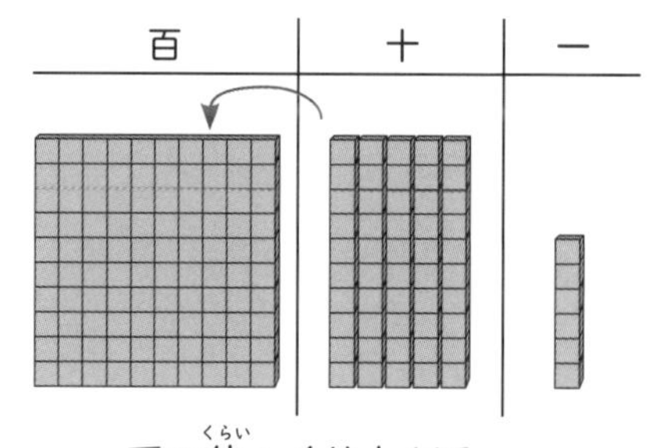

百の位(くらい)へくり上がる

POINT 十の位と百の位に繰り上がりのある筆算を，これまでの学習を生かして挑戦してみます。そして，筆算の仕方を自分の

1 リボンの長さは全部で何 cm になるか考えよう

C　式は，52 × 3 です。これまでの筆算と同じようにできるかな。

まず，「3 × 2 = 6」で一の位は 6，
次に「3 × 5 = 15」
これは，10 が 15 個だから 150 で
答えは 156 になるよ

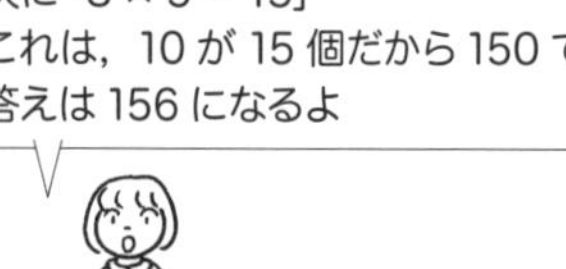

```
   5 2
 ×   3
     6
 1 5 0
 1 5 6
```

T　算数ブロックを使って答えと筆算の仕方を確かめましょう。ブロック操作と照らし合わせながら進める。

C　そうか，十の位の計算は，本当は 50 × 3 だから 150 になるんだね。

3 × 5 の 15 は 10 が 15 個であること，百の位へ繰り上がる計算であることを確認する。

2 リボンの長さを 54cm にして計算してみよう

T　計算をしたら，筆算の仕方をノートに書きましょう。友達に説明できるように書いてみましょう。

【A さん】

❶ 位を揃えて書きます。

❷ まず，一の位の計算をします。
3 × 4 = 12 で十の位に①繰り上げます。
一の位の答えは 2 です。

❸ 次に，十の位の計算をします。
3 × 5 = 15 で，百の位に 1 繰り上げます。
十の位の答えは，5 に繰り上げた①をたして 6 になります。 答えは 162cm です。

十の位にも百の位にも繰り上がる計算なので，繰り上げた数を忘れないように気をつけました。

自分の言葉でまとめて，文字にしておくことで，より理解も深まり，学習をふりかえった時にも大変有効である。

準備物	・板書用算数ブロック QR ふりかえりシート（補助数字枠あり・枠なし） QR 文章問題作りシート	ICT	54×3の筆算の仕方をノートかタブレット，児童に選ばせて活動をする。ノートの画像やタブレットのシートを送信させ，全員で共有すると理解が深まる。

2
3
＜54×3の筆算の仕方を書いてみよう＞

① 位をそろえてかく

② 一の位の計算

3×4＝12
十の位に①くり上げる
一の位は2

	5	4
×		3
1	6 ①	2

③ 十の位の計算

3×5＝15
百の位に①くり上げる
十の位は5
くり上げた①をたして6
百の位は1

答えが3けたになっても，
筆算のしかたは同じ。
くり上げた数をわすれないでたす。

ことばで説明できるようにします。

3 筆算の仕方を自分のことばでまとめよう

【Bさん】

図をかいてまとめてみました。
一の位は，4×3＝12で，一の位に①繰り上がる。一の位は2。
十の位は，10が5×3＝15で150。
百の位に1繰り上がる。十の位の答えは，5と繰り上げた①で6になる。答えは162cm

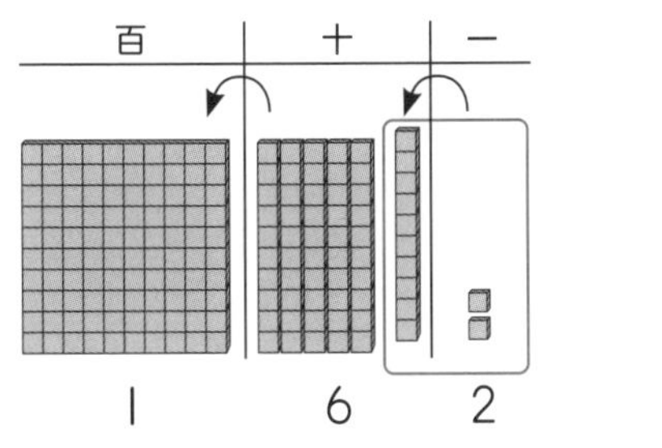

児童に黒板で説明をしてもらい，全体で確認する。

4 お話をしながら筆算の練習をしよう

練習問題をする。
① 36×8　② 98×2　③ 25×7　③ 36×5

T　36×8を一緒にやってみます。お話（説明）しながらできるようにしましょう。

36×8の筆算をします。はじめに一の位の計算をします。8×6＝48で，十の位に④繰り上げます。一の位の答えは8です。次に，十の位の計算をします。8×3＝24で，百の位に2繰り上げます。十の位の答えは，4と繰り上げた4で8になります。答えは288です

全員ができたところで，児童に説明してもらう。「説明」というと，難しく感じる児童もいるため，少し大きい声で呟きながら筆算をしてもらう。

学習のまとめをする。ふりかえりシートを活用する。

第6時
2位数 ×1位数
積の和で繰り上がり

本時の目標　2位数×1位数で，積の和で繰り上がる筆算の仕方を理解し，その計算ができる。

板書例

どんな筆算(ひっさん)でもできるようになろう

㋐ 1

	2	9
×		2
	①5	8

4＋1＝5

㋑ 1

	2	9
×		4
1	③1	6

8＋3＝11

たし算で
百の位(くらい)へ
くり上がる

㋒ 2

	8	9
×		6
5	⑤3	4

48＋5＝53

たし算でも
かけ算でも
百の位にくり上がる

POINT　かけ算でもたし算でも繰り上がる型の計算を扱います。繰り上がった数を忘れないように，間違えないように計算をする

1 「㋐ 29 × 2」と「㋑ 29 × 4」を筆算でして，違うところを見つけよう

C　一の位はどちらも十の位に繰り上がるね。㋐は 2 × 9 ＝ 18 で①繰り上がるし，㋑は 4 × 9 ＝ 36 で③繰り上がる。

C　十の位は，㋐は 2 × 2 ＝ 4，㋑は 4 × 2 ＝ 8 で，どちらも繰り上がらない計算だよ。

答えは，㋐は 58 で，㋑は…
116，答えが3桁になったよ

㋑は，8＋3＝11 で
繰り上がりがあるんだ。
そこが違うのかな

T　㋑は，たし算で百の位に繰り上がる計算です。

2 たし算でもかけ算でも繰り上がる計算をしてみよう

T　「㋒ 89 × 6」を筆算でしてみましょう。繰り上がりに気をつけましょう。

```
   8 9          4 8        8 9
×    6       +    5     ×    6
   ⑤4          5 3     4 8⑤4
```

6 × 8 ＝ 48 に繰り上げた 5 をたすよ。暗算するのは難しいな。横に書いて計算しよう

私も苦手だから，48 ＋ 5 と小さく書いておくよ

□□＋□を暗算ですることに抵抗がある子どももいる。

たし算の筆算枠を小さく加えたプリントを準備しておくなどの解決策も必要である。

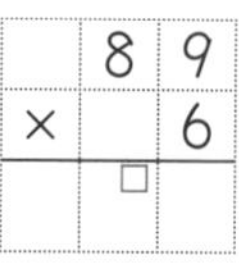

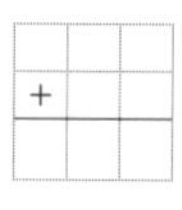

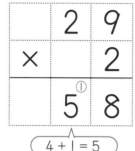

準備物	QR ふりかえりシート（補助数字枠あり・枠なし）	ICT	黒板以外の問題を用意し，児童のタブレットに送信しておく。黒板の問題を理解した児童から，自分のペースで解かせるとよい。答え合わせも自分でさせる。

㊄

	5	8
×		7
4	0⑤	6

35 + 5 = 40

たし算でもかけ算でも
百の位にくり上がり
十の位が 0 になる

㊅

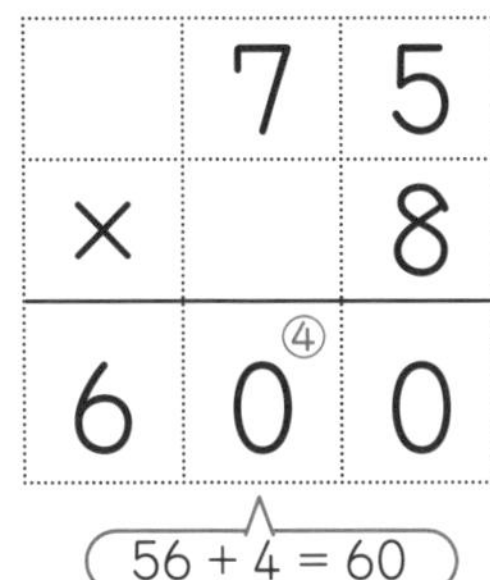

56 + 4 = 60

4 ＜計算づくり＞

かけ算でも
たし算でも
くり上がる計算

	4	7
×		9
4	2⑥	3

かけ算でのくり上がり，たし算でのくり上がりに気をつける。
くり上がりが何回あっても筆算のしかたは同じ。

工夫を見つけましょう。

3 「㊄ 58 × 7」と「㊅ 75 × 8」の筆算をしてみよう

C　また違うタイプの問題なのかな。

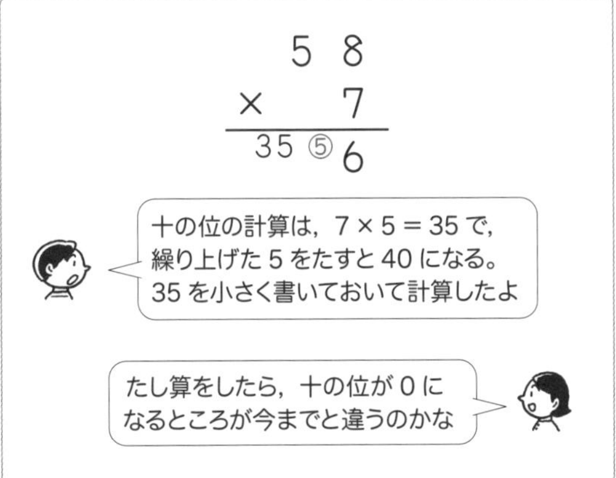

5 8
× 7
35 ⑤ 6
十の位の計算は，7 × 5 = 35 で，
繰り上げた 5 をたすと 40 になる。
35 を小さく書いておいて計算したよ
たし算をしたら，十の位が 0 に
なるところが今までと違うのかな

C　75 × 8 = 600 になったよ。一の位も十の位も 0 になる計算だね。

答えに空位がある計算は間違えが多いため注意する。

4 お話をしながら筆算の練習をしよう

練習問題をする。

① 18 × 9　② 87 × 6　③ 43 × 7

T　かけ算でもたし算でも繰り上がる計算を作ります。かける数を 9，8，7，6，5，4，3，2 と変えていきます。できない計算もありますよ。

たくさん作れたよ
4 7
× 9
4 36 2 ⑥ 3
かける数が 5 で
やってみたけど，
全く見つからないよ。
どうしてかな

かける数が，1，2，5 では，積と和のどちらでも繰り上がる筆算はできないが，その他は作ることができる。この課題に取り組んでいる間に，つまずいている児童の個別支援をする。

学習のまとめをする。ふりかえりシートを活用する。

第 7 時

3位数 ×1位数
繰り上がりなし・繰り上がり1回

本時の目標 3位数×1位数の筆算の仕方を理解し，その計算ができる。

板書例

3けた×1けたの筆算（ひっさん）のしかたを考えよう

1 1しゅうが 213m のコースを 3 しゅう走ると，何 m 走ったことになりますか。

式 213 × 3

$$
\begin{array}{r}
213 \\
\times \quad 3 \\
\hline
9 \\
30 \\
600 \\
\hline
639
\end{array}
$$

2

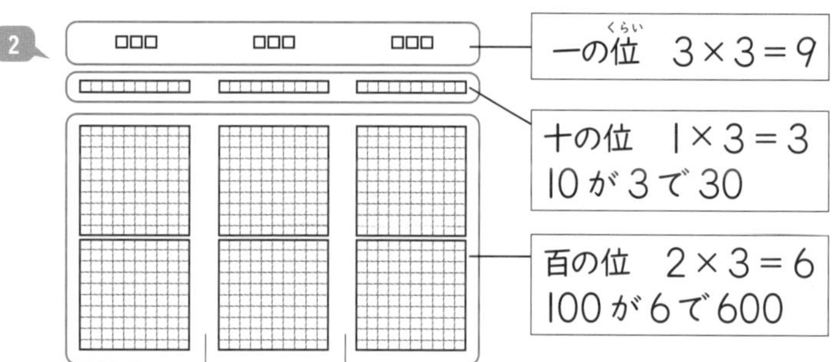

答え 639m

POINT 3位数×1位数の筆算になっても，同じように計算すればできると思えるようにします。

1 全部で何 m 走ったか考えよう

C 式は 213 × 3 です。かけられる数が 3 けたになったけど，これも筆算でできるかな。

2 1 3
× 3
3 9
今までと同じ
やり方で，
一の位から
計算していくよ
一の位，
十の位，…次
は百の位の
計算をしたら
いいのかな

C 百の位は，3 × 2 = 6 で，6 を百の位に書くよ。答えは 639 mで合っているのかな。

「3 位数× 1 位数」の筆算の仕方を子ども自身が考える時間を取る。これまでと同じ手順で計算を進めればよいことに気づかせたい。

2 ブロック図で「213 × 3」の筆算のしくみを確かめよう

黒板に算数ブロック 213 個を 3 つ掲示し，ブロック図と照らし合わせながら進める。

T はじめは，一の位です。3 × 3 = 9 です。

C 一の位の答えは 9 です。

T 次は，十の位です。1 × 3 = 3 です。

C これは，10 が 3 本だから 30 になります。

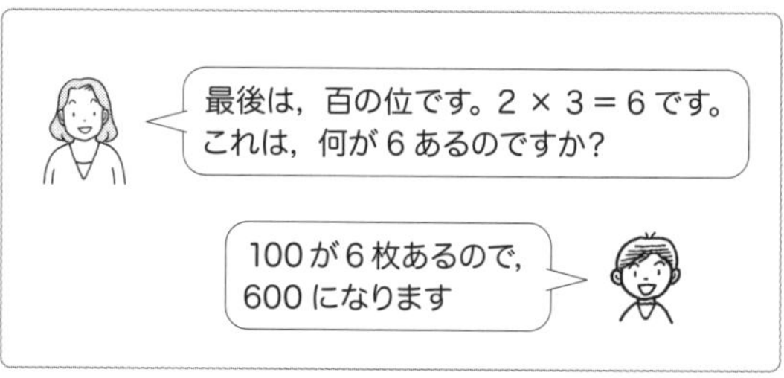

最後は，百の位です。2 × 3 = 6 です。
これは，何が 6 あるのですか？
100 が 6 枚あるので，
600 になります

C 9 と，30 と，600 で 639，3 × 3 と，10 × 3 と，200 × 3 を合わせた数だね。

筆算の仕方をまとめる。

準備物

・算数ブロック（1，10，100）
QR ふりかえりシート
QR 文章問題作りシート

ICT

活動４のお話をしながら筆算の練習をする時に，タブレットで問題を共有し，書き込みをしながらお話をし合うと理解が深まりやすい。

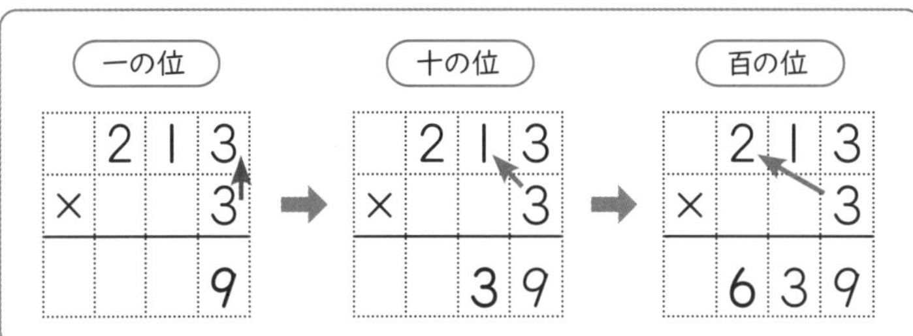

3

１はこが 823 円のおかしがあります。
３はこでは代金は何円になりますか。

式　823 × 3

答え　2469 円

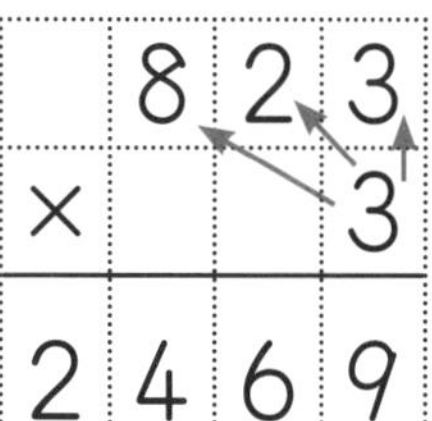

かけられる数が３けたになっても，筆算のしかたは今までと同じ。

3　3箱分の代金はいくらになるか考えよう

C　式は 823 × 3 だね。筆算でしてみよう。
C　一の位から順に計算していくよ。
T　お話（説明）をしながら，筆算をしましょう。

…最後は，百の位の計算です。3 × 8 ＝ 24 で，千の位に②繰り上がって，百の位の答えは４になります

この 24 は，100 が 24 こだから 2400 になるんだね。千の位に繰り上がる計算だ

全体で筆算の仕方を確認する。

T　これまでの学習を生かして，千の位に繰り上がる計算もできましたね。かけられる数が３桁になっても同じように計算すればできますね。

4　お話（説明）をしながら筆算の練習をしよう

T　小さい声でお話しながら練習問題をしましょう。
① 311 × 3　② 234 × 2
③ 403 × 2（繰り上がりなし）　④ 632 × 3
⑤ 840 × 2（千の位に繰り上がり）

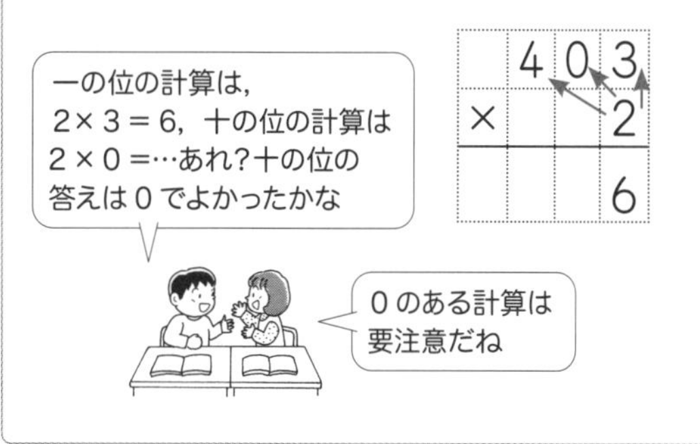

早くできた児童は，「210 × 4」の文章問題作りに挑戦する。この課題に取り組んでいる間に，つまずいている児童の個別支援をする。

学習のまとめをする。ふりかえりシートを活用する。

第8・9時
3位数 ×1位数
繰り上がり1回・2回

本時の目標 3位数×1位数で，繰り上がりがある筆算の仕方を理解し，その計算ができる。

板書例

友だちの作った問題(もんだい)をといてみよう

1

Aさんの問題

| こが 162 円のりんごを
4 こ買いました。
代金は何円になりますか。

162 円

式 162 × 4

答え 648 円

2

	1	6	2
×			4
	②6	4	8

百の位(くらい)にくり上がり

Bさんの問題

コップ | こにジュースが
265mL 入っています。
コップ 3 こでは
何 mL になりますか。

265mL

式 265 × 3

答え 795 mL

	2	6	5
×			3
	①7	①9	5

十の位，百の位にくり上がり

POINT 児童がこれまでに作成した問題を使って筆算に取り組みます。いろいろな型に取り組めるよう，数字を変えておきます。

1 友だちが作った文章問題を解いてみよう

前の時間に児童が作った文章問題を利用する。繰り上がりがある計算になるよう数を変えて出題する。

T　3人が作った問題を解いてみましょう。

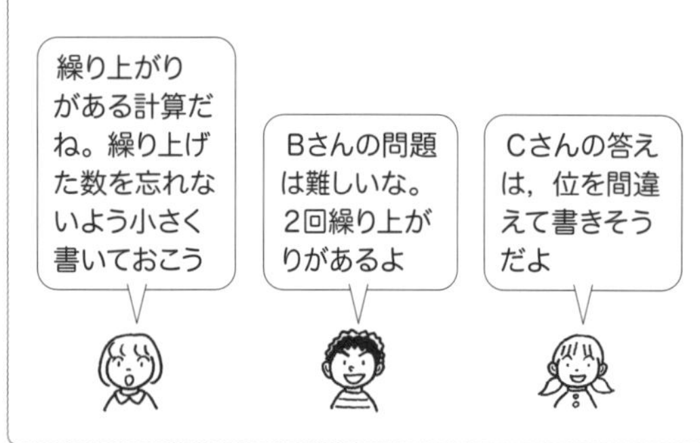

繰り上がりがある計算だね。繰り上げた数を忘れないよう小さく書いておこう
Bさんの問題は難しいな。2回繰り上がりがあるよ
Cさんの答えは，位を間違えて書きそうだよ

繰り上がりが1回・2回ある計算を扱う。

T　計算できた人は，隣の人に筆算の仕方をお話（説明）してみましょう。

2 筆算の特徴を見つけよう

T　前に出て問題を解いてください。みんなにわかるようにお話（説明）をしながら筆算をしましょう。

児童3人を指名する。

T　この3つの筆算はどんな特徴があるでしょう。どんな違いがありますか。

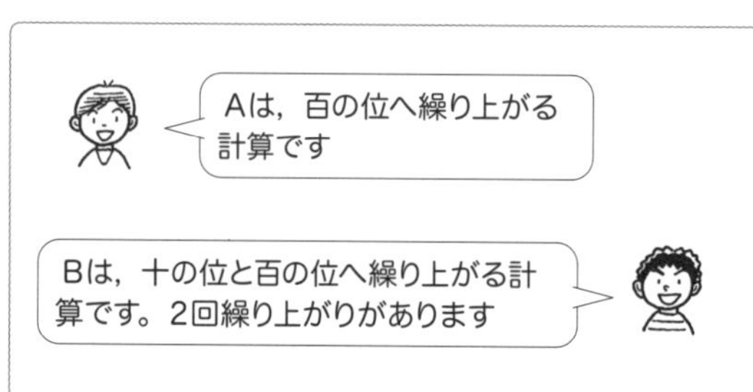

Aは，百の位へ繰り上がる計算です
Bは，十の位と百の位へ繰り上がる計算です。2回繰り上がりがあります

Cは，百の位と千の位へ繰り上がります。2回繰り上がりがあって，答えの一の位と十の位が0になります

展開3の「かけ算筆算ゲーム」に入る前に，同じ型の問題を何問か練習して，習熟を深める。

準備物
・ゲーム用カード（5cm×8cm 程度 児童数×10 枚）
・ゲーム用計算枠（児童数）
QR ふりかえりシート（補助数字枠あり・なし）

ICT
問題を作るときに，問題文だけでなく，それに合ったイラストや画像，動画を加えると，楽しく問題を作成することができる。問題を共有するとより盛り上がる。

1

Cさんの問題

| 本が 350cm のロープを 4 本作ります。全部で何 m のロープがいりますか。

式 350×4

答え 14 m

2

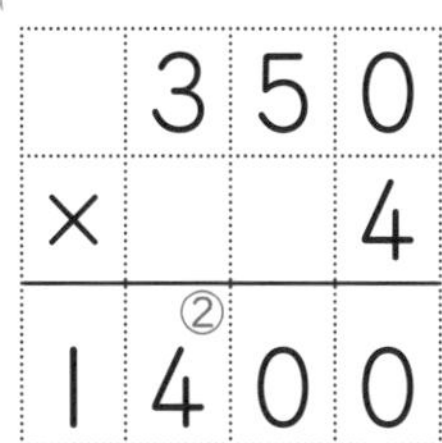

	3	5	0
×			4
1	②4	0	0

1400cm = 14 m

百の位，千の位にくり上がり

3

＜かけ算筆算（ひっさん）ゲーム＞

・カードを 4 まいとる。

・計算をして，答えが 2000 に近い方が勝（か）ち。

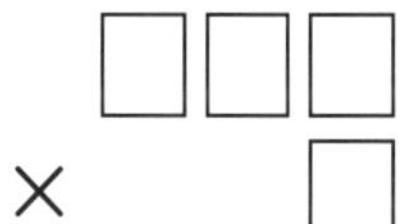

3 2000 に近い人の勝ち！「かけ算筆算ゲーム」をしよう

T 隣同士のペアでゲームをします。机を向かい合わせに動かしましょう。

【準備物】

① 0～9までの 10 枚の数字カードを２セット（２人用）

② ４枚のカードを並べる計算枠
１人１枚

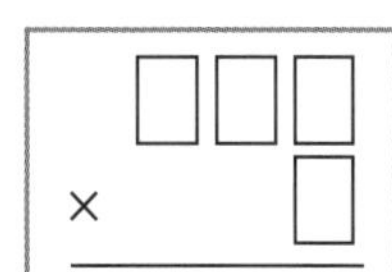

【ゲームの仕方】

① カード 20 枚をよく混ぜて，裏返しにして２人の間に重ねて置く。

② ひとり４枚ずつカードを取る。

③ 取った４枚のカードを計算枠に入れる。
筆算をして答えが 2000 に近い方が勝ちになるよう考えてカードを置く。１枚だけカードを交換することができる。カードを裏返しにして，中央のカードのいちばん下に戻し，上のカードを１枚取る。

④ 計算をして，答えが 2000 に近い方が勝ちとなる。

（例）

4520 の場合

	5	0	2
×			4
2	0	0	8

8673 の場合

	6	7	8
×			3
2	0	3	4

繰り上がり３回や空位のある計算が出た場合は，取り組ませてみるが，次時にみんなで再度扱う問題とする。

学習の感想を書く。
ふりかえりシートを活用する。

第 10 時

3位数×1位数
繰り上がり3回・空位あり

本時の目標　3位数×1位数で，繰り上がりが3回以上や，空位がある筆算の仕方を理解し，その計算ができる。

板書例

3けた×1けたの筆算(ひっさん)をマスターしよう

お話（せつ明）をリレーしながらやってみよう

1　349 × 8

	3	4	9
×			8
2	7 ③	9 ⑦	2

十の位(くらい)にも
百の位にも
千の位にも
くり上がる

一の位は
8 × 9 = 72 で，十の位に
7 くり上がり，
一の位は 2

十の位は
8 × 4 = 32 で，くり上げた
7 をたして 39
百の位に 3 くり上がり，
十の位は 9

百の位は
8 × 3 = 24 で，くり上げた
3 をたして 27
千の位に 2 くり上がり，
百の位は 7

答えは　2792

2　679 × 8

	6	7	9
×			8
5	4 ⑥	3 ⑦	2

3 回くり上がり
たし算でも
くり上がる

POINT　計算ゲームで，様々な型の筆算に取り組みます。友達の計算を見たり，間違っているところを説明したりすることで，さら

1　前時の筆算ゲームで難しかった計算をやってみよう

前時の「かけ算筆算ゲーム」で児童から疑問などが出された計算を取り上げる。

C　黒板で，お話（説明）リレーをしながらやってみましょう。

児童３人を指名し，「一の位の計算」「十の位の計算」「百の位の計算」をそれぞれお話しながら交代していく。

C　繰り上げた数を小さく書いておくといいね。

2　679 × 8 を筆算でやってみよう

C　今度はどんな計算だろう。

これも3回繰り上がりがあるよ
さらに，かけ算の答えと繰り上げた数をたすときも繰り上がりがあるよ
今まででいちばん難しい問題だ

同じように，黒板でお話（説明）リレーをする。

準備物	・ゲーム用カード【第９時で使用】（児童数） ・ゲーム用計算枠【第９時で使用】（児童数） QR ふりかえりシート（補助数字枠あり・なし）

ICT	時間があれば，わざと解き方を間違えた問題の例を送信し，ペアや班で話し合わせてもよい。その際，ペアや班によって問題を変えると，数パターン確認できる。

3

307 × 4

	3	0	7
×			4
1	2	②2	8

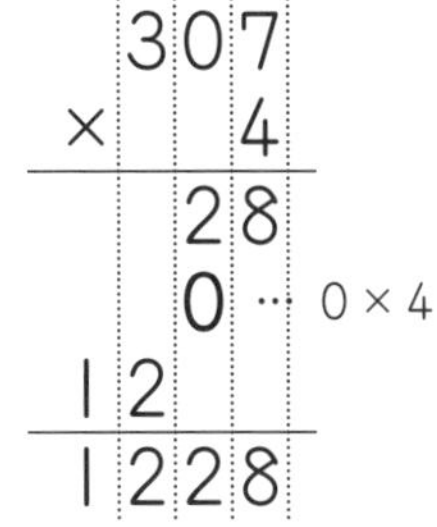

507 × 6

	5	0	7
×			6
3	0	④4	2

4

<かけ算筆算（ひっさん）ゲーム>

・カードを４まいとる。

・計算をして，答えが 3000 に近い方が勝（か）ち。

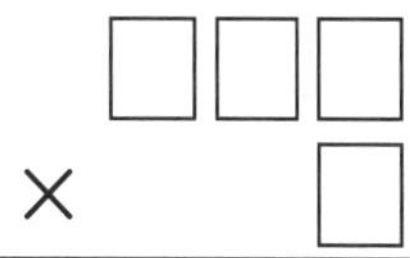

十の位が０の筆算は，答えを書く位に気をつける。

に計算力がアップします。

3 前時の筆算ゲームで間違いが多かった計算をやってみよう

T　307 × 4 と，507 × 6 をやってみましょう。

	5	0	7
×			6
	3	④4	2

あれ？おかしいな。答えが 307 より小さくなったよ

500 × 6 ＝ 3000 だから，それよりも大きい数になるはずなのに…どこで間違ったのかな

T　右の計算と比べてみましょう。それぞれの答えを書く場所はどこになりますか。

C　「0 × 4」を忘れずに計算しないといけないね。

```
  307
×   4
   28
   0
 12
 1228
```

4 前時にした「かけ算筆算ゲーム」をしよう

T　今日は，3000 に近い方が勝ちです。そして，対戦相手を変えていきます。負けた人は，ノートと筆記用具を持って席を移動しましょう。

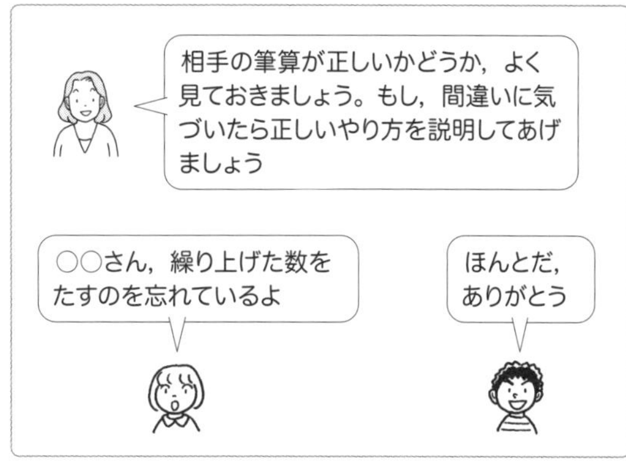

相手の筆算が正しいかどうか，よく見ておきましょう。もし，間違いに気づいたら正しいやり方を説明してあげましょう
○○さん，繰り上げた数をたすのを忘れているよ
ほんとだ，ありがとう

ゲームで計算の習熟を図る。相手の計算の手順や答えを確認し，どこで，どんな間違いをしているかを正しく説明して，正しい答えを示す力が必要となるため，筆算力もアップする。学習のまとめをする。ふりかえりシートを活用する。

第４時　ふりかえりシート

名前 ＿＿＿＿＿＿＿＿＿＿

● 次（つぎ）の計算をしましょう。

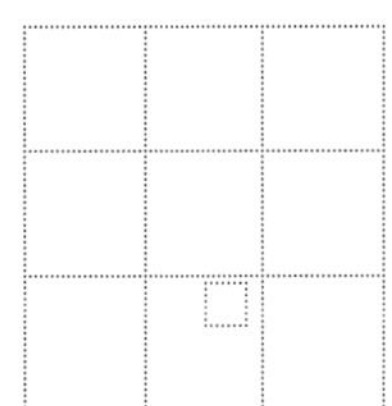

② 14 × 6

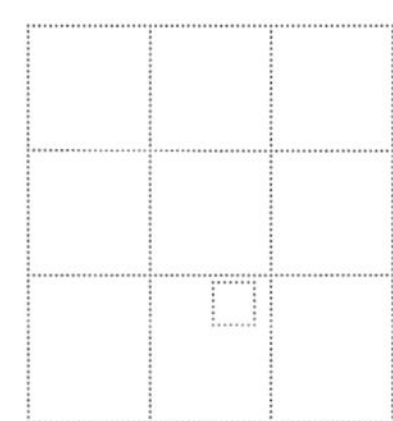

③ 17 × 5

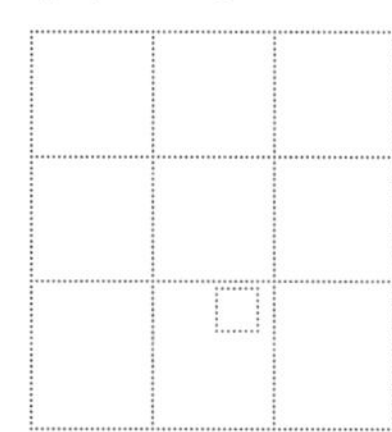

④ 19 × 4

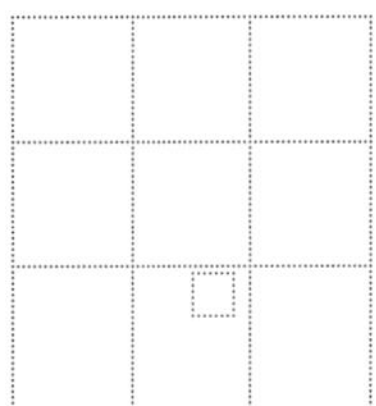

⑤ 46 × 2

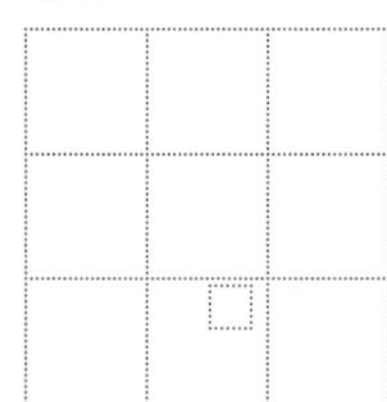

⑥ 12 × 5

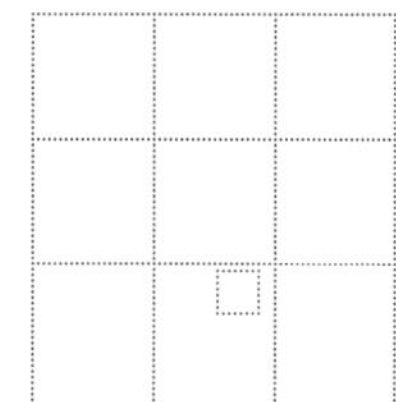

⑦ 14 × 5

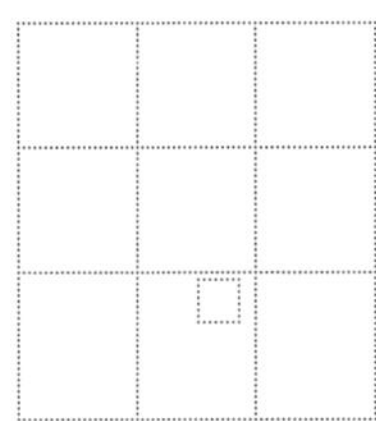

⑧ 16 × 5

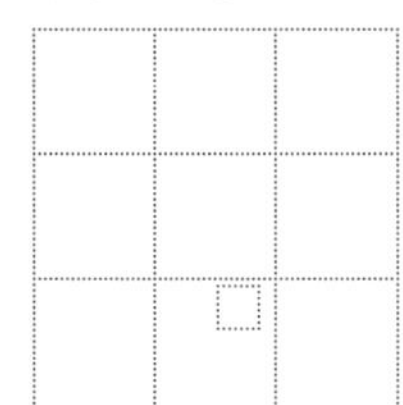

第６時　ふりかえりシート

名前

● 次(つぎ)の計算をしましょう。

① 64 × 8

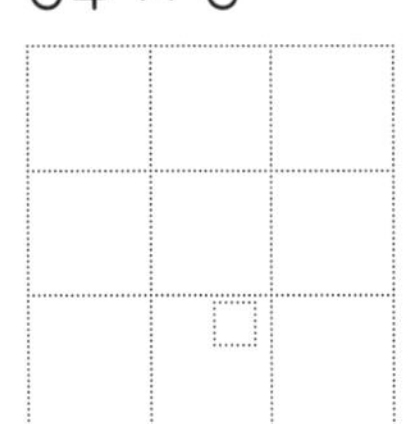

＋

② 18 × 6

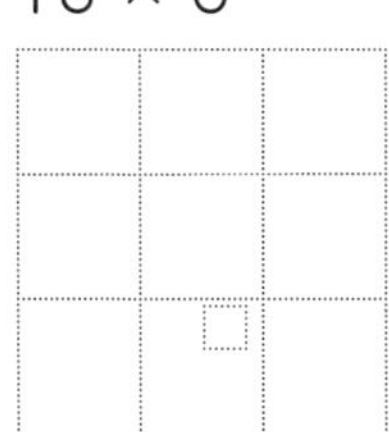

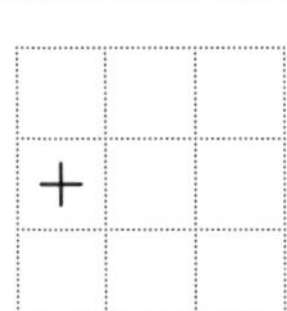

③ 49 × 7

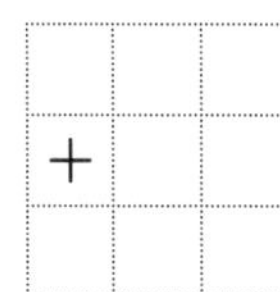

④ 68 × 3

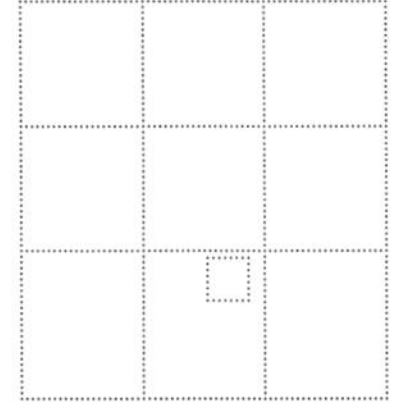

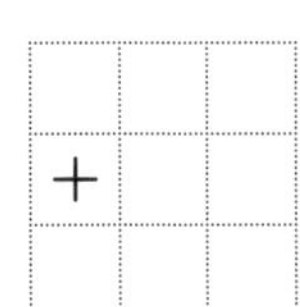

⑤ 75 × 4

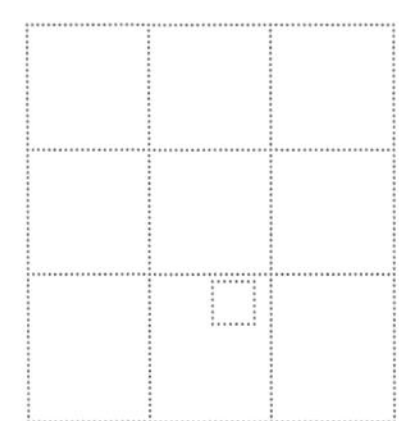

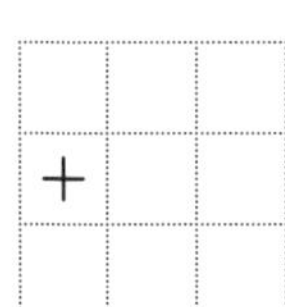

⑥ 25 × 4

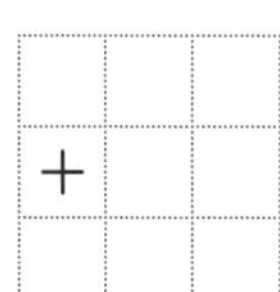

絵カード見本

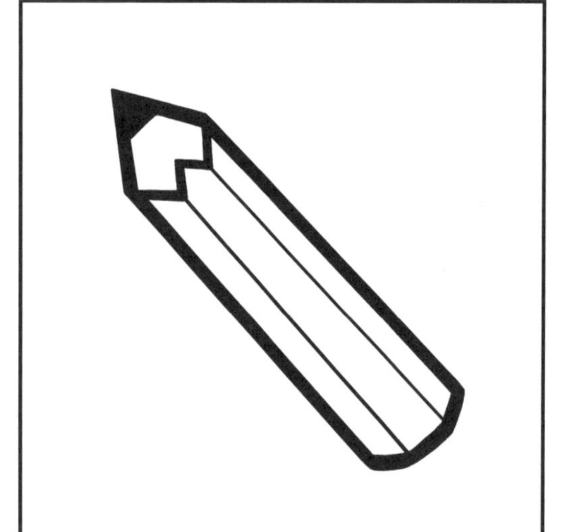

【企画・編集】
原田 善造　　わかる喜び学ぶ楽しさを創造する教育研究所　著作研究責任者
新川 雄也　　元愛媛県公立小学校教諭

【ICT 欄執筆】
松森 靖行　　高槻市立清水小学校教諭　　※ 2024 年 3 月現在

旧版『喜楽研の DVD つき授業シリーズ 新版 全授業の板書例と展開がわかる
DVD からすぐ使える　映像で見せられる　まるごと授業算数 3 年』（2020 年刊）

【監修者・著者】
石原 清貴　板垣 賢二　市川 良　新川 雄也　原田 善造　福田 純一　和気 政司

【授業動画】
石原 清貴　板垣 賢二

【撮影協力】
井本 彰

【発行にあたりご指導・ご助言を頂いた先生】
大谷 陽子

喜楽研の QR コードつき授業シリーズ
改訂新版　板書と授業展開がよくわかる
まるごと授業　算数　3 年（上）

2024 年 3 月 15 日　第 1 刷発行

イ ラ ス ト：山口 亜耶
企画・編集：原田 善造　新川 雄也（他 5 名）
編　　　集：わかる喜び学ぶ楽しさを創造する教育研究所　桂 真紀

発 行 者：岸本 なおこ
発 行 所：喜楽研（わかる喜び学ぶ楽しさを創造する教育研究所：略称）
〒 604-0854　京都府京都市中京区二条通東洞院西入仁王門町 26 - 1
TEL 075-213-7701　FAX 075-213-7706
HP https://www.kirakuken.co.jp
印　　　刷：株式会社イチダ写真製版

ISBN：978-4-86277-455-2　　Printed in Japan